创新型产业集群：
梯次培育与成长模式

张冀新　著

中国财经出版传媒集团
经济科学出版社
Economic Science Press

图书在版编目（CIP）数据

创新型产业集群：梯次培育与成长模式/张冀新著
. －－北京：经济科学出版社，2022.10
ISBN 978 - 7 - 5218 - 4116 - 9

Ⅰ.①创… Ⅱ.①张… Ⅲ.①产业集群 - 企业创新 -
产业发展 - 研究 - 中国 Ⅳ.①F279.23

中国版本图书馆 CIP 数据核字（2022）第 191150 号

责任编辑：刘　莎
责任校对：靳玉环
责任印制：邱　天

创新型产业集群：梯次培育与成长模式
张冀新　著
经济科学出版社出版、发行　新华书店经销
社址：北京市海淀区阜成路甲 28 号　邮编：100142
总编部电话：010 - 88191217　发行部电话：010 - 88191522
网址：www. esp. com. cn
电子邮箱：esp@ esp. com. cn
天猫网店：经济科学出版社旗舰店
网址：http://jjkxcbs. tmall. com
固安华明印业有限公司印装
710 × 1000　16 开　18.75 印张　270000 字
2022 年 10 月第 1 版　2022 年 10 月第 1 次印刷
ISBN 978 - 7 - 5218 - 4116 - 9　定价：72.00 元
（图书出现印装问题，本社负责调换。电话：010 - 88191510）
（版权所有　侵权必究　打击盗版　举报热线：010 - 88191661
QQ：2242791300　营销中心电话：010 - 88191537
电子邮箱：dbts@ esp. com. cn）

前言

　　"十四五"规划提出深入推进国家战略性新兴产业集群发展工程，国家发展和改革委员会2019年发布首批66家战略性新兴产业集群，北京、上海、武汉各有4家。科技部火炬中心2013～2021年分四批次认定61个试点、91个试点（培育），总共152家创新型产业集群，广东、江苏、山东、湖北拥有创新型产业集群数量均超过10家，这四省创新型产业集群总量58家、国家高新区总量57家，占全国总量比重分别为38%、33%。创新型产业集群高质量发展，牵引高新技术产业、国家高新区、区域经济高质量发展，科技部火炬中心2020年4月29日印发《关于深入推进创新型产业集群高质量发展的意见》，国务院2020年7月13日印发《国务院关于促进国家高新技术产业开发区高质量发展的若干意见》，推动创新型产业集群与国家高新区形成协同联动的高质量发展体系，促进技术、知识、人才等创新资源要素，跨级、跨层、跨业、跨链、跨域流通融通，持续培育创新主体，提升创新型产业集群与国家高新区整体创新互动能力和创新能级跃迁能力。

　　创新驱动发展战略加快创新型产业集群与创新型城市发展新动能培育，形成创新型产业集群—国家高新区—创新型城市区域集聚创新增长极，2008～2022年开展建设创新型城市总量达103个，152家创新型产业集群分布在120个城市，包括73个创新型城市，集群所在城市为创新型城市数量占集群所在城市总量的比重为61%。设立创新型产业集群的创新型城市数量占创新型城市总量比重为71%。通过构建创新型产业集群创新体系四三结构，研判创新型产业集群产业基础能力，判断集群创新梯度差异。依托高新技术企业"集群化"导向创新效率评价，战略性新兴产业"创新型"导向创新能力评价，分析创新型产业集群动态演进过程，创新互动环境影响，测度国家高新区创新型产业集群培育效能，以及创新型产业集群与国家高新区既高又新的融合互动效应。

高新技术企业数量是创新型城市和创新型产业集群建设的关键指标之一，高新技术企业认定管理办法连续修订5次，2016年修订科研人员比重降为10%，中小型企业研发经费比例降为5%。《企业技术创新能力提升行动方案（2022～2023年）》提出创新要素加速向企业集聚，开展未来产业科技园建设试点，加快培育前沿领域科技企业。鼓励创新型城市、国家高新区等发布一批应用场景清单，向企业释放更多场景合作机会。分析高新技术企业数量占企业总量比重（高企率）2014～2020年变化趋势，全国创新型产业集群高企率从32%上升至46%，湖北省创新型产业集群高企率从51%上升至62%，国家高新区高企率从33%上升至60%，湖北省国家高新区高企率从27%上升至65%。湖北省高新技术企业数量从2012年1577家增加到2021年14560家，增长近9倍，湖北高企数量位居全国第9位。通过推动创新型产业集群形成"科技型中小企业—高新技术企业—领军企业"梯次培育路径，"高新技术企业—战略性新兴产业—国家高新区"的点线面引导路径，"构建创新动能驱动、创新能级跃迁、创新效能提升"的三能叠加成长模式。从创新型城市、国家高新区、高新技术企业三个层面，全方位分析评价湖北创新型产业集群的成长过程、机遇挑战、对策建议，提升创新体系整体效能，建设全国构建新发展格局先行区。

本书得到国家自然科学基金青年项目"战略性新兴产业创新价值链脆弱性形成机理与超循环调控研究"（71703033）、湖北省软科学重点项目"湖北省创新型产业集群评价体系建设研究"（2022EDA028）、湖北省高校哲社科研重大项目"湖北省战略性新兴产业创新突破路径及集群培育政策优化研究"（21ZD057）的资助，为项目阶段性研究成果。感谢导师胡树华教授团队的指导与帮助。感谢研究生陈媛媛、李妍、汤洁文、付钟梦、吴梦雅、毛思琪等同学的参与。感谢湖北省科技厅战略规划处冯星星主任的帮助与支持。感谢刘莎编辑的辛勤付出。

目录
CONTENTS

第1章
创新型产业集群产业基础能力

1.1 产业集群双四结构模型

在区域创新系统中，具有不同行为性质的企业、政府、高校和科研机构、中介机构等主体承担着不同功能与职能分布：企业是创新活动的执行主体，是技术创新资源投入的主力军；政府是创新制度和环境建设者，具有促进高新区创新，制定战略目标、组织协调系统的功能；高校和科研机构是联结企业与政府的纽带，是创新制度建设的理论制造者，提供高素质人才，为企业创新活动的实施提供帮助；中介机构是知识的重要载体，为区域创新提供服务。这些行为主体在区域创新活动中扮演着不同角色，发挥着不同的功能。创新体系创新活动涉及多个环节，任何一个环节都可能是由不同主体单独或合作完成的，同时各主体在不同环节的作用与功能重要性也不同，同一主体、同一环节也可能因为高新区的生命周期不同而不同。国家高新区创新体系中创新主体包括政府、企业、高校和科研机构、中介机构，它们是国家高新区存在的前提和基础。高新区创新能力的形成一般遵循"环境支撑→要素聚集→组织结网→能力形成"的演进路径（方玉梅，2010）。产业集群已从产业主导阶段向创新突破阶段转型。创新主体功能的发挥旨在通过政府培育园区内创新机制，激发园区内各创新主体，尤其是高新区内企业的创新动力，建立良好的区域创新环境，使创新主体在高新区内一定制度下，综合利用各种创新资源，通过能动性的发挥实现对创新型产业集群创新效应的促进作用。

基于国家自主创新战略和国家对国家级高新区的战略定位，国家高新区创新体系包括两层含义：其一，指各个国家高新区的创新体系，相对微观；其二，指整个国家高新区的创新体系，相对宏观。微观层面创新体系指国家高新区内相互关联的多个创新主体，结合自身的区位优势，通过产学研合作的模式，推进园区创新的多主体联动的网络制度组织。宏观层面则是指分布在各个地区的国家级高新区在市场机制的作用下，通过地区联动，组建各类特色创新平台引导创新主体进行自主创新活动。高新区创新体系由园区内外创新主体要素（包括区域内的企业、大学和科研机构、中介服务机构、地方政府）、创新功能要素（包括区域内的制度创新、技术创新、管理创新和服务创新）和创新环境要素（包括体制机制、政府或法制调控、基础设施建设和保障条件等）三个部分构成。通过分布各地空间联动，区内企业自发或有组织地集聚，在创新主体的带动下，利用地理临近性传播、交流信息与知识，共享有利于创新活动的动态集聚效应，推动高新区竞争优势的形成。

创新型产业集群创新体系搭建区域内集群间与集群内部的互动学习，形成空间与关系的集聚。在包括基础设施环境、资源环境和社会环境的高新区创新环境作用下，在包括政府、企业、高校与研发机构、金融机构与中介机构的多主体融合引导下，在包括技术创新、产品创新、产业创新的多路径创新模式下，形成技术创新、管理创新、制度创新及服务创新的区域创新网络，充分发挥国家创新型产业集群创新主体的功能优势，形成自身竞争优势。创新型产业集群创新系统属于区域产业发展范畴，从创新环境、创新主体及创新功能上比较，见表1-1。

表 1 – 1　　　　　　创新型产业集群创新体系与区域创新体系比较

维度	细化指标	创新型产业集群创新体系	区域创新体系
创新环境	基础设施	较优	较差
	资源环境	分散	集中
创新主体	主体融合	略低	较高
	政府作用	主导	引导
创新功能	产业覆盖面	狭窄	广泛
	互动学习	较弱	较强

1.1.1　创新体系构成要素

创新型产业集群创新体系构成主要有主体要素、功能要素和环境要素三要素。主体要素包括政府、企业、高校及研究机构；功能要素包括制度创新、技术创新、管理创新和服务创新；创新环境要素包括体制、机制、政府或法制调控、基础设施建设和保障条件等。

主体要素即国家高新区创新活动的行为主体，广义上包括政府、企业、高校和科研院所、各类中介组织及金融服务机构；狭义上包括政府、企业、高校及科研机构。五个行为主体构成的网络型组织，存在着清晰的区域创新网络，如图 1 – 1 所示，以狭义主体为主要研究对象。国家高新区创新体系的形成依赖于各参与创新活动的主体所形成的网络关系，包括通过借助于产业链网络、社会网络和遵循共同的技术范式所形成的一个新的创新网络关系。其中企业是技术创新活动的主体，也是创新投入、产出以及收益的主体，理论上是国家高新区创新体系核心，但结合国家高新区产业集群，大部分国家高新区的创新主体包括政府和企业。

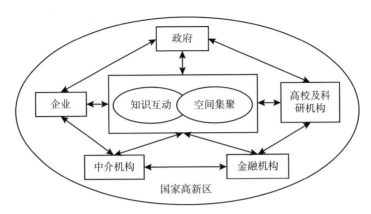

图 1 - 1　国家高新区主体创新网络

　　功能要素即国家创新型产业集群创新主体在创新活动过程中，通过发挥其创新功能所综合体现出的行为主体之间的联系与运行机制，包括制度创新、技术创新、管理创新、服务创新的机制和能力。创新体系的功能发挥包括两个层次：首先是各主体的内部运营机制健全；其次是主体之间的联系合理，运行高效，发挥其主体的功能。政府、企业、高校与科研机构之间建立良好的信息沟通渠道、知识与技术高效流动、资源合理分配、发挥各主体的功能优势的机制。实现的功能包括整合区域创新要素、推动区域产业结构升级、加快区域经济的快速发展和经济增长质量的提高、激活中小企业、发展高新技术产业，加快对传统产业的改造、促进科技成果转化、推进制度与机制创新等，同时高新区创新体系的功能是逐步演化与逐步完善的，不同时期功能的侧重点有所不同。

　　环境要素即国家高新区创新环境，是对区域内有限创新资源充分集合，并加以创新的条件集合，它体现高新区区域创新的基础和潜力。良好的创新环境是维系和促进创新的保障因素。创新环境包括以下四方面：①软性的社会资本因素，包括社会制度、法律体系、社会习俗、经济文化、社会网络等；②硬性的物质技术设施和信息基础设施环境，包括地域资源、基础设施、劳动力、技术与经济存量等硬性因素；③创新主体、创新功能、创新内容等国家高新区创新体系要素之间所形成的内在制度环境与运行机制，包括制度、历史传统、社会氛围、经营文化；④创新体系运行过程中构成创新投入的人力、资金、技术资源环境以及创新产出的产品、产业、区域创新的科技成果环境。

1.1.2 创新主体构成要素

创新型产业集群创新主体包括企业、高校与科研机构、政府和中介机构，企业是最重要的创新活动行为主体，是技术创新、技术应用、技术转移的主力，是创新的出发点和归宿；高校与科研机构是人才和技术的提供主体，为创新活动提供知识和技术的支持；政府是为创新提供政策支撑的主体，可以营造创新氛围，协调创新环境，它也是创业孵化的主体，一般通过创新孵化器来实现对科技企业的培育，并为创新活动提供有效的管理和服务；中介机构是企业、大学和科研机构信息沟通及传递的中介服务主体。创新主体相互作用，形成网络创新体系。

科技型企业主要是发展高技术产业，因而对其自主创新的要求更高。企业是国家高新区的核心单元，是技术创新的主体，是知识的应用系统，是创新型产业集群创新体系建设发展的关键。企业作为高新区创新的主体具有有界性和开放性的特点，它可以通过与外界及其他创新主体进行信息、物质、能量的交换，不断进行演变。企业内部的构成要素对企业自身的行为具有极大的支配性。企业是创新型产业集群创新体系从投入到产出过程中起主要作用的角色，是实现生产要素和生产条件组合的关键角色。企业的创新能力与动力强弱是制约大学、科研机构和中介机构运行效率乃至整个区域创新系统运行效率的核心指标。

企业是技术创新的利益主体和风险承担的主体。作为利益主体，企业追求利润最大化；作为风险承担的主体，在发挥经济、科技政策的导向作用下，承担着创新过程中人财物的投入、产出效率低下或亏损的风险。单个企业由于受资金、技术、人才等因素限制，较难自主进行研发，需要频繁地与其他企业或大学研究机构进行合作，在生产、开发和营销等方面进行创新，推动创新型产业集群形成创新浪潮。

政府整合国家高新区各方面的资源，通过政策和法规等手段推动高新区创新系统建设，政府作为企业技术创新网络的重要成员，兼具管理和参与等多重职能，充当网络化和知识交换的促动者和调和者，制定高技术产业发展政策与战略规划，推动与引导高新区的创新活动；地方政府则表明配合国家政府，参与到区域高新区的创新活动中，促进高新区内高校与企业之间的联系，并在创新活动中发挥学习型区域的构建和维护职能。政府在高新区的创新活动中是利益的间接受益者和创新活动的参与者（蒋长流，2008）。政府从企业获取税收，通过税收再次分配对高新区企业进一步投资，拓宽中小企业的融资渠道。政府是区域创新的主体，不同高新区的开放性使得地方政府之间是相互学习和借鉴的关系。有效的政府体制保证了高新区的可持续发展，在不同阶段，政府的作用转变十分必要，尤其是在创新发展的成熟阶段，政府的职能在于发挥市场的调节作用。

高校与科研机构是高新区知识创新网络的一个主导力量。典型高新区的成功案例用事实表明，高校与科研机构所具有的深度知识和分析能力，对高新区创新网络形成过程扮演着重要的角色。高校与科研机构为高新区提供了重要的人才支撑，并为高新区提供研发、论证和分析工作，更有利于知识的转移与外溢。高校、科研机构和高新区之间存在着良好的互动关系。高校和科研机构是创新的技术源泉。科研机构主要从事科学研究与技术开发活动，是以人才或知识为主要资本的高新区企业创新活动重要的知识源泉，是知识的生产系统（孙劭方、孙严冬，2007）。高校主要从事高层次创新人才的培养及知识的生产和传播，为高新区的创新投入提供高等技术和管理人才。波特将受过高等教育的人员和从事尖端科学的高校和科研机构等条件看作获取竞争优势的环境条件，因此，高校与科研机构拥有的学科、人才、信息、科研成果、基础设施等优势本身就构成了高新区的竞争优势资源。

中介机构和金融机构在国家高新区中服务的对象多为中小科技企业。以科技企业孵化器、技术转移中心、生产力促进中心、科技信息服务机构等为主，推动各类创新主体开展技术扩散、科技成果转化、管理咨询等多样化的服务（吴开松、颜慧超、何科方，2007）。高新区的金融机构一般包括当地银行、各种形式的基金和借贷机构，以及风险投资机构。硅谷、新竹科技园成为科技园区先行，除了创新，最关键的就是依赖于这些金融机构的风险投资。相对而言，中介机构和金融机构属于服务业的范畴，因此在实际创新过程中体现更多的是服务模式的创新。创新和技术进步是由不同参与者和机构在生产、分配和应用各种知识中共同互动作用的结果，创新绩效很大程度上取决于这些行动者作为要素在系统中的相互作用，因此，改进创新绩效的关键是理解创新活动过程中参与者与机构之间的相互关系与机制。

1.1.3　集群双四结构模型

区域创新系统是由处于特定区域创新环境中的政府、企业、高校及科研机构、中介服务机构等创新主体在市场需求的驱动下，以一种开放、互动的方式促进区域创新的网络组织。高新区创新系统也属于区域创新系统的一部分，国家高新区是建设区域创新体系的一个重要支撑点，是核心载体，通过高新区以点带面的区域性创新网络发展区域创新体系。创新型产业集群创新主体主要包括政府、企业、高校和科研机构、中介机构，创新的内容为制度创新、管理创新、技术创新、服务创新，通过投入产出关系在创新主体与创新内容之间进行转化，如图1-2所示，投入、产出、内容、主体四个维度分别对应着四个要素，由此构成"双四"结构模型。创新主体网络结构即行为主体在进行创新活动过程中所扮演的角色与作用，以制度创新、技术创新、管理创新和服务创新为创新内容的行为主体之间运行机理和能力。创新主体网络结构体现为三个层次，首先是创新主体之间的内在联系，其次是各创新主体运行的机理，最后是创新主体所体现出的功能价值。高新区创新系统的输入，如人才、资金、信息和技术的投入，从而进行形成不同层面的产出，如产品、产业、区域、环境创新的产出。而这些投入、产出以及运行转化都是在国家高新区创新体系的环境下得以实现的。创新系统是一个具有运行、转化功能同时开放的综合性系统。

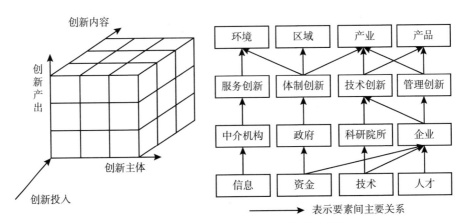

图 1-2 创新型产业集群"双四"结构模型

网络结构是建立在创新系统的基础上的，并与高新区产业集群密切相关。创新主体企业、政府、大学和科研院所等组织及其个人之间在长期正式或非正式的合作与交流关系的基础上形成的相对稳定的网络系统，发挥着区域创新的系统功能。产业集群的演化过程实际上就是区域创新网络的根植和进化过程，是区域创新网络的一种体现形式。网络结构从狭义上说是指企业选择性地与其他企业或机构所结成的持久的稳定关系，如战略联盟、合资企业，以及和供应商、客商的垂直联结等。各国家高新区是一个相对独立的子系统，由政府、企业、高校与科研机构以及中介服务机构等创新主体构成，主体之间形成技术辐射、服务支撑及管理调控等作用。政府制定有利于企业的创新政策与法律，给高新区的创新提供环境支撑的同时，仍需保持一定增幅的研发经费投入，确保高新区资金投入结构多元化；企业作为技术创新的主体，也是区域创新的核心主体，其创新模式、创新规模、技术特征、融资模式等都应发挥带头作用；高校与科研机构为高新区提供科研服务与高技术人才；中介服务机构则为中小型企业提供各种孵化、融资、担保等服务。

国家创新型产业集群创新主体间的互动是主体协调发展的前提，表现为不同主体间的相互合作，使创新主体构成一个有机体系。协调的主体关系，也有利于减少不协调而带来的成本费用，使技术产业化，促进高新区的自主创新发展。由于创新主体的创新内容各有特点，创新主体之间的相互合作也体现为不同的形式。横向创新合作，指同类型创新主体之间的合作，如企业之间、不同政府部门之间、高校与科研院所之间、各类中介机构之间的合作。纵向创新合作，指不同类型创新主体之间的合作，如政府与企业的合作、企业与研究机构的合作、政府与高校的合作等。网络化创新合作，指各类型创新主体之间网络化的合作方式，即多个创新主体之间的合作，如企业、政府、高校的合作，研究机构、中介机构、企业之间合作，产学研合作等。随着主体关系的复杂性加大，三种创新合作方式的难度也越大。

1.1.4　产业集群运行机制

产业集群运行机制指在创新型产业集群创新活动中，创新主体的结构与发挥创新功能的作用原理。创新合作主体之间存在着相互作用与影响，国家高新区的创新演化过程伴随着政策的变化和新的挑战，政策制定者指导资源的有效利用，与其他创新主体一同推动自主创新，提升集群创新能力与竞争绩效。遵循创新主体之间作用关系，更有利于创新主体功能的发挥。

市场机制下，价格机制是高新区最为重要和基本的导向机制，创新主体之间追求己方利益最大化，不适用于需要各种合作与协调关系的情形。各国家高新区以专业化高技术产业为典型，各主体之间的信息倾向于对称分布，信息传播畅通，集群生产分工精细。就地理结构而言，同一高新区内企业之间或地理临近的高新区之间的企业容易形成竞争对手，构成专业化产品生产厂商之间的激烈竞争，使顾客较容易对产品产生挑剔行为，这又反过来促进企业进行差异化创新，进而影响到供应商之间的竞争，形成良性的竞争环境。国家高新区内企业大多从事相近的产业，区内知识溢出效应使得劳动者转换工作的成本极低，人力资本在这种条件下能够自由交换，得到最大限度的发挥和利用，有利于人力资本素质的提高，更有利于国家高新区创新功能的发挥。资本市场方面，高新区的发展过程伴随着融资机制的持续扩展，带动了中介机构与金融机构服务体系的完善。产品市场的竞争程度越高，信贷交易合约越容易达成；区内企业信息相对容易收集与掌握，更有利于银行了解中小企业的相关资料，降低信息不对称导致的信贷风险。

创新联结指高新区内主体或其他高新区主体之间，以企业为不同创新网络结点，结点之间的相互作用依赖于博弈的复杂关系。在创新联结网络中，每一个主体都是利益单元，都有自身的运行逻辑。由于创新网络的联结方式和组织模式的不同，形成了不同的技术创新方式。网络结点的目标是技术创新，而技术创新是结点的原动力。企业的创新联结网络则表明是一种有利于创新的模式。创新联结以技术创新为目标，提高了创新主体之间的联系与沟通，拓宽了信息流的流通渠道，使信息流在主体之间得以顺利的传递，使每一个结点成为决策体，增强了技术创新能力。研发联合体是企业、政府、高校与科研机构、中介机构间的一种紧密的创新联结方式。主体之间以资金、股权等利益相联系，并以此为纽带，增强这些创新主体间的相互依赖与博弈关系，从而使网络联结关系更为紧密，继而提高创新联合体的技术创新能力，特别是处理联合攻关的复杂技术创新的能力。但应避免在高技术产业的发展过程中就技术谈技术而忽略了制度创新与管理创新。

创新型产业空间集群决定了创新主体之间的网络化关系，由政府、高新区的企业、高校与科研机构、中介结构和金融机构共同构成了整个网络化关系的行为体系。在这个体系中，以企业为主的各创新主体享有充分的创新资源，并在创新激励下积极开展创新活动，创新类型既有基础研究和根本性创新，也有为了解决实际问题而产生的应用性创新和渐进性创新。政府的角色在于与其他创新主体合作的关系，不再采用传统的命令和控制方式。多元化的创新主体在各自侧重的产业链中形成价值链，构成创新网络的核心，随着价值链的扩展和延伸，形成多主体创新价值链网络。创新主体的协调效应是创新主体功能绩效递增的一个重要来源。创新主体不断对环境做出自我强化的反应机制，在共享其他主体信息与创新网络信息的基础上，依靠自己的知识、经验、能力对信息进行加工、处理，发布新的信息内容，创造新知识，寻求到自身在区域创新网络中的价值关系，是一种资源和能力长期积累过程，形成了其他主体不具备的竞争优势，成为高新区企业竞争优势的来源。

1.1.5 创新主体合作模式

集群科技型企业与大学或科研机构之间进行的一对一合作创新，即高新区内某一特定企业与某一特定高校或科研机构之间建立的合作创新关系。这种模式除大型企业与一流高校或科研机构合作创新的方式外，更多的是中小企业与高校或科研机构之间小规模的合作。点对点的创新模式中，主体之间参与者少，合作关系简单，目标较为明确，较多企业采用此种模式进行创新，但受到参与者的专业能力和资金实力限制，合作的项目较少涉及技术领域的科技攻关，更难实现产业共性技术的关键性突破。

一个企业与若干个学术机构或一个学术机构与若干个处于同一产业链或供应链上的企业进行的链式合作创新，选择这种模式进行创新的企业，多属于经济实力较强，同时试图通过提升产品技术、提高市场占有率或将技术成果市场化和产业化的企业。企业依靠具有较强科研实力的大学或科研机构完成相应的技术任务，大学或科研机构既是技术提供者，又是技术集成者。在点对链模式中，要求单个企业或者单个研究机构具有较强的牵头实力，能够围绕自身的优势组建研发团队，并在产业链中形成优势互补。

创新型产业集群高技术产业内或供应链上的多个企业、高校和科研机构共同参与的合作创新。多个创新主体通过交流、学习和合作，进行知识互动、知识扩散、技术转移，共担风险，同享收益。一般而言，网络创新模式参与主体较多，合作规模较为明显，实力较强，既可以在本产业领域内打造完整的产业技术链，也可以实现跨领域、跨行业的集成创新。但由于参与主体较多，组织结构和合作关系都较为复杂，增加了组织的管理难度和成本。硅谷是网络化创新模式成功的典范。在硅谷网络创新的园区内，整个机构和系统一体化更为完善，组织结构更简单灵活并能够依据形式有效地反映。在研发方面，英特尔公司建立了原件研究实验室、微处理器研究实验室和英特尔架构实验室三个实验室，同时每一个实验室都有专攻的研究领域，以此构建成一个分散化、分布式的研究模式，实现竞争因子互动和系统网络化。

创新型产业集群是一个区域产业创新过程，是一个从经济到技术再到社会的过程。在国家高新区的技术知识、物质产品和产业效益功能输出的过程中，其区域创新体系主要表现为一个由政、社、产、学、研、金等创新机构组成的创新系统。在经济层次上是一种介于微观和宏观的创新体系。国家高新区创新体系是一个综合性的系统，系统中每个主体的功能不是单一功能所能概括的，而是若干个主体要素的综合和集成，因此，系统的整体功能不是各项主体功能要素的简单相加，而是在相互作用、相互影响和相互制约中发生协同效用。主体的合作形式是多种多样的，不同的形式决定了合作主体的不同功能。明确国家创新型产业集群创新主体结构就是要通过高新区创新资源在区域内的优化和重组，加强横向、纵向、网络化创新合作，以项目为依托，弱化部门分割，引导知识流动，同享创新资源，形成知识密集型的创新区域，创造比较优势和竞争优势。

1.2 产业基础能力多维评价

"十四五"规划提出深入推进国家战略性新兴产业集群发展工程，构建全球化产业结构新支撑，提升产业基础能力是经济走向高质量发展的必然要求。创新型产业集群以国家高新区为发展载体，以国家高新技术企业和战略性新兴产业为核心，科技部《关于深入推进创新型产业集群高质量发展的意见》明确提出，要进一步发挥高新区在推进产业集群建设中的作用，按照"一区一主导产业"总体布局，深入推进新一轮的科技革命和产业变革。推进创新型产业集群高质量发展，是深刻落实创新驱动发展战略，构建现代化经济制度体系的必然选择。科技部启动实施"创新型产业集群建设工程"，旨在由政府通过规划和政策引导，以科技创新为支撑，促进传统产业转型升级，培育发展战略性新兴产业，加快转变区域经济发展方式，提升整体创新能力和国际竞争力。四批试点的确认，形成创新型产业集群的梯次培育机制。"十四五"开局之期，处于统筹推进疫情防控和经济社会发展的关键时期，为有效降低疫情影响，促进经济社会的健康发展，国家提出进一步推进创新型产业集群高质量建设。创新型产业集群以科技型中小企业、高新技术企业和创新人才为主体，是指通过产业链相关企业和机构分工合作、协同创新，形成跨行业跨区域的产业组织形态，具备三点基本特征：①拥有致力于创新的创新型企业、企业家和人才；②主要产业为知识或技术含量较高的高新技术产业及处于转型的传统产业；③具有有利于企业创新的创新组织网络、商业模式和创新文化。

1.2.1　能力评价指标体系

创新型产业集群能力评价体系将3个一级指标量化为12个二级指标，如表1-2所示。

表1-2　　　创新型产业集群产业基础能力评价指标体系

总指标	一级指标	二级指标
创新型产业集群产业基础能力	技术基础能力	授权发明专利数（件）
		注册商标数（件）
		科技经费支出数（千元）
		科技活动人员数（人）

续表

总指标	一级指标	二级指标
创新型产业集群产业基础能力	国际基础能力	出口总额（千元）
		当年形成国家或行业标准（项）
		高新技术企业数（个）
		国家级科技企业孵化器（个）
	规模基础能力	企业总数（个）
		人员总数（人）
		研发机构数（个）
		产业组织联盟数（个）

多维评价方法选择客观赋权的熵权法，通过客观计算指标权重变化幅度来判断指标权重，在运用突变级数法对创新型产业集群产业基础能力进行评价时，为避免主观因素，引入熵权法对指标权重赋值，分为以下三大步。

（1）分解评价指标，直到最底层指标能够量化同时数量小于或等于4个。

（2）原始数据标准化处理，处理方式如式（1-1）所示：

$$y_{ij} = \frac{x_{ij} - \min(x_j)}{\max(x_j) - \min(x_j)} \quad (0 \leqslant y_{ij} \leqslant 1) \tag{1-1}$$

其中，x_{ij} 为原始数据，$\max(x_j)$ 为第 j 项指标的最大值，$\min(x_j)$ 为第 j 项指标的最小值；

（3）运用熵权法计算指标权重，并进行排序。具体过程如下。

第一步：计算第 j 项指标下，第 i 年指标值的比重，如式（1-2）所示：

$$p_{ij} = y_{ij} \Big/ \sum_{i=1}^{n} y_{ij} \tag{1-2}$$

第二步：计算第 j 项指标的熵值，如式（1-3）所示：

$$e_{ij} = -k \sum_{i=1}^{n} p_{ij} \ln p_{ij} \tag{1-3}$$

其中，$k = (\ln n)^{-1}$。

第三步：计算第 j 个指标的差异系数，系数越大，对评价的作用越大，熵值就越小，指标的权重系数相应就越大。差异系数的计算公式如式（1-4）所示：

$$s_j = 1 - e_j \tag{1-4}$$

第四步：利用熵值法对指标赋值：

$$\omega_j = s_j \Big/ \sum_{j=1}^{n} s_j \tag{1-5}$$

第五步：根据前面步骤确定最底层指标权重后，将指标权重相加得到创新型产业集群产业基础能力各层指标权重，根据指标数量选择相应的突变级数类型。

$$x_A = \sqrt{A}, \ x_B = \sqrt[3]{B}, \ x_C = \sqrt[4]{C}, \ x_D = \sqrt[5]{D}$$

常见突变级数类型有以下几种，如表 1-3 所示。

表 1-3　　　　　　　　　　突变级数类型

突变模型	尖点突变	燕尾突变	蝴蝶突变
下层指标数量	2	3	4
势函数	$f(x) = x^4 + Ax^2 + Bx$	$f(x) = \dfrac{1}{5}x^5 + \dfrac{1}{3}Ax^3 + \dfrac{1}{2}Bx^2 + Cx$	$f(x) = \dfrac{1}{6}x^6 + \dfrac{1}{4}Ax^4 + \dfrac{1}{3}Bx^3 + \dfrac{1}{2}Cx^2 + Dx$
归一化方程	$x_A = \sqrt{A}, \ x_B = \sqrt[3]{B}$	$x_A = \sqrt{A}, \ x_B = \sqrt[3]{B}, \ x_C = \sqrt[4]{C}$	$x_A = \sqrt{A}, \ x_B = \sqrt[3]{B}, \ x_C = \sqrt[4]{C}, \ x_D = \sqrt[5]{D}$

根据指标数量选取相应的模型，下层指标数量为 2 个时，则表明选择尖点突变；下层指标数量为 3 个时，选择燕尾突变；下层指标数量为 4 个时，选择蝴蝶突变；同层控制变量按照重要性进行排序，A 比 B 重要，B 比 C 重要，C 比 D 重要。

1.2.2 产业基础能力测度

利用式（1-1）~式（1-5）计算二级指标权重，依次逐级叠加测算各级指标权重，测算结果如表1-4所示，结果表明，能力指标权重由高到低依次为：技术基础能力、国际基础能力、规模基础能力。

表1-4　　　　　创新型产业集群产业基础能力评价指标权重

总指标	一级指标	突变类型	二级指标
创新型产业集群产业基础能力	技术基础能力 X （0.402）	蝴蝶突变	授权发明专利数 $X1$ （0.118）
			注册商标数 $X2$ （0.115）
			科技经费支出数 $X3$ （0.098）
			科技活动人员数 $X4$ （0.071）
	国际基础能力 Z （0.336）	蝴蝶突变	出口总额 $Z1$ （0.124）
			国家级科技企业孵化器 $Z2$ （0.073）
			高新技术企业数 $Z3$ （0.069）
			当年形成国家或行业标准 $Z4$ （0.069）
	规模基础能力 Y （0.262）	蝴蝶突变	产业组织联盟数 $Y1$ （0.073）
			研发机构数 $Y2$ （0.068）
			企业总数 $Y3$ （0.062）
			人员总数 $Y4$ （0.059）

运用Stata17.0对创新型产业集群产业基础能力指标进行皮尔逊相关性检验，检验结果表明：技术基础能力、国际基础能力和规模基础能力指标中包含的二级指标变量表现出强相关性，属于互补关系，最终取产业基础能力多维评价值平均数作为评价结果，如表1-5所示。

表 1 - 5　　　　　　　　创新型产业集群产业基础能力指标相关性

相关性	X1	X2	X3	X4	Y1	Y2	Y3	Y4
X1	1							
X2	0.933 ***	1						
X3	0.984 ***	0.948 **	1					
X4	0.930 ***	0.884 ***	0.928 ***	1				
Y1					1			
Y2					0.401 **	1		

相关性	Y1	Y2	Y3	Y4	Z1	Z2	Z3	Z4
Y3	0.593 ***	0.872 ***	1					
Y4	0.419 **	0.927 ***	0.953 ***	1				
Z1					1			
Z2					0.822 ***	1		
Z3					0.746 ***	0.818 **	1	
Z4					0.848 ***	0.900 ***	0.825 ***	1

注：＊、＊＊、＊＊＊分别表示在10%、5%、1%的显著性水平下显著。

能力模型指标体系的二级指标均是蝴蝶突变类型，根据突变级数法势函数和归一化方程，分别对省域创新型产业集群的技术基础能力、国际基础能力、规模基础能力进行测度，结合一级指标权重结果，合理选择燕尾突变函数，创新型产业集群产业基础能力评价结果如表 1 - 6 所示。

表 1 - 6　　　　　　创新型产业集群产业基础能力多维评价

省域	技术基础能力	排序	国际基础能力	排序	规模基础能力	排序	产业基础能力	排序
北京	0.722	2	0.569	9	0.519	13	0.842	4
天津	0.396	15	0.547	10	0.545	10	0.769	14
河北	0.465	11	0.590	6	0.583	8	0.798	9
山西	0.258	22	0.219	24	0.413	19	0.637	21

续表

省域	技术基础能力	排序	国际基础能力	排序	规模基础能力	排序	产业基础能力	排序
内蒙古	0.194	25	0.365	21	0.327	24	0.637	22
辽宁	0.538	7	0.625	5	0.847	2	0.849	3
吉林	0.293	20	0.382	19	0.405	20	0.688	20
黑龙江	0.254	23	0.252	23	0.357	23	0.636	23
上海	0.599	4	0.439	15	0.539	11	0.797	10
江苏	0.609	3	0.794	2	0.752	3	0.879	2
浙江	0.593	5	0.577	8	0.590	7	0.826	7
安徽	0.443	13	0.512	12	0.506	14	0.770	13
福建	0.528	9	0.434	16	0.535	12	0.780	12
江西	0.369	17	0.424	17	0.429	18	0.722	17
山东	0.537	8	0.584	7	0.698	4	0.828	6
河南	0.326	19	0.423	18	0.404	21	0.706	19
湖北	0.427	14	0.526	11	0.595	6	0.780	11
湖南	0.466	10	0.460	13	0.461	17	0.760	15
广东	1.000	1	1.000	1	0.858	1	0.987	1
广西	0.394	16	0.440	14	0.478	15	0.740	16
重庆	0.346	18	0.376	20	0.473	16	0.713	18
四川	0.587	6	0.669	4	0.548	9	0.834	5
贵州	0.111	27	0.179	27	0.285	26	0.543	27
云南	0.262	21	0.214	25	0.325	25	0.622	25
陕西	0.460	12	0.740	3	0.647	5	0.826	8
甘肃	0.181	26	0.190	26	0.184	27	0.551	26
青海	0.212	24	0.279	22	0.381	22	0.633	24
新疆	0.093	28	0.019	28	0.056	28	0.353	28
均值	0.417		0.458		0.491		0.732	
东部	0.605		0.615		0.624		0.834	
东北	0.362		0.420		0.536		0.725	
中部	0.381		0.427		0.468		0.729	
西部	0.284		0.347		0.370		0.645	

　　创新型产业集群技术基础能力体现在创新技术资源集聚能力对创新型产业集群能级提升影响程度强弱。创新型产业集群技术基础能力沿东部—中部—东北—西部递减，广东、北京、江苏处于前三位，总共14个省市技术基础能力在国内排名中居前列，其中有8个省域位于东部地区，东部地区中仅天津技术基础能力低于均值，东部地区各省域在技术基础水平上处于领先地位，技术资源优势明显，在起步阶段具有良好的技术基础和配套的基础设施，为创新型产业集群发展提供了高技术产业提升创新环境，大中小企业融合创新协同推进，有利于创新型产业集群技术基础能力的全链条全域整合协同，进一步强化创新驱动的产业集群与区域创新融合优势。

　　创新型产业集群国际基础能力是评价高新技术产业主导的省域层级国际竞争力，主要体现在产业集群出口创汇，约为总体46%的13个省域产业集群国际基础能力超过平均值，其中东部地区有7个省域，东北地区1个，中部地区3个，西部地区2个，国际基础能力排名前3位依次为广东、江苏、陕西，其中广东、江苏位于东部地区，2021年广东和江苏省GDP总和超过24万亿元，经济体量与区域优势极化效应显著，技术基础能力评价值较高，首位度优势明显，对提高国际基础能力有较强的龙头带动作用，陕西位于西部地区，陕西国际基础能力高是由于陕西高端装备制造业主导的西部产业集聚优势，2021年陕西《促进高新区高质量发展实施意见》明确2025年高新技术企业数量达到1万家，电子信息、先进制造和新材料等产业2035年进入全球价值链中高端，强化两链融合，推动特色化产业集群培育。

　　创新型产业集群规模基础能力是创新型产业集群创新效能提升关键，体现创新企业培育、研发服务机构集聚能力，通过创新资源共享、大中小企业融通协同创新，提高集群高质量发展的规模基础能力。规模技术基础能力排名前3位的分别是广东、辽宁、江苏，东部地区各省域规模基础能力均高于均值，而中部、西部地区的创新型产业集群规模基础能力较低，这可能是因为经济总量与高新技术企业总量优势并不显著，影响创新基础设施全面提升，创新策源优势较少，研发前端创新链与产业链的相互促进能力不足。

各省域创新型产业集群产业基础能力整体呈现出东部主导的区域极化特点，东部地区产业基础能力高于均值 0.732，东部各省经济较为均衡，广东、江苏、辽宁位于省域前三，表明东部地区创新型产业集群产业基础能力整体水平较高，如图 1-3 所示。东北地区 3 个省创新型产业集群产业基础能力波动范围较为明显，吉林、黑龙江评价值低于均值，辽宁产业基础能力评价值最高，对东北创新型产业集群整体发展影响较为明显。中部地区创新型产业集群产业基础能力评价值波动小于东北地区，围绕均值 0.732 波动，集群相对均衡同时产业基础能力提升空间较为明显，安徽、湖北、湖南 3 省产业基础能力高于均值，中部先进制造业优势较为显著。西部地区各省域产业基础能力差距较为明显，四川、陕西为西部高端制造

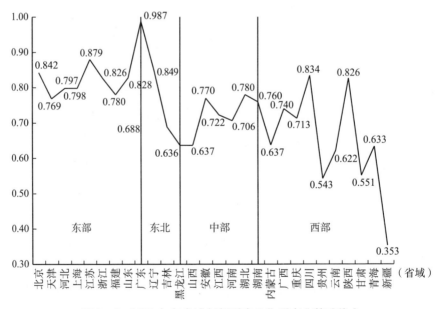

图 1-3　2020 年各省域创新型产业集群产业基础能力

业集聚和集群核心省域，产业基础能力均高于 0.8，四川和陕西省科教实力、经济基础较好，西部创新重要源头，新疆产业基础能力提升需要亟待进一步释放战略性新兴产业成长潜力。

创新型产业集群产业基础能力三力动态演进过程更能直接反映调整提升方向，根据 2018 ～ 2020 年创新型产业集群产业基础能力各维度评价结果，测度 2018 ～ 2020 年产业基础能力变化趋势，结果如表 1 - 7 所示。2018 ～ 2020 年，创新型产业集群技术基础能力下降趋势较为明显，2018 ～ 2019 年，技术基础能力变化均值为 - 0.023，仅有 5 个省域技术基础能力上升，2018 ～ 2019 年，技术基础能力变化均值为 - 0.023，仅 3 个省域技术基础能力呈现上升，与创新型产业集群政策引导时间关联较为紧密，政策优势对集群能力提升有直接推动作用，2020 年高新区与创新型产业集群高质量发展政策支持以及高新区主导产业培育强化因园施策，推动创新型产业集群技术基础能力全面提升，特色化创新型产业集群培育成为高新区创新效能提升的关键，国家高新区创新型产业集群虹吸效应，强化了创新型产业集群所在城市创新资源集聚能力。2018 ～ 2020 年，规模基础能力下降趋势更为明显，2018 ～ 2019 年、2019 ～ 2020 年规模基础能力变化均值分别为 - 0.009、- 0.036，表明需要强化规模基础能力优势提升与创新型产业集群高质量发展协同作用。2018 ～ 2020 年国际基础能力下降趋势减弱，2017 ～ 2018 年、2018 ～ 2019 年国际基础能力变化均值分别为 - 0.018、- 0.012，结合创新型产业集群三力指标演进趋势特征，创新型产业集群产业基础能力总体呈下降趋势，各维度波动影响了三力协同均衡整体提升，显著提升创新型产业集群一"力"，并不能带动产业基础能力等其他维度同步有效提升，创新型产业集群产业基础能力提升波动，影响特色化产业发展路径选择。

表1-7　　　　2018～2020年创新型产业集群产业基础能力变化

序号	省域	技术基础能力		规模基础能力		国际基础能力	
		2018～2019年	2019～2020年	2018～2019年	2019～2020年	2018～2019年	2019～2020年
1	北京	-0.047	0.034	-0.026	-0.037	-0.025	-0.001
2	天津	-0.031	0.008	-0.016	0.010	-0.016	0.052
3	河北	-0.025	-0.016	-0.009	-0.045	-0.020	0.009
4	山西	0.207	-0.008	0.001	-0.047	-0.027	-0.133
5	内蒙古	-0.036	-0.010	-0.004	-0.048	-0.009	-0.031
6	辽宁	-0.030	0.051	-0.016	0.042	-0.021	-0.032
7	吉林	-0.024	-0.022	0.006	-0.017	-0.011	-0.039
8	黑龙江	-0.031	0.002	-0.002	-0.036	-0.017	0.016
9	上海	-0.045	-0.024	-0.011	-0.051	-0.018	-0.005
10	江苏	-0.018	-0.008	-0.019	-0.076	0.008	0.028
11	浙江	-0.028	0.002	-0.003	-0.051	-0.031	-0.024
12	安徽	-0.042	-0.008	-0.012	-0.057	0.010	-0.013
13	福建	-0.087	-0.021	-0.046	-0.043	0.010	-0.020
14	江西	-0.003	-0.003	-0.001	-0.035	-0.020	0.017
15	山东	-0.034	-0.008	-0.013	-0.061	-0.021	-0.017
16	河南	-0.029	0.008	-0.010	-0.020	0.015	0.122
17	湖北	-0.027	-0.017	-0.007	-0.050	-0.036	0.012
18	湖南	-0.033	0.001	-0.008	-0.040	-0.018	-0.003
19	广东	0.000	0.000	0.000	-0.105	0.000	0.000
20	广西	-0.041	-0.010	-0.019	-0.037	-0.027	0.030
21	重庆	-0.016	-0.012	0.013	-0.038	0.050	-0.099
22	四川	0.016	0.004	-0.002	-0.057	-0.046	0.055
23	贵州	-0.055	0.003	0.027	-0.047	0.025	-0.052
24	云南	0.001	0.007	-0.006	0.021	-0.078	0.028
25	陕西	-0.030	-0.015	-0.001	0.004	-0.002	0.064

序号	省域	技术基础能力		规模基础能力		国际基础能力	
		2018 ~ 2019 年	2019 ~ 2020 年	2018 ~ 2019 年	2019 ~ 2020 年	2018 ~ 2019 年	2019 ~ 2020 年
26	甘肃	－ 0.024	－ 0.010	－ 0.001	0.101	－ 0.016	－ 0.105
27	青海	－ 0.028	－ 0.006	－ 0.031	－ 0.058	－ 0.039	－ 0.011
28	新疆	－ 0.106	－ 0.001	－ 0.037	－ 0.137	－ 0.113	－ 0.186
	均值	－ 0.023	－ 0.003	－ 0.009	－ 0.036	－ 0.018	－ 0.012

1.2.3　产业基础能力非均衡

创新型产业集群产业基础能力评价模型中，产业基础能力各维度应处于动态均衡演进状态，各维度相对均衡指标值层级较高，表明该省域产业基础能力整体优势越强。通过采用各维度变化"落差值"判断创新型产业集群产业基础能力各维度均衡状态，通过测算技术、规模、国际基础能力指标值两两差值的绝对值，判定各维度均衡程度，落差值越小，表明产业基础能力的各维度越均衡；反之，则表明越呈现不均衡状态。用 ξ 表示落差值，同时 ξ 的取值范围为 ［0，1］，$\xi_1 =$ ｜技术基础能力 － 国际基础能力｜，$\xi_2 =$ ｜技术基础能力 － 规模基础能力｜，$\xi_3 =$ ｜国际基础能力 － 规模基础能力｜，如果三个落差值 ξ 都为 0 时，则表明创新型产业集群产业基础能力各维度绝对均衡；如果三个落差值 ξ 都在 （0，0.1］ 时，则表明各维度较为均衡；如果三个落差值 ξ 都在 （0.1，0.2］ 时，则表明各维度一般均衡；如果任意一个落差值 ξ 在 （0.2，0.5］ 时，则表明创新型产业集群产业基础能力各维度不均衡；如果任意一个落差值 ξ 在 （0.5，1） 时，则表明各维度极不均衡；如果任意一个落差值 ξ 为 1 时，则表明各维度完全不均衡，落差值结果如表 1 － 8 所示。

表1-8   创新型产业集群产业基础能力落差

省域	ξ_1	ξ_2	ξ_3	产业基础能力排序	省域	ξ_1	ξ_2	ξ_3	产业基础能力排序
北京	0.153	0.203	0.050	4	山东	0.047	0.161	0.114	6
天津	0.151	0.149	0.002	14	河南	0.097	0.078	0.018	19
河北	0.125	0.118	0.007	9	湖北	0.099	0.168	0.069	11
山西	0.039	0.155	0.194	21	湖南	0.005	0.004	0.001	15
内蒙古	0.171	0.133	0.037	22	广东	0.000	0.142	0.142	1
辽宁	0.087	0.309	0.222	3	广西	0.046	0.084	0.038	16
吉林	0.090	0.112	0.022	20	重庆	0.030	0.127	0.097	18
黑龙江	0.002	0.103	0.105	23	四川	0.082	0.039	0.121	5
上海	0.159	0.059	0.100	10	贵州	0.068	0.174	0.106	27
江苏	0.185	0.143	0.042	2	云南	0.049	0.063	0.111	25
浙江	0.016	0.003	0.012	7	陕西	0.280	0.187	0.093	8
安徽	0.070	0.063	0.006	13	甘肃	0.009	0.003	0.006	26
福建	0.094	0.007	0.102	12	青海	0.067	0.169	0.102	24
江西	0.055	0.060	0.005	17	新疆	0.074	0.037	0.037	28

为更加直观地表示创新型产业集群各维度均衡情况，展示创新型产业集群各维度非均衡图，如图1-4所示。可以看出各省域创新型产业集群产业基础能力并未处于各维度绝对均衡和极不均衡状态，浙江、湖南、安徽、广西、新疆、甘肃6个省域创新型产业集群产业基础能力的各维度落差小，但浙江创新型产业集群产业基础能力各维度指标排名靠前，表明浙江创新型产业集群产业基础能力在较强的情况下，各维度较为均衡，而湖南、安徽、广西、新疆、甘肃各维度落差虽小，但其各维度能力较低，整体处于低水平均衡状态。北京、江苏、辽宁、陕西4个省域各维度落差较为明显，处于各维度不均衡状态，北京、江苏、辽宁、陕西产业基础能力评价值高，各维度不均衡主要是受技术基础能力影响。

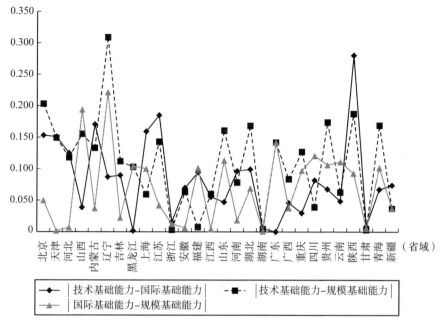

图 1-4　创新型产业集群各维度非均衡

通过测算创新型产业集群技术、规模和国际基础能力变化趋势，划分省域创新型产业集群各维度非均衡结构特征，为创新型产业集群产业基础能力动态提升和效能优化路径提供参考依据，各省域创新型产业集群各维度排名波动变化如表 1-9 所示。

表 1-9　　　　　2018~2020 年创新型产业集群各维度排名动态演进

省域	技术基础能力排名			规模基础能力排名			国际基础能力排名			产业基础能力排名		
	2018年	2019年	2020年	2018年	2019年	2020年	2018年	2019年	2020年	2018年	2019年	2020年
北京	2	2	2	12	13	13	9	9	9	3	3	4
天津	16	16	15	14	14	10	12	12	10	15	15	14
河北	10	10	11	8	8	8	8	8	6	11	10	9
山西	28	21	22	20	19	19	21	21	24	26	20	21
内蒙古	24	25	25	24	24	24	20	20	21	21	22	22

续表

省域	技术基础能力排名			规模基础能力排名			国际基础能力排名			产业基础能力排名		
	2018年	2019年	2020年	2018年	2019年	2020年	2018年	2019年	2020年	2018年	2019年	2020年
辽宁	9	9	7	3	3	2	3	4	5	5	5	3
吉林	20	20	20	22	22	20	17	17	19	19	19	20
黑龙江	21	23	23	23	23	23	27	25	23	23	24	23
上海	3	3	4	11	10	11	14	16	15	9	9	10
江苏	5	4	3	2	2	3	2	2	2	2	2	2
浙江	6	5	5	7	7	7	6	6	8	6	6	7
安徽	13	13	13	13	12	14	11	10	12	13	13	13
福建	4	7	9	9	11	12	15	15	16	10	11	12
江西	17	17	17	19	18	18	18	19	17	18	18	17
山东	7	8	8	4	4	4	7	7	7	4	4	6
河南	19	19	19	21	21	21	25	22	18	20	21	19
湖北	14	14	14	5	5	6	10	11	11	12	12	11
湖南	12	12	10	16	17	17	13	14	13	14	14	15
广东	1	1	1	1	1	1	1	1	1	1	1	1
广西	15	15	16	15	15	15	16	18	14	16	16	16
重庆	18	18	18	17	16	16	19	13	20	17	17	18
四川	8	6	6	10	9	9	5	5	4	7	7	5
贵州	27	27	27	26	25	26	28	26	27	27	26	27
云南	22	22	21	25	26	25	26	28	25	24	25	25
陕西	11	11	12	6	6	5	4	3	3	8	8	8
甘肃	25	26	26	28	28	27	24	23	26	28	27	26
青海	23	24	24	18	20	22	22	24	22	22	23	24
新疆	26	28	28	27	27	28	23	27	28	25	28	28

可以看出，创新型产业集群产业基础能力各维度排名波动变化较小，广东、江苏、安徽、广西、陕西呈现均衡发展，技术基础能力排名波动最

大的是山西（幅度为7），规模基础能力波动最大的是天津、青海（幅度为4），国际基础能力波动最大的是河南（幅度为7）。将排名划分为高（H）、中（M）、低（L）三类，排名1~8为高，9~18为中，19~28为低，各维度呈现不同的发展结构，主要分为各维度均衡型、双维协同型、单维牵引型3大类型，具体表现为6个类型。

（1）维度均衡型

①高能级均衡型（H－H－H）。广州、江苏、浙江是创新型产业集群高能级创新主要群体，集群能级较高省域各维度相对较高同时变动幅度小，产业基础能力发展增长极优势显著，区位优势、政策支持助推集群能级跨越和创新能级跃迁，经济基础和科教资源协同效应显著。

②中能级均衡型（M－M－M）。安徽、湖南是中等能级的主要载体，以中部六省高端制造业集群为主导，中部高新技术企业数量在全国比重也不断提升，相比东部经济体量优势，中部制造业区位优势较为明显，创新资源集聚优势高于西部地区，承东启西推动梯次衔接。

③低能级均衡型（L－L－L）。新疆、甘肃、贵州更多呈现为西部特色化产业集群，经济、科研优势潜力较大，促进新时代西部大开发形成新格局的政策引导，助推特色化产业培育。

（2）双维协同型

协同融通型（M－H－H）。陕西是西部创新型产业集群高质量发展的主要载体，规模基础能力、国际基础能力高，技术基础能力提升有限，接近于高能级均衡型的梯次培育，弱化经济要素影响，强化创新要素优势与国家高新区辐射带动作用，有效提升技术基础能力。

（3）单维牵引型

①技术策源型（H－M－M）。上海创新型产业集群总量达到6家，布局新一代信息技术、生物、新能源汽车、数字创意等战略性新兴产业，创新型产业技术基础能力较为全面，规模技术能力和国际基础能力优势显著，创新资源集聚和智力资源优势，强化集群创新策源地。

②规模推动型（M－H－M）。湖北创新型产业集群数量仅次于广东、

江苏、山东，湖北高新技术企业数量 2020 年突破 1 万家后，2021 年接近 1.5 万家，高企数量占全国高企总量比重达到 6%，规模基础能力高于技术基础能力和国际基础能力，湖北高校、研发机构数量较多的创新资源集聚优势，为创新型产业集群提供创新动力。

创新能级各维度模型判断创新型产业集群产业基础能力均衡程度，同时创新型产业集群产业基础能力全面提升，需要技术、规模和国际三个维度协同融通，形成产业集群与区域创新融合共生生态。

1.3　产业基础能力影响因素

1.3.1　影响因素模型构建

通过构建创新型产业集群产业基础能力各维度模型，重点分析 2017 ~ 2020 年 109 家创新型产业集群能级动态变化过程，运用熵权突变级数法测算创新型产业集群产业基础能力，结果表明，创新型产业集群规模基础能力、国际基础能力、技术基础能力依次降低，各维度中的任何一个短板瓶颈，可能影响制约创新型产业集群整体创新效能提升，为明确创新型产业集群各维度提升影响因素及各因素影响程度，通过 Stata17.0 整体分析规模基础能力、国际基础能力、技术基础能力的创新型产业集群影响因素。

被解释变量为规模基础能力（BBA）、国际基础能力（IBA）、技术基础能力（TBA），创新型产业集群产业基础能力受到资本投入（C）、人员投入（P）、技术投入（T）、载体投入（R）、服务投入（S）等多因素影响，借鉴相关研究，资本投入对创新型产业集群创新效率具有较为显著影响，为高新技术企业培育及创新活动提供有力支撑，降低科技研发风险，用企业科技经费支出（苏屹、安晓丽、王心焕、雷家骕，2017）衡量资本投入，科技活动人员是企业创新的重要主体，是国家高新区和高新技术企业关键智力支持，为有效衡量高新技术企业员工工作量，采用科技活动人员变量（白俊红、蒋伏心，2015）衡量人员投入；当年专利申请数直接反映了企业当年的科技成果转化程度，鉴于数据可获得性，采用当年授权专利数衡量技术投入；国家高新区是创新型产业集群的重要载体，是创新型产业集群培育的产业主导，在高端研发资源和创新服务要素集聚方面发挥载体支撑作用，用高新技术企业数（严太华、刘焕鹏，2015）衡量载体投入；研究机构在创新型产业集群知识创新阶段发挥重要作用，通过大中小企业融合交流，融通创新合作产生知识溢出，促进创新型产业集群知识转移，促进科技型企业梯次培育，为集群能级提升与创新轨道转换提供研发优势，因此用研发机构数量衡量服务投入，创新型产业集群创新能级影响模型如式（1-6）、式（1-7）、式（1-8）所示：

$$BBA_{it} = \alpha + \beta_1 C_{it} + \beta_2 P_{it} + \beta_3 T_{it} + \beta_4 R_{it} + \beta_5 S_{it} + \varepsilon_{it} \qquad (1-6)$$

$$IBA_{it} = \alpha + \beta_1 C_{it} + \beta_2 P_{it} + \beta_3 T_{it} + \beta_4 R_{it} + \beta_5 S_{it} + \varepsilon_{it} \qquad (1-7)$$

$$TBA_{it} = \alpha + \beta_1 C_{it} + \beta_2 P_{it} + \beta_3 T_{it} + \beta_4 R_{it} + \beta_5 S_{it} + \varepsilon_{it} \qquad (1-8)$$

在式（1-6）~式（1-8）中，BBA_{it}、IBA_{it}、TBA_{it}分别是规模基础能力、国际基础能力、技术基础能力评价值，i是省域，t是年份，α是截距，α是固定值，ε_{it}是误差项，模型分析重点是系数$\beta_i (i=1，2，3，4，5)$，如果系数为正，则表明该影响因素能够促进创新型产业集群产业基础能力提升，如果系数为负，则表明该影响因素可能阻碍创新型产业集群产业基础能力提升。

1.3.2　影响因素回归检验

通过采用固定效应模型和随机效应模型估计面板数据模型，采用豪斯曼统计检验对两种模型进行有效性检验，分别以规模基础能力、国际基础能力、技术基础能力为被解释变量，测度资本投入（C）、人员投入（P）、技术投入（T）、载体投入（R）、服务投入（S）5个维度指标影响因素，相关检验结果如表1－10所示。

表1－10　　创新型产业集群产业基础能力影响因素豪斯曼检验结果

豪斯曼检验	规模基础能力	国际基础能力	技术基础能力
Chi-sq. statistic	23.61	18.86	26.44
Prob.	0.0003	0.0044	0.0002

在以规模基础能力、国际基础能力、技术基础能力为被解释变量的面板数据模型中，豪斯曼统计检验 P 值分别为0.0003、0.0044、0.0002，均小于0.01，使用固定效应模型，回归结果如表1－11所示，在三次检验中，R^2 均大于0.5，样本拟合程度较好。

表1－11　　　创新型产业集群产业基础能力影响因素回归结果（不显著）

变量	规模基础能力		国际基础能力		技术基础能力	
	系数	T 值	系数	T 值	系数	T 值
C	0.026 **	2.01	－ 0.006	－ 0.38	－ 0.024 *	－ 1.72
P	0.084 ***	3.06	－ 0.002	－ 0.08	0.052 **	2.07
T	0.023 **	2.47	0.042 ***	2.68	0.027 **	2.01
R	－ 0.065 ***	－ 3.82	0.046 *	1.93	0.003	0.16
S	－ 0.046 **	－ 1.99	0.059 ***	3.09	0.084 ***	5.09
R^2	0.707		0.568		0.668	

注：* 、** 、*** 分别表示在10%、5%、1%的显著性水平下显著。

从创新型产业集群规模基础能力影响因素分析，人员投入的回归系数为0.084，为正，同时在1%的水平下显著，即人员投入每增加1%，创新型产业集群规模基础能力将提升0.084%，表明创新型人才是提升创新型产业集群规模基础能力的重要支撑，持续性引进新型人才，有助于创新型产业集群提升规模基础能力。资本投入和技术投入对创新型产业集群规模基础能力的回归系数分别为 0.026 与 0.023，均为正，同时在 5% 的水平下显著，即资本投入增加 1%，创新型产业集群规模基础能力将提升 0.026%，技术投入增加 1%，创新型产业集群规模基础能力将提升 0.023%，资本投入与技术投入是提升创新型产业集群规模基础能力的重要因素，资金与技术在创新型产业集群中集聚产生的规模效应会促进规模基础能力的增长。载体投入对创新型产业集群规模基础能力的回归系数为 −0.065，为负，同时在 1% 的水平下显著，即载体投入增加 1%，创新型产业集群规模基础能力将降低 0.065%，表明国家高新区的载体作用未对创新型产业集群的规模基础能力产生正向影响。服务投入对创新型产业集群规模基础能力的回归系数为 −0.046，为负，同时在 5% 的水平下显著，即服务投入增加 1%，创新型产业集群规模基础能力将降低 0.046%，服务投入增加有可能抑制创新型产业集群规模基础能力提升，可能是深层次的创新型产业集群服务需求并未有效匹配。

从创新型产业集群国际基础能力影响因素分析，技术投入对创新型产业集群国际基础能力的回归系数为 0.042，为正，同时在 1% 的水平下呈现显著的正向影响，即技术投入增加 1%，创新型产业集群国际基础能力将提升 0.042%。载体投入对创新型产业集群国际基础能力的回归系数为 0.046，为正，同时在 10% 的水平下显著，即载体投入增加 1%，创新型产业集群国际基础能力将提升 0.046%，表明创新型产业集群具有较强资源配置能力，促进创新型产业集群的国际基础能力提升。资本投入与人员投入未通过显著性水平检验，对创新型产业集群国际基础能力未产生影响。服务投入对创新型产业集群国际基础能力的回归系数为 0.059，为正，同时在 1% 的水平下显著，即服务投入增加 1%，创新型产业集群国际基础能力将提升 0.059%，可见服务支持是提升创新型产业集群国际基础能力的重要因素，创新相关服务支持能够帮助创新型产业集群提升国际竞争力，服务投入为创新型产业集群高质量发展提供了全方位衔接，研发机构内知识溢出促进创新型产业集群优势互补，因此，应提升创新型产业集群服务质量，有利于创新型产业集群提升国际基础能力和产业链竞争能力。

从创新型产业集群技术基础能力影响因素分析，资本投入对创新型产业集群技术基础能力的回归系数为 - 0.024，为负，同时在 10% 的水平下显著，即资本投入增加 1%，创新型产业集群技术基础能力将降低 0.024%，资本投入对创新型产业集群技术基础能力提升产生负向影响，表明创新型产业集群投入产出能力较弱。人员投入与技术投入对创新型产业集群技术基础能力的回归系数分别为 0.052 和 0.027，均为正，同时在 5% 的水平下显著。服务投入对创新型产业集群技术基础能力的回归系数为 0.084，为正，同时在 1% 的水平下显著，即服务投入增加 1%，创新型产业集群技术基础能力将提升 0.084%。载体投入未通过显著性水平检验，对提升创新型产业集群国际基础能力未产生影响，表明创新型产业集群技术发展还处于模仿消化吸收，未能有效发挥国家高新区创新型产业集群技术孵化和创新主体培育作用。

1.3.3 能力提升组合路径

技术基础能力、规模基础能力和国际基础能力协同高效发展是提升创新型产业集群产业基础能力的关键拓展维度，三维度交互促进、螺旋上升、协同推进集群共生共创，创新型产业集群产业基础能力提升路径主要由技术、规模、国际三维度的六种先后组合顺序形成，如图 1 - 5 所示，产业基础能力整体能级跃迁依托多维度跨层跨级跨域能级轨道变换。结合创新型产业集群三维度路径组织形态，提出三方面对策建议，为创新型产业集群可持续创新驱动协同发展提供参考依据。

单维牵引型转向双维协同型，以拥有 6 个创新型产业集群的上海为技术共生牵引型创新型产业集群的组合范式，即技术基础能力牵引规模能力，再强化国际基础能力，进而整合提升集群整体技术基础能力，推动规模基础能力和国际基础能力的协同并进。从创新型产业集群规模基础能力影响因素来看，人力投入、资本投入、技术投入对创新型产业集群规模基础能力的回归系数分别为 0.026、0.084、0.023，各类创新资源投入向创新型产业集群集聚，积极发挥集聚效应，实现集群创新资源融合共享、协同互补的体系生态，从而提升集群规模基础能力。国家高新区是创新型产业集群建设的重要载体，为创新型产业集群的发展提供了良好的生态环境，并以产业链为主线，联动上中下游企业融通，形成良好的竞合机制，拓展产业价值链、创新链、供应链生态集聚；在产业集群群落竞争中，集群内科技型企业深化专业分工，提升核心竞争力，有助于特色产业培育和主导产业集聚。载体投入与服务要素投入对创新型产业集群产业基础能力提升有限，服务要素与创新要素不匹配，服务要素投入对其他投入要素滞后效应会影响基础能力整体提升。通过明确国家高新区创新型产业集群重点发展领域，打造特色鲜明的战略性新兴产业培育平台，促进产业集群资源多维度跨越耦合。

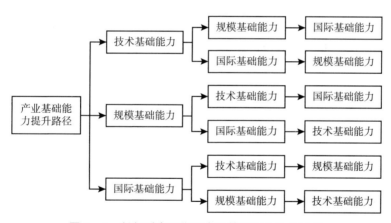

图 1-5 创新型产业集群产业基础能力组合路径

　　双维协同型转向单维均衡型以西部多点组合陕西创新型产业集群为代表，规模基础能力与国际基础能力相对较高，技术基础能力亟待提升，产业基础能力提升主要依靠技术基础能力快速推进。从表 1-11 回归结果来看，人才投入、技术投入和服务投入对创新型产业集群提升技术基础能力有显著正向影响。创新人才集聚是提升创新型产业集群产业基础能力、优化研发机构布局、推动高端技术创新的重要途径，创新型产业集群具有技术密集和知识密集等特点，科技型企业和高新技术企业创新人才为创新型产业集群基础能力提供全方位支撑。

多维度均衡能级突破跃迁，以能级中低层级均衡发展的安徽、新疆创新型产业集群为代表，三维度整体能级均衡态较低。安徽技术基础能力2018～2020年排名稳定在第13，国际基础排名为第11、第10、第12，规模基础排名为第13、第12、第14，规模技术能力与国际基础能力存在排名波动变化，通过低水平能级均衡跃迁，提升规模基础与国际基础能力，带动创新型产业集群技术基础能力提升。从创新型产业集群国际基础能力影响因素来看，技术投入与服务投入对创新型产业集群国际基础能力的提升有显著的正向影响，技术投入每提高1%，国际基础能力提升0.042%，服务投入每提高1%，国际基础能力提升0.059%，推动三力螺旋上升。

1.4 产业基础能力效率差异

1.4.1 整体转化效率测度

借鉴弗莱德将环境因素和随机噪声引入传统三阶段 DEA 模型，对创新型产业集群产业基础能力整体效率调整优化，准确评估创新型产业集群产业基础能力整体效率变化过程。

第一阶段：选择投入导向的模型对原始投入和原始产出进行效率评价，测度技术效率，分解为规模效率和纯技术效率之积，各决策单元松弛变量为原始投入值与投入目标值之差。

第二阶段：传统 DEA 模型不能真实测度投入产出效率值，因此构造类似随机前沿模型，剔除环境变量、管理无效率和统计噪声对决策单元效率测度的影响。将第一阶段所计算的投入松弛变量视为因变量，环境变量作为解释变量，构建模型（1-9）：

$$S_{ij} = f(Z_j; \beta_i) + \nu_{ij} + \mu_{ij}; \quad i = 1, 2, \cdots, N; \quad j = 1, 2, \cdots, M$$

$$(1-9)$$

其中，S_{ij} 表示第 j 个省域创新型产业集群第 i 项要素投入的松弛误差值，Z_j 是环境变量，β_i 是环境变量的系数，$\nu_{ij} + \mu_{ij}$ 是混合误差项。其中 $\nu \sim N(0, \sigma_\nu^2)$ 是随机误差项，μ 是管理无效率，假设其服从在零点截断的正态分布，即 $\mu \sim N^+(0, \sigma_\mu^2)$。

调整式（1-9）结果，得到调整后投入值，如式（1-10）所示：

$$X_{ij}^A = X_{ij} + [\max(f(Z_j; \hat{\beta}_i)) - f(Z_j; \hat{\beta}_i)] + [\max(\nu_{ij}) - \nu_{ij}];$$

$$i = 1, 2, \cdots, N; \quad j = 1, 2, \cdots, M \qquad (1-10)$$

其中，X_{ij}^A 是调整后的投入；X_{ij} 是调整前的投入；$[\max(f(Z_j; \hat{\beta}_i)) - f(Z_j; \hat{\beta}_i)]$ 是对外部环境因素进行调整，用环境变量最大值减去每个决策单元环境值；$[\max(\nu_{ij}) - \nu_{ij}]$ 是将所有决策单元调整到相同环境下。

第三阶段：用第二阶段调整后的投入数据代替原始投入数据，原始产出不变，再次利用投入导向模型，测度创新型产业集群技术效率，得到调整后效率值，更有效地反映了创新型产业集群产业基础能力整体效率。依据《中国火炬统计年鉴》，整理创新型产业集群 2018～2020 年各项投入产出指标，剔除海南、宁夏、西藏、青海数据缺失，以 27 个省域为决策单元。

投入产出变量选取影响创新型产业集群产业基础能力效率差异，选取创新型产业集群高新技术企业数、年末从业人员数、企业科技经费支出（千元）为投入变量，选取净利润（千元）、当年发明专利数（件）、认定登记的技术合同成交金额（千元）作为产出变量，第一阶段以投入为导向，运用 DEAP 2.1 软件，测度 27 个省域创新型产业集群产业基础能力的技术效率、规模效率和纯技术效率，结果如表 1-12 所示。不考虑环境因素和随机误差情况下，2020 年创新型产业集群技术效率平均值为 0.783，纯技术效率平均值为 0.853，规模效率平均值为 0.865；纯技术效率平均值高于规模效率平均值，表明技术效率中规模作用低于纯技术作用，创新型产业集群产业基础能力技术效率低的原因是规模效率无效。在27个省域中，北京、内蒙古、辽宁、吉林、上海、河南、湖南、广东、云南9个省域达到了DEA有效，12个省域的技术效率高于均值，8个省域的技术效率低于0.5，表明不同省域的创新型产业集群技术效率差异较为明显，产业基础能力参差不齐；9个省域的规模收益不变，10个省域的规模收益递增，8个省域的规模收益递减，第一阶段效率未考虑环境和随机误差因素，需要进一步测度各省域创新型产业集群效率区域差异。

表1-12　　　　　　2020年创新型产业集群调整前后效率比较

省域	调整前效率				调整后效率			
	技术效率	纯技术效率	规模效率	规模收益	技术效率	纯技术效率	规模效率	规模收益
北京	1	1	1	—	1	1	1	—
天津	0.517	0.528	0.979	irs	0.513	0.569	0.902	irs
河北	0.924	1	0.924	drs	1	1	1	—
山西	0.822	0.972	0.846	irs	0.815	1	0.815	irs
内蒙古	1	1	1	—	1	1	1	—
辽宁	1	1	1	—	1	1	1	—
吉林	1	1	1	—	1	1	1	—
黑龙江	0.419	0.619	0.676	irs	0.418	0.85	0.492	irs
上海	1	1	1	—	1	1	1	—
江苏	0.683	1	0.683	drs	0.913	1	0.913	drs
浙江	0.694	0.812	0.855	drs	0.872	0.875	0.996	irs
安徽	0.715	0.767	0.933	drs	0.755	0.757	0.997	drs
福建	0.536	0.557	0.963	irs	0.626	0.631	0.993	irs
江西	0.472	0.481	0.981	irs	0.523	0.589	0.887	irs
山东	0.743	1	0.743	drs	1	1	1	—
河南	1	1	1	—	0.918	1	0.918	irs

省域	调整前效率				调整后效率			
	技术效率	纯技术效率	规模效率	规模收益	技术效率	纯技术效率	规模效率	规模收益
湖北	0.663	0.868	0.764	drs	0.876	0.99	0.884	drs
湖南	1	1	1	—	1	1	1	—
广东	1	1	1	—	1	1	1	—
广西	0.181	0.222	0.815	irs	0.24	0.371	0.648	irs
重庆	0.493	0.527	0.937	irs	0.48	0.68	0.706	irs
四川	0.862	1	0.862	drs	1	1	1	—
贵州	0.454	1	0.454	irs	0.127	1	0.127	irs
云南	1	1	1	—	0.977	1	0.977	irs
陕西	0.435	0.449	0.97	irs	0.356	0.471	0.755	irs
甘肃	0.461	0.914	0.504	irs	0.217	0.885	0.245	irs
新疆	0.479	1	0.479	irs	0.226	0.99	0.229	irs
东部	0.789	0.877	0.905		0.880	0.897	0.978	
中部	0.779	0.848	0.921		0.815	0.889	0.917	
东北	0.806	0.873	0.892		0.806	0.950	0.831	
西部	0.596	0.790	0.780		0.514	0.822	0.632	
平均	0.783	0.853	0.865		0.806	0.854	0.833	

第二阶段环境影响因素分析：将第一阶段测算的创新型产业集群高新技术企业数、年末从业人员数、企业科技经费支出投入变量的松弛变量分别作为被解释变量，选取出口总额、创新型产业集群营业收入与国家高新区营业收入的比重、创新型产业集群孵化器数量、研发机构数量、创新型产业集群高新技术企业数量与国家高新区高新技术企业数量的比重，五个指标作为解释变量，使用 Frontier 4.1 软件进行回归分析，结果如表 1 - 13 所示。γ 值趋近于 1，表明管理无效率占较为明显比重，符合运用 SFA 分析的条件。创新型产业集群 LR 检验值分别为 22.63、13.51 和 12.82，均

达到1%显著性水平，表明回归模型均通过了显著性水平检验，需要分离环境变量。如果回归系数为正，表明解释变量的增加会造成投入松弛的冗余，不利于创新型产业集群产业基础能力提升，回归系数为负，表明解释变量的增加会减少投入松弛的冗余，有利于创新型产业集群产业基础能力提升。

表 1 - 13 基于 SFA 的第二阶段回归结果

项目	高新技术企业数	年末从业人员数	企业科技经费支出
常数项	1.324 (0.822)	-10 135.39 *** (-10 135.382)	-462 727.51 *** (-462 727.51)
出口总额	-0.0000005 *** (-4.875)	0.0003 (1.186)	0.0107 ** (2.09)
营业收入比重	-74.416 *** (-7.470)	48 074.957 *** (48 074.956)	939 207.38 *** (939 207.38)
孵化器数量	-1.398 *** (-3.744)	-1 641.946 *** (-1 641.889)	-86 237.046 *** (-86 237.045)
研发机构数量	0.180 *** (5.102)	15.767 *** (15.683)	1 831.228 *** (1 831.226)
高新技术企业占比	-25.876 (-1.266)	-45 096.788 *** (-45 096.78)	-2 386 805 *** (-2 386 805)
σ^2	20 525	2 378 237 700	5 814 443 100 000
γ	0.999	0.999	0.999
log 似然值	-148.512	-310.486	-416.94
LR 检验值	22.63	13.51	12.82

注：括号内是 t 值。* 、** 、*** 分别表示在10%、5%、1%的显著性水平下显著。

研发机构数量与高新技术企业数量松弛变量呈正相关，表明研发机构对科技活动人员投入有显著的负向影响，研发机构数量的增加，会导致高新技术企业投入冗余，原因在于研发机构数量增加，科技人员研发当量同步增长。出口总额、创新型产业集群营业收入与国家高新区营业收入的比重、国家级科技企业孵化器与高新技术企业数的松弛变量呈负相关，表明增加出口额、提升创新型产业集群营收比与扩大科技企业孵化器的规模，有利于降低高新技术企业投入冗余，提升创新型产业集群产业基础能力。

创新型产业集群营业收入国家高新区营业收入的比重与研发机构数量两者均与年末从业人员的松弛变量呈正相关，表明创新型产业集群营收提升和研发机数量的增加未显著促进创新型产业集群人力资源的有效利用。随着研发机构数量的增加，创新型产业集群需要创新资源投入均会增加，创新资源转化为促进创新型产业集群发展动力存在滞后性，影响了创新型产业集群短期快速提升，研发机构应与战略性新兴产业同步匹配。国家级科技企业孵化器与高新技术企业占比两者均与年末从业人员数量呈负相关，表明创新型产业集群科技企业孵化器与高新技术企业数量增加能降低人员投入冗余。

创新型产业集群营业收入国家高新区营业收入的比重与研发机构数量两者均与企业科技经费支出松弛变量呈负相关，表明营收占比与研发机构数量的增加，未有效降低创新型产业集群企业科技经费投入冗余。国家级科技企业孵化器与高新技术企业占比两者均与年末从业人员数量呈负相关，高新技术企业是创新型产业集群创新主体，可以有效降低企业科技经费冗余。

第三阶段型实证结果：第二阶段通过类似于 SFA 回归分析对原始投入进行调整，得到调整后投入，将原始产出与调整后投入，通过 DEAP 2.1 再次进行效率测度，结果如表 1 – 12 所示。剔除环境变量和随机干扰因素的影响得到调整后的效率，创新型产业集群总体平均技术效率增加，由 0.783 变为 0.806，表明环境变量确实对集群效率测度存在影响。河北、山东、四川的创新型产业集群技术效率增长到 1，3 个省域技术效率提高均是由于规模效率的提高。河南、云南的技术效率由 1 降低为 0.918、0.977，两个省域技术效率的降低均是由于规模效率的降低。纯技术效率均值调整前后基本一致，而调整后规模效率均值低于调整前，表明将所有决策单元放置在统一环境条件下，技术创新对效率的影响程度低于规模效应对效率的影响程度。东部及中部地区创新型产业集群调整后技术效率提高，东部地区规模效率明显提升，中部地区纯技术效率提高。东北地区技术效率保持不变，西部地区技术效率下降，两地区均为纯技术效率提高而规模效率降低。技术效率值为纯技术效率与规模效率的乘积，东部地区除江苏省以外，规模效率值均大于或者等于纯技术效率，则表明东部地区创新型产业集群在规模效率上更具优势，提升技术创新能力能更大程度地提高技术效率。中部地区大多省域创新型产业集群纯技术效率大于规模效率，表明中部地区创新型产业集群应发挥规模优势，提升技术效率。

11 个创新型产业集群技术效率占比 40.7%，低于均值，表明创新型产业集群产业基础能力存在较为明显差异，整体运营效率不高，技术效率较高的创新型产业集群可以发挥带动作用，减少非均衡局面，在第一阶段处于效率前沿面的河南、云南，在第三阶段未达到效率前沿，表明环境因素对河南及云南的创新型产业集群影响较为明显。北京、河北、内蒙古、辽宁、吉林、上海、山东、湖南、广东、四川 10 个省域在调整后达到DEA 有效，表明创新型产业集群创新资源优化调整提升运行效率。

创新型产业集群纯技术效率均值为 0.854，各省域创新型产业集群纯技术效率调整前后变化表明，纯技术效率在调整前后变化较小，除安徽、甘肃与新疆纯技术效率被高估外，其他省域纯技术效率保持不变或上升，表明技术要素投入是创新型产业集群发展的重要动力，技术要素对提升创新型产业集群运行效率存在显著正向影响，创新型产业集群运营管理能力同步提升。

创新型产业集群规模效率均值为 0.833，北京、内蒙古、辽宁、吉林、上海、湖南、广东 7 个省域规模效率不变，其余 8 个省域规模效率增加，天津、山西、黑龙江、江西、河南、广西、重庆、贵州、云南、山西、甘肃、新疆 12 个省域的规模效率被高估，贵州规模效率仅为 0.127，表明贵州创新型产业集群规模效应不明显。

依据东部、中部、西部和东北四个板块，测度产业基础能力效率转化区域异质性，如表 1 - 14 所示，第一阶段创新型产业集群技术效率沿东北—东部—中部—东部递减，这与区域经济总量存在偏差，第一阶段测算效率值可能存在误差。第三阶段创新型产业集群技术效率沿东部—中部—东北—西部递减，东部、中部地区技术效率以规模效率主导，东北与西部地区技术效率以纯技术效率主导，表明在技术和管理水平较高的情况下，技术效率主要受规模效率影响。将创新型产业集群技术效率按高低进行分类，如表1-14所示，东部、中部、西部和东北创新型产业集群布局不均衡，东部地区集群优势强于西部地区，东部地区创新型产业集群技术效率［0.8，1］区间占比达到77.8%，而西部地区创新型产业集群技术效率［0.8，1］区间占比为33.3%，东部经济发展程度相对较高，创新型城市和战略性新兴产业集群较多，经济发展环境及创新资源集聚有利于创新型产业集群开展技术创新活动。

表 1-14　　　　　产业基础能力整体转化效率分类

地区	1 = 有效	［0.8，1）= 较高	［0.7，0.8）= 一般	［0，0.7）= 较低	［0.8，1］占比
东部	京、冀、沪、鲁、粤	苏、浙	—	津、闽	77.8%
中部	湘	晋、豫、鄂	皖	赣	66.7%
西部	川、蒙	滇	—	桂、陕、贵、甘、新、渝	33.3%
东北	辽、吉	—	—	黑	66.7%
占比	37%	22.2%	3.7%	37%	—

1.4.2　各环节转化效率测度

效率模型选择随机前沿分析方法构造生产前沿面，将技术无效率项的条件期望作为技术效率，估计结果较准确（王学军、张文敏，2015），可同时检验模型参数及模型自身（于明洁、郭鹏、张果，2013），选取2017~2020年创新型产业集群相关数据为研究样本，测度28个省域创新型产业集群产业基础能力 3 个环节转化效率。

随机前沿模型为：$y_{it} = f(x_{it}, t)\exp(\nu_{it} - u_{it})$，$u$ 服从半正态分布 $N(0, s_u^2)$，ν_i 和 u_i 之间相互独立。柯布-道格拉斯生产函数的随机前沿模型，如式（1-11）所示，$\nu_{it} - u_{it}$ 是生产的混合误差项，实际测度中需根据函数目标导向选择合适的混合误差项形式，避免产生管理无效率项的错误估计（刘满凤、李圣宏，2016）。

$$\ln y_{it} = \beta_0 + \sum_n \beta_n \ln x_{it} + \nu_{it} - u_{it} \quad (1-11)$$

x_{it} 表示 i 省域创新型产业集群第 t 年的投入，y_{it} 是产出，β 代表投入系数。创新型产业集群产业基础能力各环节转化效率通过实际产出预期与随机前沿产出预期的比值来确定，如式（1-12）所示。其中，TE_{it} 表示第 t 年省域 i 创新型产业集群产业基础能力各环节效率，$TE=1$ 表示创新型产业集群各环节转化效率有效；$0 < TE < 1$，表明技术无效率。选取最大似然估计进行参数 γ 检验，$\gamma = \mu^2/(\mu^2 + \nu^2)$，以 γ 值的显著性程度来判别所选模型是否合理，γ 值较高，表明选用模型合理。γ 值接近 1 时，管理因素起重要作用；γ 值接近 0 时，随机误差起重要作用；$\gamma = 0$，技术无效率项不存在。

$$TE_{it} = \frac{E[f(x)\exp(\nu - u)]}{E[f(x)\exp(\nu - u)] \mid u=0} = E[\exp(-u_{it}) \mid \varepsilon_{it}] = e^{-u_{it}}$$

$$(1-12)$$

借鉴马江娜（马江娜、李华、王方，2017）、洪银兴（2017）等学者的观点，将创新型产业集群发展阶段划分为知识创新、成果转化和效益贡献 3 个环节。创新型产业集群创新价值链中间环节需要补充投入变量，考虑到当期的投入不会在当期产生产出，借鉴王（Wang E C，Huang W，2007）、伍健（伍健、田志龙、龙晓枫，2018）等学者对于滞后期的处理，将产出指标固定时滞 1 年，知识创新阶段投入指标采用 2017 年数据，产出指标采用 2018 年数据，成果转化阶段投入指标采用 2018 年数据，产出指标采用 2019 年数据，效益贡献阶段投入指标采用 2019 年数据，产出指标采用 2020 年数据。考虑到创新型产业集群数据的有效性，选取如表 1 – 15 所示投入产出指标。

表 1 – 15　　　　　　　　　创新型产业集群投入产出指标体系

	投入指标及表示符号	产出指标及表示符号
知识创新	年末从业人员数 *Staff*	当年授权发明专利 *Patent*
	高新技术企业数 *Enterprise*	
	研究院所数 *Research*	
成果转化	年末从业人员数 *Staff*	注册商标数量 *Brand*
	高新技术企业数 *Enterprise*	
	当年授权发明专利 *Patent*	
	当年形成国家或行业标准 *Standard*	
效益贡献	年末从业人员数 *Staff*	营业收入 *Revenue*
	高新技术企业数 *Enterprise*	
	注册商标数量 *Brand*	
	金融服务机构数 *Service*	
	企业科技经费支出 *Expenses*	

产业基础能力知识创新环节转化效率以创新型产业集群创新价值链知识创新环节为主，投入变量选取：年末从业人员数（*Staff*）、高新技术企业数（*Enterprise*）、研究院所数（*Research*），产出变量为：当年授权发明专利数量（*Patent*）。随机前沿模型如式（1 – 13）所示：

$$Patent_{it} = \beta_0 + \beta_1\, Staff_{it} + \beta_2\, Enterprise_{it} + \beta_3\, Research_{it} + \nu_{it} - u_{it}$$

$$(1 - 13)$$

使用 Frontier 4.1 软件进行回归分析，结果如表 1 – 16 所示。γ 的值为 0.819，通过 1% 的显著性水平检验，LR 检验值为 12.599，也达到 1% 的显著性水平，表明创新型产业集群在知识创新阶段存在显著的非效率，适合选用随机前沿模型测度创新型产业集群知识创新阶段的研发效率。

表 1－16　　　　　　　　　知识创新阶段转化效率测度结果

参数	系数	T 值
β_0	377. 157	1. 485
β_1	4. 881 ***	5. 732
β_2	－ 0. 002	－ 1. 196
β_3	16. 494	1. 588
σ^2	1 021 033 ***	610 037
γ	0. 819 ***	7. 455
对数似然值	－ 223. 222	
LR 检验值	12. 599	

注：*** 表示在 1% 的统计水平下显著。

以当年授权发明专利数量（Patent）为产出变量，年末从业人员数（Staff）、高新技术企业数（Enterprise）、研究院所数（Research）的产出弹性分别为 4. 881、－ 0. 002、16. 494，年末从业人员数通过了显著检验，年末从业人员的投入系数为 4. 881，表明年末从业人员数投入每增加 1%，会使知识创新阶段产业基础能力转化效率提升 4. 881%。高新技术企业和研发机构的系数分别为 － 0. 002 和 16. 494，均未通过显著性检验，表明在知识创新阶段，高新技术企业与研发机构对创新型产业集群知识创新影响不明显。

产业基础能力成果转化环节转化效率以创新型产业集群创新价值链成果转化环节为主，投入变量选取：年末从业人员数（Staff）、高新技术企业数（Enterprise）、当年授权发明专利数（Patent）、当年形成国家或行业标准（Standard），产出变量为：注册商标数量（Brand）。随机前沿模型如式（1 － 14）所示：

$$Brand_{it} = \beta_0 + \beta_1 Staff_{it} + \beta_2 Enterprise_{it} + \beta_3 Patent_{it} + \beta_4 Standard_{it} + \nu_{it} - u_{it}$$

$$(1 － 14)$$

对数似然值和 LR 统计量均通过 1% 的显著性检验，如表 1 － 17 所示，表明模型选择合理。以注册商标数量为产出变量，年末从业人员数、高新技术企业数、当年授权发明专利、当年形成国家或行业标准数量的产出弹性分别是0.001、1.161、5.542、−36.921，仅当年授权发明专利通过了显著性检验，其系数为5.542，表明年末从业人员数量投入每增加1%，成果转化阶段的产出将会增加5.542%，年末从业人员数、高新技术企业数、当年形成国家或行业标准未通过显著性检验，表明在成果转化阶段，3个要素投入对创新型产业集群产业基础能力成果转化阶段产出贡献有限，产业基础能力成果转化阶段主要依靠当年专利授权数量。

表1−17　　　　　　　　成果转化阶段转化效率测度结果

参数	系数	T值
β_0	1 214.215	248.051
β_1	0.001	0.078
β_2	1.161	0.253
β_3	5.542***	4.001
β_4	−36.921	−0.875
σ^2	2.928***	2.862
γ	0.999***	250 398.180
对数似然值	−270.501	
LR检验值	10.793	

注：***表示在1%的统计水平下显著。

产业基础能力效益贡献环节转化效率以创新型产业集群创新价值链效益贡献环节为主，投入变量选取：年末从业人员数（*Staff*）、高新技术企业数（*Enterprise*）、注册商标数量（*Brand*）、金融服务机构数（*Service*）、企业科技经费支出（*Expenses*），产出变量为：营业收入（*Revenue*）。随机前沿模型见式（1−15）：

$$Revenue_{it} = \beta_0 + \beta_1\,Staff_{it} + \beta_2\,Enterprise_{it} + \beta_3\,Brand_{it} + \beta_4\,Service_{it} +$$
$$\beta_5\,Expenses_{it} + \nu_{it} - u_{it} \qquad (1-15)$$

对数似然值和 LR 统计量均通过 1% 的显著性检验，如表 1-18 所示，表明模型选择合理。以营业收入为产出变量，年末从业人员数、高新技术企业数、注册商标数量、金融服务机构数、企业科技经费支出的产出弹性分别是 1.067、-0.101、-0.482、-0.003、1.221，年末从业人员数与企业科技经费支出投入要素均通过了 1% 的显著性检验，年末从业人员数的系数为 1.067，即年末从业人员数量投入每增加 1%，效益贡献阶段的产出将增加 1.067%，企业科技经费支出系数为 1.221，即高新技术企业投入要素每增加 1%，成果转化阶段的产出将增加 1.221%，高新技术企业数、注册商标数量、金融服务机构数量未通过显著性检验，在对效益贡献有限。企业科技经费支出的弹性系数最大，表明产业基础能力成果转化阶段主要依靠企业科技经费持续投入增加带动。

表 1-18　　　　　　　　　效益贡献阶段转化效率测度结果

参数	系数	T 值
β_0	0.980	0.039
β_1	1.067 ***	4.931
β_2	-0.101	-1.437
β_3	-0.482	-1.306
β_4	-0.003	-0.149
β_4	1.221 ***	5.595
σ^2	0.446 ***	4.492
γ	0.987 ***	2 660 271
对数似然值	-92.152	
LR 检验值	14.401	

注：*** 表示在 1% 的统计水平下显著。

第 2 章
创新型产业集群动态演进过程

2.1　创新效率动态演进

创新型产业集群培育主要依托国家高新区，以科技型中小企业和创新人才为主体，推动技术集聚与知识集聚，是产业链相关联的大中小企业、创新服务机构等在特定区域聚集的产业组织形态。创新型产业集群是科技的集聚地，是创新的孵化器，通过推动产业链、创新链"双链融合"助推源头创新到产业落地，以战略性新兴产业为主导产业，是区域创新体系的重要组成部分。为深入推进新时期创新型产业集群高质量发展，科技部火炬中心发布《关于深入推进创新型产业集群高质量发展的意见》，明确创新型产业集群培育充分发挥国家高新区产业集聚作用，推动科技成果在创新型产业集群转化，提升集群产业创新能力和产业链现代化水平，促进大中小企业协同融通发展和协同创新。

自 2013 年科技部首批认定 10 个创新型产业集群试点以来，各地区高度重视创新型产业集群建设工作，截至 2021 年 8 月，创新型产业集群试点及培育单位共 152 家，在创新驱动需求以及政策引导下，创新型产业集群建设工程取得显著成效。2020 年创新型产业集群工业总产值达

47 032.3 亿元，约占 GDP 的 4.6%，拥有有效发明专利 240 541 件，高新技术企业占集群企业比例由 2014 年的 32% 上升到 2020 年的 45.8%。创新型产业集群建设工作展开如火如荼，但仍然存在发展非均衡的现象，广东、山东、江苏、湖北四省创新型产业集群总数均超过 10 家，四省集群总数占总集群数量的 38.2%，而海南、宁夏、西藏还未布局创新型产业集群。创新型产业集群规模不断壮大，不同地区创新型产业集群在要素投入数量和质量上存在较为明显差异，资源配置不均衡问题愈发阻碍区域间创新型产业集群协调发展（王欢、张玲，2022）。国家高新区作为创新型产业集群的建设与培育主体，为集群的发展提供必要外部环境支撑。2020年 109 家创新型产业集群中有 87% 集群分布在国家高新区内，作为高新技术产业集聚发展的特定区域，国家高新区无疑与内嵌其中的创新型产业集群具有更为本质和直接的联系，集群效率表现受高新区环境影响更大（魏谷、汤鹏翔、杨晓非、段俊虎，2021）。

创新是产业集群发展的核心着力点，无论是基于区域角度，还是从集群本身出发，测度创新型产业集群创新效率动态变化有助于合理定位创新型产业集群要素投入产出差异，实现资源合理配置，优化布局，提升区域创新竞争力。

创新型产业集群是在产业集聚的基础之上发展演化而来，产业集聚到创新型产业集群的演化阶段可分为产业集聚、产业集群、产业技术集群、创新型产业集群四个阶段（张爱琴、郭丕斌，2018）。创新型产业集群拥有产业集群的共性，也具有本身的特性，创新型产业集群区别于一般产业集群的关注点在于创新型企业的创新能力和产业领跑上。发展创新型产业集群可有力地支撑区域创新体系，显著促进区域创新能力提升（田颖、田增瑞、韩阳、吴晓隽，2019），创新型产业集群试点政策显著提升高新技术产业发展水平（王欢，2022）和提升高新区创新效率（张冀新、李燕红，2019），集聚更多资源要素，提高国家高新区集聚效应（李荣、张冀新，2021），创新型产业集群设立拉动城市产业结构优化升级以及创新能力是拉动城市绿色经济发展重要原因（吴伟萍、张超、向晓梅，2021）。

创新型产业集群丰富的协同创新活动是促进集群企业创新绩效的有效方法（唐勇、周霞、张骁，2015），新升级的国家高新区通过判别创新链与产品链位势、集聚创新资源与要素培育创新型产业集群（薛强、赵静，2014）。创新型产业集群创新绩效与能力的高低主要由技术创新扩散、知识溢出（赵忠华，2012）与资源要素配置（景保峰、任政坤、周霞，2019）决定，创新型产业集群利用地理接近性，促进集群内部要素聚合与流通，增强内部效应的同时扩大外部影响效应。

较多学者采用三阶段 DEA 模型对创新型产业集群效率进行测度研究。陆红娟等（2021）运用三阶段 DEA 模型测度各省域创新型产业集群运行效率，指出创新型产业集群效率区域分布特征明显，综合效率东部地区最优。姚山季等（2021）采用三阶段 DEA 和 Malmquist 模型，分别从静态和动态角度分析长江经济带各省域产业集群技术创新效率的时间变化和空间差异。王欢等（2022）构建三阶段 DEA 模型，测度各省域创新型产业集群投入产出效率，并运用变异系数和静态面板模型分别检验其 σ 收敛和 β 收敛特征。陈升等（2019）利用传统 DEA 与三阶段 DEA 模型测算的集群投入产出效率，指出两种方法测算的结果存在显著性差异，环境因素对集群运营效率的影响较为明显。由此可见，外部创新环境是影响创新型产业集群绩效的重要因素（徐维祥、陈斌，2013），三阶段 DEA 模型在多投入多产出效率分析方面较传统 DEA 模型存在优势。

国内学者对国家高新区的研究较为丰富，国家高新区的设立为或多或少影响区域发展水平，如推动城市产业结构的高级化和合理化进程（王鹏、吴思霖、李彦，2019），显著提升城市创新水平（李政、杨思莹，2019），促进地区 GDP 和人均 GDP 的增长（刘瑞明、赵仁杰，2015），促进企业创新绩效（汪文生、徐天舒，2020），高新区创新环境和产业集群共同作用于创新型企业，并对企业的创新能力有正向的影响作用（郭丕斌、周喜君、王其文，2011），国家高新区外部环境在一定程度上会影响布局在高新区内部集群的创新活动。

通过相关文献的梳理，以往学者多研究创新型产业集群静态面板数据，极少学者对创新型产业集群创新效率演化情况，以及国家高新区创新环境如何影响集群创新进步进行分析。基于此，在构建三阶段 DEA 模型基础上，引入 Malmquist 指数对创新型产业集群效率变动进行分解，探讨在梯次培育机制下创新型产业集群时空演化差异，为提升创新型产业集群资源要素配置提供参考。

2.1.1 研究方法与变量选取

三阶段 DEA 模型主要包括：第一阶段传统 DEA 模型：DEA 模型主要包括 DEA – CCR 模型和 DEA – BCC 模型，其中 CCR 模型中规模报酬不可变，BCC 模型基于 CCR 模型的基础上，将 CCR 模型中的技术效率（TE）分解为纯技术效率（PTE）与规模效率（SE）的乘积，即 $TE = PTE \times SE$，同时规模报酬可变，BCC 模型又分为投入导向型和产出导向型。测度创新型产业集群创新效率，创新投入变量是决策基本变量同时比较容易控制，因此选择投入导向型的 BCC 模型。第一阶段测度调整前创新型产业集群创新效率，同时得到各决策单元的投入松弛变量。

第二阶段随机前沿模型：构造随机前沿模型（罗登跃，2012），选取投入松弛变量为被解释变量，高新区环境变量为解释变量，得到每个环境变量对投入松弛变量的影响，随机前沿模型如式（2 – 1）所示：

$$S_{ij} = f(Z_j;\ \beta_i) + \nu_{ij} + \mu_{ij};\ i = 1,\ 2,\ \cdots,\ N;\ j = 1,\ 2,\ \cdots,\ M$$

$$(2 - 1)$$

其中，S_{ij} 表示第 j 个创新型产业集群在第 i 个投入的松弛值，Z_j 表示环境变量，β_i 表示环境变量系数；ν_{ij} 为随机误差，μ_{ij} 为管理无效率，其中 $\nu \sim N(0,\ \sigma_{\nu^2})$，$\mu \sim N^+(0,\ \sigma_{\mu^2})$。

通过式（2 – 1），将所有决策单元放置于相同的外部环境中，然后通过式（2 – 2）计算调整以后的投入值。

$$X_{ij}^A = X_{ij} + \{\max[f(Z_j;\ \widehat{\beta_i})] - f(Z_j;\ \widehat{\beta_i})\} + [\max(\nu_{ij}) - \nu_{ij}],$$

$$i = 1,\ 2,\ \cdots,\ N;\ j = 1,\ 2,\ \cdots,\ M \qquad (2 - 2)$$

X_{ij}和X_{ij}^A分别表示调整前后的投入值；$\{\max[f(Z_j;\hat{\beta_i})]-f(Z_j;\hat{\beta_i})\}$表示选取最大的环境变量值减去各个决策单元的环境变量值，$[\max(\nu_{ij})-\nu_{ij}]$表示选取最大的随机误差项减去各个决策单元的随机误差项，将所有决策单元的环境影响与随机误差放置处于同一水平，剔除环境变量等因素对投入值的影响，得到最终调整后的投入值X_{ij}^A。

第三阶段调整后的 DEA 模型：使用第二阶段调整后的投入值替代原始的投入值，保持原始的产出值不变，重复第一阶段进行 DEA 分析，得到调整后的效率值。

三阶段 DEA 模型是从静态的角度测度创新型产业集群创新效率，为分析 109 家创新型产业集群在 2018～2020 年创新型产业集群创新效率演化的趋势和差异，构建 Malmquist 指数，定义如式（2-3）所示：

$$M(x^{t+1},\ y^{t+1},\ x^t,\ y^t)=\sqrt{\frac{D^t(x^{t+1},\ y^{t+1})}{D^t(x^t,\ y^t)}\times\frac{D^{t+1}(x^{t+1},\ y^{t+1})}{D^{t+1}(x^t,\ y^t)}}$$

（2-3）

其中，t 表示时间，x^t、y^t 分别表示在第 t 时期内的投入与产出，$D^t(x^t,y^t)$ 表示第 t 时期内的距离函数。以 t 时刻和 $t+1$ 时刻为技术参照的 Malmquist 指数定义如式（2-4）～式（2-6）所示：

$$M_{t,t+1}=\frac{D^{t+1}(x^{t+1},\ y^{t+1})}{D^t(x^t,\ y^t)}\times\sqrt{\frac{D^t(x^{t+1},\ y^{t+1})}{D^{t+1}(x^{t+1},\ y^{t+1})}\times\frac{D^t(x^t,\ y^t)}{D^{t+1}(x^t,\ y^t)}}$$

（2-4）

$$EFFCH=\frac{D^{t+1}(x^{t+1},\ y^{t+1})}{D^t(x^t,\ y^t)}$$（2-5）

$$TECHCH=\sqrt{\frac{D^t(x^{t+1},\ y^{t+1})}{D^{t+1}(x^{t+1},\ y^{t+1})}\times\frac{D^t(x^t,\ y^t)}{D^{t+1}(x^t,\ y^t)}}$$（2-6）

$EFFCH$ 为技术效率变化指数（简称 EC），大于 1 时表示相对技术效率有所提高；其中，技术效率指数可以进一步可以分解为纯技术效率变化指数（PEC）和规模效率变化指数（SEC），即 $EC=PEC\times SEC$。$TECHCH$ 为技术进步变化指数（简称 TC），大于 1 时表示相对技术进步或技术创新。

三阶段 DEA 模型测度结果的准确与否很大程度上依赖投入产出指标选择，选取 109 家创新型产业集群所对应的 28 个省域作为决策单元。依据以往学者研究成果，遵从数据的可获取性与可比性与系统性原则表明，选取集群年末从业人员（徐银良、王慧艳，2018）、高新技术企业数量（余珮、程阳，2016）为投入指标，当年发明授权专利（白俊红、卞元超，2016）、净利润（杨清可、段学军，2014）为产出指标，选取国家高新技术企业数量、出口总额、技术收入、大专以上年末从业人员作为环境变量，各指标描述性统计见表 2－1。各指标数据来源于 2019～2021 年《中国火炬统计年鉴》。创新型产业集群 4 项投入产出变量变异系数的波动范围为 1.1～1.92，国家高新区 4 项环境变量指标变异系数的波动范围为 1.33～2.02，国家高新区大专以上年末从业人员数量变异系数最高，最大值为 2 377.27 万人，最小值为 0.6 万人。

表 2－1　　　　　　　　各项指标 2018～2020 年描述性统计

	变量	最大值	最小值	均值	标准差	变异系数
投入变量	集群年末从业人员（万人）	88.11	0.65	15.06	16.6	1.1
	高新技术企业数量（家）	2 338	14	372	441	1.19
产出变量	当年授权发明专利（百件）	150.25	0.12	12.75	24.52	1.92
	净利润（亿元）	158.21	0.28	18.09	27.89	1.54
环境变量	高新区高新技术企业数（家）	16 993	46	2 863	3 795	1.33
	出口总额（亿元）	1 028.86	0.05	146.43	228.13	1.56
	技术收入（亿元）	1 602.74	0.06	172.03	289.67	1.68
	大专以上年末从业人员（万人）	2 377.27	0.6	200.7	404.86	2.02

2.1.2　基于三阶段 DEA 的创新效率

1. 第一阶段传统 DEA 模型实证分析结果

运用传统 DEA 模型，测度投入调整前创新型产业集群创新效率。采用 DEAP 2.1 软件测度创新效率，2018～2020 年创新型产业集群各效率值如表 2-2 所示。2018～2020 年，各省域技术效率、纯技术效率、规模效率均值均有所降低，东部、中部、东北、西部地区的技术效率均值都呈下降趋势。

表 2-2　　　　创新型产业集群 2018～2020 年调整前效率值

省域	2018 年			2019 年			2020 年		
	技术效率	纯技术效率	规模效率	技术效率	纯技术效率	规模效率	技术效率	纯技术效率	规模效率
北京	1	1	1	1	1	1	1	1	1
天津	0.496	0.512	0.969	0.322	0.329	0.979	0.235	0.237	0.99
河北	0.402	0.403	0.998	0.266	0.294	0.905	0.185	0.206	0.896
山西	1	1	1	0.235	0.3	0.783	0.152	0.166	0.912
内蒙古	0.784	0.875	0.896	0.626	0.935	0.669	0.478	0.589	0.812
辽宁	0.544	0.546	0.997	0.301	0.323	0.932	0.088	0.38	0.233
吉林	0.702	0.776	0.904	0.385	0.443	0.869	0.28	0.288	0.973
黑龙江	0.417	0.495	0.843	0.278	0.307	0.905	0.107	0.144	0.746
上海	0.726	0.742	0.978	0.538	0.538	1	0.138	0.375	0.369
江苏	0.582	0.675	0.862	0.509	0.862	0.59	0.295	0.683	0.432
浙江	0.817	0.817	0.999	0.637	0.666	0.956	0.44	0.682	0.645
安徽	0.707	0.708	0.998	0.435	0.435	0.999	0.265	0.372	0.711
福建	0.711	0.712	0.999	0.335	0.336	0.999	0.17	0.358	0.475
江西	0.491	0.529	0.928	0.381	0.425	0.898	0.272	0.343	0.791
山东	0.576	0.651	0.885	0.537	0.995	0.54	0.35	0.768	0.456
河南	0.565	0.605	0.933	0.516	0.537	0.961	0.144	0.199	0.724
湖北	0.291	0.293	0.992	0.248	0.307	0.807	0.123	0.147	0.836
湖南	1	1	1	0.954	0.963	0.991	0.216	0.45	0.481
广东	0.991	1	0.991	0.961	1	0.961	0.432	1	0.432
广西	0.278	0.285	0.977	0.139	0.187	0.744	0.104	0.137	0.758

续表

省域	2018 年			2019 年			2020 年		
	技术效率	纯技术效率	规模效率	技术效率	纯技术效率	规模效率	技术效率	纯技术效率	规模效率
重庆	0.505	0.534	0.946	0.247	0.257	0.961	0.131	0.171	0.765
四川	0.419	0.42	0.999	0.385	0.521	0.738	0.373	0.5	0.746
贵州	0.223	1	0.223	0.135	0.373	0.363	0.099	0.217	0.459
云南	0.537	1	0.537	1	1	1	1	1	1
陕西	0.599	0.603	0.993	0.416	0.419	0.993	0.27	0.535	0.505
甘肃	0.357	0.642	0.556	0.217	0.271	0.802	0.164	0.232	0.709
青海	0.144	0.164	0.88	0.167	0.18	0.93	0.09	0.113	0.797
新疆	0.43	1	0.43	0.468	1	0.468	1	1	1
东部	0.700	0.724	0.965	0.567	0.669	0.881	0.361	0.590	0.633
中部	0.676	0.689	0.975	0.462	0.495	0.907	0.195	0.280	0.743
东北	0.554	0.606	0.915	0.321	0.358	0.902	0.158	0.271	0.651
西部	0.428	0.652	0.744	0.380	0.514	0.767	0.371	0.449	0.755
均值	0.582	0.678	0.883	0.451	0.543	0.848	0.307	0.439	0.702

2. 第二阶段随机前沿回归模型实证分析结果

将创新型产业集群年末从业人员、高新技术企业数的松弛变量作为被解释变量，国家高新区高新技术企业数、出口总额、技术收入、大专以上年末从业人员数量为解释变量建立随机前沿回归模型。为了使结果更加准确，选取逐年截面的分析方式，测度包含三年时期，共构建 6 个回归模型，使用 Frontier 4.1 软件进行随机前沿分析，回归的结果如表 2 - 3 所示。环境变量对松弛变量的 LR 单边检验均达到 1% 显著性水平，同时 γ 值接近于 1，表明环境因素和管理无效率项对创新效率产生干扰，需要对原始的投入进行调整，随机前沿模型的设定合理。

表 2 - 3   第二阶段 2018～2020 年回归结果

变量	2018 年		2019 年		2020 年	
	年末从业人员人员松弛变量	高新技术企业数松弛变量	年末从业人员人员松弛变量	高新技术企业数松弛变量	年末从业人员人员松弛变量	高新技术企业数松弛变量
常数项	- 3.316 *** (- 2.882)	- 59.8 *** (- 59.47)	- 4.647 *** (- 2.656)	- 33.02 *** (- 33.01)	- 4.668 *** (- 5.568)	- 47.81 *** (- 47.08)
高新技术企业数	- 0.002 * (- 1.955)	- 0.023 (- 0.59)	- 0.002 (- 0.899)	- 0.042 (- 0.523)	- 0.002 *** (- 2.677)	- 0.012 (- 0.821)
出口总额	0.004 (0.58)	0.383 (1.382)	- 0.005 (- 0.651)	0.395 (0.466)	- 0.011 *** (- 8.847)	0.015 (0.221)
技术收入	- 0.006 (- 0.485)	0.642 (1.14)	- 0.033 *** (- 5.181)	0.677 (0.764)	- 0.031 *** (- 8.257)	- 0.011 (- 0.161)
大专以上年末从业人员	0.149 *** (3.503)	- 2.23 (- 1.574)	0.335 *** (6.708)	- 1.488 (- 1.479)	0.037 *** (4.641)	0.109 (1.62)
δ^2	16.144	41 856	22.254	19 917	24.622	19 578
γ	0.999	0.999	0.999	0.999	0.999	0.999
log 似然值	- 58.459	- 168.07	- 62.246	- 156.92	- 67 545	- 154.53
LR 检验值	14.499	15.305	15.596	16.802	8.084	21.11

注：括号内为 t 值，*、**、*** 分别表示在 10%、5%、1% 的显著性水平下显著。

如果环境变量系数为正数，表示环境变量会增加投入的冗余，不利于提升创新效率；环境变量系数为负数，表示增加环境变量会减少投入的冗余，有助于提升创新效率。国家高新区高新技术企业数对 2018～2020 年两个投入松弛变量的系数均为负值，表明增加国家高新区高新技术企业数量，能降低创新型产业集群人员与高新技术企业投入冗余。国家高新区出口总额对创新型产业集群企业数量的松弛变量均为正，表明高新区出口总额增加，并不会降低创新型产业集群高新技术企业投入冗余。国家高新区技术收入对创新兴产业集群年末从业人员的松弛变量均为负，表明高新区技术收入增加，会降低创新型产业集群人员投入冗余；与国家高新区技术收入相反，国家高新区大专以上年末从业人员对创新兴产业集群年末从业人员的松弛变量均为正，表明提升高新区人员素质并不会降低创新型产业集群人员投入冗余。

3. 调整后第三阶段 DEA 模型实证分析结果

第二阶段中，分别讨论在创新型产业集群与国家高新区的环境变量影响下，对各投入松弛变量的影响结果。依据随机前沿模型结果，对创新型产业集群与国家高新区投入变量进行调整，再次采用 DEAP 2.1 软件测度创新效率，表 2-4 为创新型产业集群剔除国家高新区环境变量与随机干扰项后创新效率值。

表 2-4　　　　创新型产业集群 2018～2020 年调整后效率值

省域	2018 年			2019 年			2020 年		
	技术效率	纯技术效率	规模效率	技术效率	纯技术效率	规模效率	技术效率	纯技术效率	规模效率
北京	1	1	1	1	1	1	1	1	1
天津	0.232	0.359	0.645	0.218	0.262	0.834	0.177	0.195	0.907
河北	0.287	0.374	0.766	0.294	0.296	0.992	0.203	0.208	0.974
山西	0.596	1	0.596	0.152	0.209	0.727	0.157	0.157	0.998
内蒙古	0.44	0.947	0.464	0.566	0.992	0.57	0.628	0.891	0.705
辽宁	0.458	0.522	0.876	0.257	0.327	0.783	0.276	0.387	0.713
吉林	0.317	1	0.317	0.293	0.597	0.491	0.241	0.386	0.626
黑龙江	0.201	0.599	0.335	0.2	0.306	0.654	0.132	0.136	0.971
上海	0.87	0.948	0.917	0.512	0.548	0.934	0.254	0.379	0.671
江苏	0.702	0.703	0.998	0.865	0.866	0.999	0.518	0.68	0.761
浙江	0.852	0.907	0.94	0.658	0.658	1	0.657	0.66	0.996
安徽	0.576	0.647	0.89	0.437	0.44	0.994	0.352	0.354	0.992
福建	0.724	0.834	0.868	0.293	0.305	0.961	0.333	0.339	0.981
江西	0.33	0.533	0.619	0.316	0.412	0.767	0.339	0.375	0.902

省域	2018 年			2019 年			2020 年		
	技术效率	纯技术效率	规模效率	技术效率	纯技术效率	规模效率	技术效率	纯技术效率	规模效率
山东	0.595	0.641	0.927	0.828	0.92	0.899	0.763	0.769	0.993
河南	0.322	0.592	0.544	0.199	0.562	0.354	0.194	0.342	0.567
湖北	0.299	0.36	0.829	0.313	0.316	0.99	0.149	0.153	0.97
湖南	0.866	1	0.866	0.623	0.851	0.732	0.414	0.445	0.93
广东	1	1	1	1	1	1	0.736	1	0.736
广西	0.254	0.324	0.782	0.14	0.16	0.876	0.13	0.131	0.993
重庆	0.251	0.445	0.563	0.166	0.198	0.842	0.16	0.161	0.996
四川	0.458	0.492	0.93	0.524	0.528	0.992	0.451	0.499	0.903
贵州	0.03	0.245	0.122	0.023	0.056	0.407	0.026	0.057	0.454
云南	0.143	1	0.143	0.452	1	0.452	1	1	1
陕西	0.65	0.806	0.806	0.332	0.39	0.853	0.533	0.537	0.991
甘肃	0.084	0.294	0.286	0.065	0.127	0.514	0.071	0.116	0.611
青海	0.087	0.257	0.338	0.078	0.221	0.354	0.106	0.107	0.985
新疆	0.1	1	0.1	0.108	1	0.108	1	1	1
东部	0.696	0.752	0.896	0.630	0.651	0.958	0.516	0.581	0.891
中部	0.498	0.689	0.724	0.340	0.465	0.761	0.268	0.304	0.893
东北	0.325	0.707	0.509	0.250	0.410	0.643	0.216	0.303	0.770
西部	0.250	0.581	0.453	0.245	0.467	0.597	0.411	0.450	0.864
均值	0.454	0.673	0.66	0.39	0.519	0.753	0.393	0.445	0.869

调整后，2018 年创新型产业集群技术效率、纯技术效率、规模效率均值分别下降 21.99%、0.74%、25.25%，2019 年创新型产业集群技术效率、纯技术效率、规模效率均值分别下降 13.53%、4.42%、11.2%，2020 年创新型产业集群技术效率、纯技术效率、规模效率均值分别上升

28.01%、1.37%、23.79%，其中规模效率均值变化更大，占据主导地位，表明国家高新区对创新型产业集群的影响更为偏重规模方面。

2.1.3　基于 Malmquist 指数的创新效率

利用三阶段 DEA 模型测度出的创新型产业集群创新效率是基于静态层次的比较，为了更进一步研究创新型产业集群创新效率动态层面变化，引入 Malmquist 指数深入分析创新效率的变动原因是技术进步还是技术效率引起。借鉴姚山季等（2021）的做法，将第二阶段 DEA 剔除了外部环境与随机干扰项的调整后投入变量与初始的产出变量代入 Malmquist 指数模型计算，从而得到的结果更加接近实际结果，测度出的结果如表 2－5 所示。

表 2－5　　　2018～2020 年创新型产业集群 Malmquist 指数与分解

省域	effch	techch	pech	sech	省域	effch	techch	pech	sech
北京	1	0.853	1	1	山东	0.883	1.03	0.913	0.967
天津	1.145	0.758	1.357	0.844	河南	1.289	0.636	1.316	0.98
河北	1.189	0.775	1.34	0.887	湖北	1.417	0.891	1.533	0.924
山西	1.949	1.033	2.522	0.773	湖南	1.446	0.558	1.499	0.965
内蒙古	0.837	1.029	1.031	0.812	广东	1.166	0.719	1	1.166
辽宁	1.288	0.636	1.162	1.108	广西	1.395	0.996	1.572	0.887
吉林	1.145	1.067	1.61	0.711	重庆	1.25	0.783	1.662	0.752
黑龙江	1.232	0.976	2.096	0.588	四川	1.008	0.88	0.993	1.015
上海	1.849	0.539	1.581	1.169	贵州	1.076	0.802	2.072	0.52
江苏	1.164	0.825	1.017	1.145	云南	0.378	1.016	1	0.378
浙江	1.139	0.79	1.172	0.972	陕西	1.104	0.7	1.225	0.902
安徽	1.28	0.798	1.352	0.947	甘肃	1.092	0.886	1.595	0.684

续表

省域	effch	techch	pech	sech	省域	effch	techch	pech	sech
福建	1.475	0.805	1.568	0.941	青海	0.907	0.484	1.548	0.586
江西	0.986	0.893	1.191	0.828	新疆	0.317	0.624	1	0.317
全国 2018～2019 年均值	1.001	0.645	1.234	0.811	全国 2019～2020 年均值	1.196	0.985	1.464	0.817

注：effch 为技术效率变化指数，techch 为技术进步变化指数，pech 表示纯技术效率变化指数，sech 为规效率变化指数。

2018～2020 年，技术效率变化指数均值上升，由 1.001 变化为 1.196，表明创新型产业集群技术效率保持提升；纯技术效率变化指数均值大于 1，规模效率变化指数均值小于 1，技术效率变化指数主要由纯技术效率的提升为主导。技术进步变化指数均值上升但值均小于 1，表明创新型产业集群技术创新未有效激发。内蒙古、江西、山东、云南、青海、新疆技术效率变化指数小于 1，这六省域创新型产业集群技术效率并未有效提升。山西、内蒙古、吉林、山东、云南技术进步变化指数大于 1，表明这 5 个省域创新型产业集群技术创新能力加强。山东、四川两省域创新型产业集群纯技术效率变化指数小于 1，其余各省域集群纯技术效率变化指数均大于 1。从总体来看，多数创新型产业集群技术效率变动明显，但技术进步速度较为迟缓，技术进步不足是抑制创新型产业集群创新效率提升的关键问题。

创新型产业集群依托国家高新区平台，成为聚集创新资源、提升竞争能力、带动全产业链发展的有效载体。创新型产业集群集聚创新资源，成为支持区域创新发展的重要组成部分。依托 109 家创新兴产业集群对应的 28 个省域面板数据，运用三阶段 DEA 模型和 Malmquist 指数，对 2018～2020 年创新型产业集群创新效率进行动态分析。结果表明：增加国家高新区高新技术企业数量，能降低创新型产业集群人员与高新技术企业投入冗余；增加高新区出口总额，并不会降低创新型产业集群高新技术企业投入冗余；高新区技术收入增加，会降低创新型产业集群人员投入冗余；提升高新区人员素质并不会降低创新型产业集群人员投入冗余。投入变量调整后，规模效率均值变化更大，占据主导地位，国家高新区对创新型产业集群的影响更为偏重规模方面。2018～2020年，创新型产业集群技术效率变化指数均值上升，纯技术效率变化指数均值大于1，规模效率变化指数均值小于1，技术效率变化指数主要由纯技术效率的提升为主导。多数创新型产业集群技术效率变动明显，但技术进步速度较为迟缓，技术进步有限是影响创新型产业集群创新效率提升的关键问题。

通过强化国家高新区高新技术企业对创新型产业集群引导培育作用，加大国家高新区高新技术企业建设，提升国家高新区科技创新能力，实现创新型产业集群与国家高新区内部大中小企业融通。因地制宜，加大力度推进中西部地区集群建设，依靠特色资源做好传统产业转移的承接和努力开拓培育新兴产业，缩减地区间创新型产业集群发展差异。依托创新型产业集群梯次培育机制，带动新升级集群模仿复制较为成熟的集群发展模式，培育特色主导产业，实现产业链、创新链深度融合。

2.2　创新互动环境影响

2.2.1　创新型产业集群与高新区创新互动

"十四五"规划提出深入推进国家战略性新兴产业集群发展工程，战略性新兴产业增加值占GDP比重2025年将超过17%。为加快转变经济发展方式和培育发展战略性新兴产业，促进高新技术产业化，科技部火炬中心以国家高新区为重点，组织实施创新型产业集群建设工程。创新型产业集群是将科技型企业与地方经济发展相结合的产业集群模式，集聚整合区域创新主体和创新要素。作为区域创新体系的重要组成部分，培育新兴产业和推动传统产业转型升级，是深入实施创新驱动发展战略、建设现代化经济体系的重要战略支撑。国家高新区是实施创新驱动发展战略的重要载体，以培育具有国际竞争力的企业和产业为发展重点，在转变经济发展方式、优化产业结构、增强国际竞争力等方面发挥重要作用，创新型产业集群与国家高新区建设方兴未艾，截至 2022 年 6 月，国家批复设立创新型产业集群共 152 家，国家高新区 173 家。为进一步推动创新型产业集群与国家高新区高质量发展，科技部火炬中心和国务院相继发布《关于深入推进创新型产业集群高质量发展的意见》《关于促进国家高新技术产业开发区高质量发展的若干意见》，推动创新型产业集群与国家高新区形成协同联动的高质量发展体系，促进技术、知识、人才等创新资源要素流通，持续培育创新主体，提升创新型产业集群与国家高新区整体创新互动能力。

创新型产业集群建设核心以创新为驱动，是突破传统产业低端锁定、促进产业转型升级的一次政策尝试，为区域内部企业提供优良生存基地（田颖、田增瑞、韩阳、吴晓隽，2019），助推源头创新到产业落地，为各类研发机构提供应用市场，进一步提升技术成果转化。创新型产业集群创新绩效与能力的高低主要由技术创新扩散、知识溢出（赵忠华，2012）与资源要素配置（景保峰、任政坤、周霞，2019）决定，创新型产业集群利用地理接近性，促进集群内部要素聚合与流通，增强内部效应的同时扩大外部影响效应。国家高新区作为创新型产业集群的主要建设与培育载体，集聚创新型产业集群资源要素可提高国家高新区集聚效应（李荣、张冀新，2021），创新型产业集群培育提升国家高新区创新效率（张冀新、李燕红，2019），高新区高素质人才的集聚有助于促进创新型产业集群技术创新提升（魏谷、汤鹏翔、杨晓非、段俊虎，2021），新升级的国家高新区通过判别创新链与产品链位势、集聚创新资源与要素培育创新型产业集群（薛强、赵静，2014）。创新型产业集群与国家高新区发展均存在非均衡现象，创新型产业集群创新效率存在较明显区域差异，呈现"东高西低"分布态势（沙德春、胡鑫慧、赵翠萍，2021），国家高新区资本、企业、人才、产业内部集聚程度是高新区创新效率差异的主要原因（曾武佳、李清华、蔡承岗，2020）；城市科技财政水平对高新区创新效率有显著的负向影响（王京雷、赵静、陈升，2022），环境因素制约中西部高新区的创新效率提升（刘满凤、李圣宏，2016）。

科技部2013年11～2021年8月累计认定四批次共152个创新型产业集群试点，形成61个试点与91个试点（培育）的创新型产业集群梯次培育区域布局。国家高新区发展基于国家创新驱动战略，形成从企业集聚到产业集聚，最后迈入产业集群的高新技术产业培育路径。创新型产业集群与国家高新区发展均以创新政策导向为主，创新型产业集群建设是否能够提升国家高新区创新能力、弱化国家高新区创新短板，国家高新区是否能够依托平台载体优势推动创新型产业集群梯次培育，需要全面分析创新型产业集群与国家高新区创新互动影响。应为直观反映创新型产业集群与国家高新区创新互动影响，应通过测度创新型产业集群与国家高新区创新效率，判别两者创新互动环境影响，分析创新型产业集群与国家高新区创新资源差异，调整创新型产业集群与国家高新区创新投入与环境影响，提升两者高质量发展能力。

2.2.2　研究方法与变量选择

创新型产业集群与国家高新区创新投入产出受多要素的影响，数据包络法多用于多投入、多产出的有效性综合评价，传统DEA方法并未考虑环境变量和随机因素对测度结果的影响，借鉴弗莱德（2002）提出优化三阶段DEA模型，剔除环境变量和随机因素干扰，对创新型产业集群与国家高新区创新效率进行修正，准确客观地评价两者创新效率环境影响与创新互动。

创新型产业集群与国家高新区创新效率测度，不仅包含测度方法选择，还需考虑投入产出指标选取以及环境变量的选择。从测度创新型产业集群与国家高新区创新互动环境角度，指标选取遵循数据可获得性原则表明，选择涵盖国家高新区以及创新型产业集群创新投入产出各个相关指标。参照相关研究（徐银良、王慧艳，2018），创新型产业集群选取集群科技活动人员数量、企业科技经费支出作为投入变量，当年授权发明专利、认定登记的技术合同成交额作为产出变量，创新型产业集群中高新技术企业数量、研发机构数量、各类创新服务机构数量为环境变量；国家高新区选取科技活动人员数量、科技活动经费内部支出作为投入变量，技术收入、企业当年登记技术合同成交额为产出变量，国家高新区中高新技术企业数量、省级及以上各类研发机构数量、省级以上各类创新服务机构数量为环境变量。

创新型产业集群投入产出及环境变量，国家高新区投入产出变量数据来源于《2021 年中国火炬统计年鉴》和《国家高新区创新能力评价报告2020》，各变量的描述性统计如表 2 - 6 所示。2020 年创新型产业集群科技活动人员总量与国家高新区科技活动人员总量比值为 22.6%，科技经费支出两者比值为 18.3%，高新技术企业数量两者比值为 12%，当年登记技术合同成交额两者比值为 2.7%。创新型产业集群 7 项指标变异系数的波动范围为 1.13 ~ 1.92，国家高新区 7 项指标变异系数的波动范围为 1.06 ~ 2.27，国家高新区企业当年登记技术合同成交额的变异系数最高，最大值为 2 649.3 亿元，最小值仅为 0.17 亿元。

表 2 - 6　　2020 年创新型产业集群与国家高新区各项指标描述统计及比重

项目		最大值	最小值	均值	标准差	变异系数	占高新区比重（%）
创新型产业集群	投入	科技活动人员数量（千人）| 241	1.7	41.5	49.5	1.19	22.6
		企业科技经费支出（亿元）| 96.65	0.19	11.29	19.09	1.69	18.3
	产出	当年授权发明专利（百件）| 141.67	0.12	14.44	27.75	1.92	—
		认定登记的技术合同成交额（亿元）| 44.83	0.003	6.68	11.23	1.68	2.7

项目		最大值	最小值	均值	标准差	变异系数	占高新区比重（%）
创新型产业集群	环境 高新技术企业数量（百家）	23.38	0.24	4.24	4.98	1.17	12
	研发机构数量（百家）	14.47	0.09	2.17	2.79	1.29	23.8
	各类创新服务机构数量（个）	124	1	24	27	1.13	12.8
国家高新区	投入 科技活动人员数量（千人）	328.46	0.2	57.7	84.84	1.47	100
	科技活动经费内部支出（亿元）	901.11	1.7	174.19	230.52	1.32	100
	产出 技术收入（亿元）	1 602.74	0.52	196.08	341.25	1.74	—
	企业当年登记技术合同成交额（亿元）	2 649.3	0.17	226.13	512.66	2.27	100
	环境 高新技术企业数量（百家）	169.93	0.42	33.10	43.18	1.3	100
	省级及以上各类研发机构数量（百家）	35.74	0.34	8.51	9.03	1.06	100
	省级以上各类创新服务机构数量（个）	986	3	173	201	1.16	100

注：创新型产业集群各类创新服务机构数量为集群国家级生产力促进中心、国家技术转移机构、具有国家级资质产品检验检测机构、产业联盟组织数的总和。

1. 第一阶段 DEA 模型效率结果

运用 DEAP 2.1 软件，测度创新型产业集群与国家高新区调整前创新效率值，结果如表 2－7 所示。在未考虑环境变量和随机因素对效率测度结果的影响时，创新型产业集群与国家高新区技术效率均值分别为 0.52 和 0.589，纯技术效率均值分别为 0.664 和 0.694，规模效率均值分别为 0.806 和 0.932，调整前创新型产业集群与国家高新区技术效率由规模效率发挥主导作用。

表2-7　　　　创新型产业集群与国家高新区调整前创新效率值

省域	创新型产业集群				国家高新区			
	技术效率	纯技术效率	规模效率	规模收益	技术效率	纯技术效率	规模效率	规模收益
北京	0.948	1	0.948	drs	1	1	1	—
天津	0.259	0.263	0.986	irs	0.867	0.867	1	—
河北	0.912	1	0.912	drs	0.606	0.68	0.891	drs
山西	0.26	0.328	0.792	irs	0.265	0.292	0.908	drs
内蒙古	1	1	1	—	0.211	0.222	0.95	drs
辽宁	1	1	1	—	0.805	0.867	0.929	drs
吉林	0.832	0.967	0.861	irs	0.149	0.152	0.981	drs
黑龙江	0.395	0.401	0.985	drs	1	1	1	—
上海	0.506	0.574	0.882	drs	0.807	0.87	0.927	drs
江苏	0.463	0.723	0.641	drs	0.39	0.42	0.94	drs
浙江	1	1	1	—	0.54	0.61	0.89	drs
安徽	0.444	0.618	0.718	drs	0.60	0.64	0.93	drs
福建	0.28	0.336	0.833	drs	0.36	0.37	0.95	drs
江西	0.385	0.422	0.911	drs	0.26	0.26	1	irs
山东	0.31	0.528	0.588	drs	0.35	0.37	0.94	drs
河南	0.454	0.637	0.712	drs	0.365	0.365	1	irs
湖北	0.379	0.383	0.99	irs	0.906	1	0.906	drs
湖南	0.641	0.964	0.665	drs	0.362	0.393	0.92	drs
广东	0.96	1	0.96	drs	0.549	0.566	0.97	drs
广西	0.118	0.123	0.965	drs	0.797	0.932	0.856	drs
重庆	0.437	0.461	0.948	drs	0.442	0.48	0.921	drs
四川	0.462	0.477	0.969	drs	0.77	0.806	0.955	drs
贵州	0.409	1	0.409	irs	0.904	0.935	0.967	drs
云南	0.509	0.728	0.699	irs	0.336	0.337	0.996	irs
陕西	0.544	0.548	0.994	irs	1	1	1	—

续表

省域	创新型产业集群				国家高新区			
	技术效率	纯技术效率	规模效率	规模收益	技术效率	纯技术效率	规模效率	规模收益
甘肃	0.272	1	0.272	irs	0.729	0.736	0.991	irs
青海	0.067	0.106	0.631	irs	0.376	1	0.376	irs
新疆	0.307	1	0.307	irs	1	1	1	—
东部	0.626	0.714	0.861		0.607	0.639	0.946	
中部	0.427	0.559	0.798		0.460	0.492	0.943	
西部	0.413	0.644	0.719		0.657	0.745	0.901	
东北	0.742	0.789	0.949		0.651	0.673	0.97	
均值	0.52	0.664	0.806		0.598	0.649	0.932	

2. 第二阶段 SFA 模型实证结果

为反映创新型产业集群环境变量与国家高新区环境变量对自身及另外一方的影响，检验两者创新环境对创新投入的影响，分别将创新型产业集群新技术企业数量、研发机构数量、各类创新服务机构数量作为影响创新型产业集群与国家高新区创新效率的环境变量，国家高新区高新技术企业数量、省级及以上各类研发机构数量、省级以上各类创新服务机构数量作为影响创新型产业集群与国家高新区创新效率环境变量。使用 Frontier 4.1 软件进行随机前沿分析，创新环境交互影响结果如表 2-8 所示。环境变量对松弛变量的 LR 单边检验均达到 1% 显著性水平，同时 γ 值接近于 1，表明环境因素和管理无效率项对创新效率产生干扰，需要对创新型产业集群与国家高新区初始投入进行调整，随机前沿模型设定符合创新环境影响差异。

表2-8   基于SFA的第二阶段回归结果

变量		创新型产业集群		国家高新区	
		科技活动人员松弛变量	企业科技经费支出松弛变量	科技活动人员松弛变量	科技活动经费内部支出松弛变量
创新型产业集群环境变量	常数项	-8.655*** (-4.565)	-0.452 (-0.772)	-0.016** (-2.106)	-15.119*** (-9.120)
	高新技术企业数量	-0.476 (-0.736)	0.073 (0.581)	0.030** (2.545)	0.140 (0.288)
	研发机构数量	1.187 (1.397)	-0.071 (-0.381)	-0.065** (-2.081)	0.700 (1.089)
	各类创新服务机构数量	0.041 (0.678)	-0.004 (-0.225)	-0.012** (-2.499)	0.081*** (3.382)
	δ^2	186.437	2.586	15.793	465.716
	γ	0.999	0.999	0.999	0.999
	log似然值	-95.176	-30.270	-57.914	-105.154
	LR检验值	12.493	20.146	35.267	16.067
国家高新区环境变量	常数项	-10.372*** (-10.909)	-0.0007 (-0.0008)	0.002 (0.235)	-14.741*** (-14.098)
	高新技术企业数量	-0.095*** (-11.156)	-0.0001 (-0.0071)	0.025 (1.147)	-0.142** (-2.048)
	省级及以上各类研发机构数量	0.463*** (5.800)	0.0012 (0.0243)	-0.090 (-1.145)	0.745*** (3.121)
	省级以上各类创新服务机构数量	0.019*** (38.709)	-0.0001 (-0.0524)	-0.003 (-1.147)	0.028*** (8.634)
	δ^2	175.349	0.2308	12.575	251.07
	γ	0.999	0.999	0.999	0.999
	log似然值	-92.256	-0.122	-59.784	-107.231
	LR检验值	13.627	35.088	24.108	14.697

注：括号内为t值，*、**、***分别表示在10%、5%、1%的显著性水平下显著。

（1）国家高新区环境变量对两者创新效率影响差异

如果国家高新区环境变量系数为正数，表示环境变量会增加投入冗余，不利于创新效率提升；环境变量系数为负数，表示增加环境变量会减少投入的冗余，有助于提升创新效率。国家高新区创新环境自身影响方面，高新技术企业数量越多，会增加高新区科技活动人员冗余，降低科技活动经费内部支出冗余。增加国家高新区省级及以上各类研发机构数量、省级以上各类创新服务机构数量有助于降低科技活动人员冗余，增加科技活动经费内部支出冗余。

创新环境交互影响方面，国家高新区高新技术企业数量，对创新型产业集群两个投入松弛变量的回归系数均为负，表明增加国家高新区高新技术企业数量，能降低创新型产业集群科技活动人员与科技经费的支出产生的冗余，促进创新型产业集群创新效率提升。

国家高新区省级以上研发机构数量、创新服务数量对创新型产业集群科技活动人员的回归系数为正，并未降低创新型产业集群科技活动人员投入冗余。国家高新区三个环境变量，对创新型产业集群科技活动人员投入冗余影响较为显著，对企业科技经费支出影响不显著。

（2）创新型产业集群环境变量对两者创新效率影响差异

创新型产业集群创新环境自身影响方面，创新型产业集群三个环境变量对创新型产业集群投入松弛变量影响整体均不显著。正负系数在一定程度上表明创新型产业集群高新技术企业数量越多，会减少创新型产业集群科技活动人员冗余，增加企业科技经费支出的冗余。增加创新型产业集群研发机构数量、各类创新服务机构数量有助于降低企业科技经费支出。

创新环境交互影响方面，创新型产业集群三个环境变量对国家高新区的科技活动经费内部支出松弛变量的回归系数均为正，表明创新型产业集群增加环境变量投入，国家高新区科技经费支出冗余并不会降低，改善创新型产业集群环境对国家高新区科技经费支出并无突出优势。创新型产业集群研发机构数量与创新服务机构数量对国家高新区科技活动人员投入松弛变量系数为负，表明增加服务机构数量，能降低国家高新区科技活动人员投入冗余。

创新型产业集群与国家高新区环境变量对双方科技活动人员松弛变量

的影响显著性，高于对科技经费活动支出松弛变量，表明创新服务类机构能较多影响科技活动人员素质，但在一定程度上并未过多影响企业科技经费支出。

3. 第三阶段调整后创新效率

第二阶段中，分别比较在创新型产业集群与国家高新区创新环境自身及相互影响下，对各投入松弛变量的环境影响差异。依据随机前沿模型结果，对创新型产业集群与国家高新区投入变量进行调整，再次采用 DEAP 2.1 软件测度创新效率，创新型产业集群与国家高新区剔除自身环境变量与随机干扰项后创新效率均值整体有所下降，如表 2-9 所示。创新型产业集群剔除自身环境变量影响后，技术效率和规模效率分别下降 6.7% 和 8.7%，纯技术效率上升 2%。国家高新区剔除自身环境变量影响后，技术效率和规模效率分别下降 13% 和 13.5%，纯技术效率上升 2%。创新型产业集群调整前东北地区技术效率与规模效率最高，调整后东部地区技术效率与规模效率最高。国家高新区调整前西部地区技术效率与纯技术效率最高，东北地区规模效率最高，调整后东北地区技术效率最高，东部地区规模效率最高。

表 2-9　　第三阶段调整后各项效率值（创新环境自身影响）

省域	创新型产业集群				国家高新区			
	技术效率	纯技术效率	规模效率	规模收益	技术效率	纯技术效率	规模效率	规模收益
北京	0.907	0.949	0.956	irs	1	1	1	—
天津	0.254	0.274	0.929	irs	0.859	0.879	0.978	irs
河北	1	1	1	—	0.678	0.686	0.987	irs
山西	0.12	0.408	0.295	irs	0.288	0.297	0.968	irs
内蒙古	0.661	1	0.661	irs	0.162	0.211	0.769	irs
辽宁	1	1	1	—	0.849	0.859	0.989	irs
吉林	0.665	1	0.665	irs	0.145	0.151	0.959	irs

续表

省域	创新型产业集群				国家高新区			
	技术效率	纯技术效率	规模效率	规模收益	技术效率	纯技术效率	规模效率	规模收益
黑龙江	0.281	0.394	0.714	irs	0.941	1	0.941	irs
上海	0.487	0.577	0.844	drs	0.842	0.854	0.986	irs
江苏	0.609	0.723	0.842	drs	0.411	0.413	0.994	drs
浙江	1	1	1	—	0.605	0.607	0.997	drs
安徽	0.613	0.615	0.997	irs	0.596	0.655	0.91	irs
福建	0.333	0.334	0.995	irs	0.372	0.373	0.998	irs
江西	0.381	0.408	0.933	irs	0.25	0.261	0.959	irs
山东	0.483	0.521	0.927	drs	0.369	0.369	0.999	—
河南	0.538	0.628	0.857	irs	0.345	0.355	0.973	irs
湖北	0.379	0.404	0.937	irs	1	1	1	—
湖南	0.922	0.955	0.966	drs	0.384	0.413	0.93	irs
广东	1	1	1	—	0.565	0.567	0.997	irs
广西	0.094	0.131	0.718	irs	0.927	0.938	0.988	irs
重庆	0.366	0.504	0.726	irs	0.469	0.478	0.981	irs
四川	0.415	0.456	0.909	drs	0.8	0.802	0.997	irs
贵州	0.103	1	0.103	irs	0.884	0.932	0.949	irs
云南	0.173	1	0.173	irs	0.301	0.341	0.881	irs
陕西	0.515	0.534	0.966	irs	1	1	1	—
甘肃	0.135	1	0.135	irs	0.631	0.73	0.865	irs
青海	0.04	0.152	0.263	irs	0.066	1	0.066	irs
新疆	0.1	1	0.1	irs	0.87	1	0.87	irs
东部	0.675	0.709	0.944		0.633	0.639	0.993	
中部	0.492	0.570	0.831		0.477	0.497	0.957	
西部	0.260	0.678	0.475		0.611	0.743	0.837	
东北	0.649	0.798	0.793		0.645	0.670	0.963	
均值	0.485	0.677	0.736		0.52	0.664	0.806	

　　创新型产业集群与国家高新区剔除对方创新环境变量与随机干扰项后技术效率和规模效率均值整体上升，如表2-10所示。创新型产业集群剔除国家高新区环境变量影响后，技术效率、规模效率和纯技术效率均值分别上升3.5%、0.8%和1.1%。国家高新区剔除创新型产业集群环境变量影响后，技术效率和规模效率分别上升3%和2.6%，纯技术效率保持不变。创新型产业集群调整前后，东部地区技术效率与纯技术效率均为最高，规模效率由东北地区最高变化为东部地区最高。国家高新区调整前后，西部地区技术效率与纯技术效率均为最高，东北地区规模效率均为最高。

表2-10　　　　第三阶段调整后各项效率值（创新环境互动影响）

省域	创新型产业集群				国家高新区			
	技术效率	纯技术效率	规模效率	规模收益	技术效率	纯技术效率	规模效率	规模收益
北京	0.946	1	0.946	irs	1	1	1	—
天津	0.259	0.263	0.988	irs	0.875	0.877	0.999	irs
河北	0.987	1	0.987	drs	0.676	0.680	0.994	drs
山西	0.148	0.270	0.547	irs	0.288	0.290	0.996	drs
内蒙古	1	1	1	—	0.171	0.228	0.750	irs
辽宁	1	1	1	—	0.832	0.833	1	—
吉林	0.832	0.969	0.858	irs	0.151	0.151	0.999	—
黑龙江	0.340	0.486	0.699	irs	1	1	1	—
上海	0.483	0.574	0.841	drs	0.861	0.872	0.988	irs
江苏	0.624	0.722	0.864	drs	0.408	0.414	0.984	drs
浙江	1	1	1	—	0.601	0.605	0.993	drs
安徽	0.619	0.620	0.999	drs	0.607	0.651	0.932	drs
福建	0.335	0.335	0.998	drs	0.366	0.380	0.963	drs
江西	0.408	0.455	0.896	irs	0.263	0.265	0.994	irs
山东	0.487	0.528	0.922	drs	0.369	0.371	0.994	drs

省域	创新型产业集群				国家高新区			
	技术效率	纯技术效率	规模效率	规模收益	技术效率	纯技术效率	规模效率	规模收益
河南	0.689	0.689	1	—	0.365	0.368	0.994	irs
湖北	0.379	0.409	0.927	irs	1	1	1	—
湖南	0.940	0.964	0.975	drs	0.390	0.394	0.991	irs
广东	1	1	1	—	0.572	0.574	0.997	irs
广西	0.086	0.127	0.680	irs	0.923	0.925	0.999	drs
重庆	0.407	0.578	0.704	irs	0.478	0.478	1	—
四川	0.468	0.474	0.988	irs	0.804	0.813	0.989	drs
贵州	0.394	1	0.394	irs	0.933	0.933	1	—
云南	0.220	0.629	0.350	irs	0.327	0.334	0.979	irs
陕西	0.544	0.548	0.993	irs	1	1	1	—
甘肃	0.266	1	0.266	irs	0.711	0.743	0.956	irs
青海	0.067	0.079	0.853	irs	0.274	1	0.274	irs
新疆	0.138	1	0.138	irs	1	1	1	—
东部	0.680	0.714	0.950		0.636	0.641	0.990	
中部	0.531	0.568	0.891		0.486	0.495	0.985	
西部	0.359	0.644	0.637		0.662	0.745	0.895	
东北	0.724	0.818	0.852		0.661	0.661	0.999	
均值	0.538	0.669	0.815		0.616	0.649	0.956	

考虑创新环境自身影响及交互影响后，各省域创新型产业集群与国家高新区调整前后技术效率变化如图 2 - 1 所示。从整体而言，创新型产业集群技术效率调整前后差异整体变动，比国家高新区更为突出。创新型产业集群东部地区技术效率高于中西部地区，同时多数省域在创新互动环境影响下技术效率提升程度，强于自身创新环境影响程度。西部地区广西、四川、贵州、陕西、新疆的国家高新区调整后技术效率均值保持在 0.8 以上，东部地区多数省域调整前后技术效率均值仍偏低，创新型产业集群与

国家高新区创新环境协同优势不够显著。

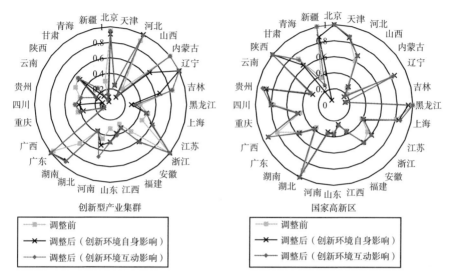

图 2-1　创新型产业集群与国家高新区技术效率调整前后差异

　　创新型产业集群与国家高新区协同推动区域创新体系创新能级跃迁。国家高新区主导建设创新型产业集群，更好地发挥创新发展源动力与策源地创新优势，创新型产业集群依托国家高新区载体建设平台，通过整合创新资源、培育战略性新兴产业，进一步提升国家高新区集聚及创新能力。创新型产业集群建设是国家高新区创新驱动战略的产业政策试点。以创新型产业集群与国家高新区互为影响环境，选取 109 家创新型产业集群与 169 家国家高新区数据，采用三阶段 DEA 模型，运用三阶段 DEA 模型，分析省域视角下创新型产业集群与国家高新区创新环境自身及互动影响。结果表明：国家高新区高新技术企业数量越多，创新型产业集群科技活动人员与科技经费的支出冗余就越少，提升创新型产业集群创新效率；创新型产业集群增加服务机构数量，能降低国家高新区科技活动人员投入冗余。互为影响环境后，创新型产业集群技术效率、规模效率和纯技术效率分别上升 3.5%、0.8% 和 1.1%。国家高新区技术效率和规模效率均值分别上升3%和2.6%，纯技术效率基本保持不变。创新型产业集群调整前后，东部地区技术效率与纯技术效率均为最高，规模效率由东北地区最高变化为东部地区最高。国家高新区调整前后，西部技术效率与纯技术效率均为最高，东北地区规模效率均为最高。

集群政策引导建议为：首先，提高国家高新区高新技术企业对创新型产业集群梯次培育引导作用，提高创新型产业集群创新服务机构服务能力，强化政策叠加效应，实现集群与高新区高新技术企业主体由区位"物理相邻"转向创新"化学相融"。其次，围绕"科技创新＋产业培育"生态，深度融合高新区创新链与集群产业链，锻造新兴产业产品链与价值链，构造国家高新区与创新型产业集群大中小企业融通创新生态。创新资源禀赋及区域布局差异一定程度影响创新型产业集群与国家高新区间非均衡性差异，通过区分创新型产业集群与国家高新区之间的均衡性与非均衡性差异，推动战略性新兴产业创新培育差异布局与载体协同互动。

2.3 既高又新融合过程

新一轮科技革命和产业变革向着纵深拓展，全球创新版图重构，经济结构重塑。步入"十四五"发展新时期以来，经济逐步由高速发展转变为高质量发展，国家高新区作为国家战略导向高新技术产业阵地，发展面临重大新机遇同时也面对着更加复杂严峻的新挑战。国家相继出台各行各业高质量发展的相关措施及意见，作为支撑区域经济发展的国家高新区与创新型产业集群同样是国家新时期关注的重要对象。2020 年，科技部火炬中心与国务院先后发布《关于深入推进创新型产业集群高质量发展的意见》《关于促进国家高新技术产业开发区高质量发展的若干意见》，提出要进一步推动国家高新区与创新型产业集群的建设，促进高新区成为创新驱动发展示范区和高质量发展先行区，要培育若干世界级创新型产业集群，牢牢把握住国家"高"和"新"发展定位，构建开放创新、高端产业集聚的区域增长极。"发展高科技，实现产业化"是国家高新区的初心与使命，整合区域创新资源要素、推进区域创新是创新型产业集群的建设目标。国家高新区创新型产业集群的培育着力于助推国家高新区创新动力提升、构建区域创新生态体系、聚焦特色主导产业。为提升以创新驱动为导向的国家战略全面实施，创新型产业集群建设工程项目随之展开。创新型产业集群建设主要依托于国家高新区，拥有得天独厚的创新资源优势，创新型产业集群资源集聚也为国家高新区的发展提供创新源泉。国家高新区培育创新型产业集群得益于政策集成，国家高新区与创新型产业集群之间形成政策叠加效应进一步促进两者的水平提升。国家高新区是科技的集聚地，是创新的孵化器，致力于一区一主导产业，创新型产业集群的培育是产业集聚的结果，已被纳入创新型产业集群试点及试点（培育）的国家高新区也证实了高新区的发展需要主导产业支撑。两份文件明确要推动创新型产业集群与国家高新区形成协同联动的高质量发展体系，促进技术、知识、人才等创新资源要素流通，持续培育创新主体，提升创新型产业集群与国家高新区整体融通互动成效，如表 2 - 11 所示。

表 2 - 11　　创新型产业集群与国家高新区高质量发展意见比较

比较指标	创新型产业集群	国家高新区
发布时间	2020 年 4 月 29 日	2020 年 7 月 13 日
文件名称	《关于深入推进创新型产业集群高质量发展的意见》	《关于促进国家高新技术产业开发区高质量发展的若干意见》
发文机构	科技部火炬中心	国务院
发展目标	掌握关键核心技术、产业技术体系完备、大中小企业融通发展、处于国际国内领先地位	建设成为创新驱动发展示范区和高质量发展先行区
发展原则表明	四结合：国家战略与地方需求相结合；政府引导与市场主导相结合；科技创新与产业发展相结合；自主培育与扩大开放相结合	五坚持：坚持创新驱动，引领发展；坚持高新定位，打造高地；坚持深化改革，激发活力；坚持合理布局，示范带动；坚持突出特色，分类指导

比较指标	创新型产业集群	国家高新区
建设政策	以评促建	以升促建
考核评价	动态监测和考核评价工作体系	分类评价机制，实行动态管理
重点企业	领军企业	骨干企业
主导产业	战略性新兴产业	高新技术产业
人才战略	聚集人才：建立符合创新型产业集群发展特点的人才评价方式，集群企业及研发机构建立各类高层次专业技术人才工作平台	培养人才：园区内骨干企业等与高等学校共建共管现代产业学院
开放创新	探索建立"一带一路"创新型产业集群国际合作交流机制	与"一带一路"沿线国家开展人才交流、技术交流和跨境协作
协同创新	建设产业链各组成部分积极参与、知识分享、利益共享的产业技术联盟	打造集中连片、协同互补、联合发展的创新共同体
金融服务	引导社会资本参与集群建设	引导社会资本支持高成长企业发展
两者关联	国家高新技术产业开发区内创新型产业集群建设的绩效纳入国家高新区评价体系	培育若干世界级创新型产业集群
批复数量	2013～2021年四批次共152家	1988～2022年十九批次共173家

创新型产业集群的培育着力于助推国家高新区创新动力提升、构建区域创新生态体系、聚焦特色主导产业。高新区设立以来，高新技术产业开发区的定位就是在于"高"和"新"，高新的发展定位和国家高新区高质量发展的要求相互契合，国家高新区的高质量发展也应该体现在高与新两维度提升。国家高新区在培育和发展战略性新兴产业、促进区域经济结构调整和发展方式转变中，发挥着引领、支撑、辐射、带动的作用，创新型产业集群的发展对地方经济的引领以及带动作用进一步凸显。从多省市"十四五"科技创新战略规划中对高新区高质量发展提出的意见来看，以升促建成为了各非国家级高新区建设的目标，提质增效、提速扩容成为国家级高新区发展的新方向。构建国家高新区"高"与"新"维度指标，并探讨创新型产业集群试点培育能否推动国家高新区高新纵深发展。

国家高新区自成立以来，众多学者对于高新区的研究比肩接踵，主要集中于绩效评价与发展影响因素分析。高新区内部的资本集聚、企业集聚、人才集聚、产业集聚程度是造成不同地区高新区创新效率存在差异的主要原因（曾武佳、李清华、蔡承岗，2020）；城市科技财政水平对高新区创新效率具有显著的负向影响（王京雷、赵静、陈升，2022）；环境因素严重制约了中西部地区高新区的创新效率（刘满凤、李圣宏，2016）。王林川等（2021）从智能化、生态化、平台化和国际化四个维度构建国家高新区高质量发展综合评价指标体系；刘会武等（2021）从知识创造和技术创新能力、产业发展和结构优化能力、国际化和参与国际竞争能力、可持续发展能力四个维度构建国家高新区高质量发展水平的综合评价体系，研发创新、人力资本、金融发展、产业集聚（赵玉林、严娉、谷军健，2021）是高新区高质量发展的重要影响因素。国家自主创新示范区政策试点精准提升了国家高新区的研发绩效（张秀峰、胡贝贝、张莹，2020），产业平衡和职住平衡有利于提升高新区的创新绩效（张建清、白洁、王磊，2017）；地方政府干预对高新区创新绩效的影响会随高新区发展产生变化，同时高新区集聚水平会提高（顾元媛、沈坤荣，2015）。

国家高新区是基于国家战略而生，从本质而言，是属于产业集聚的产物。大到宏观的国家层面，小到企业的微观层面，国家高新区的设立对相关对象都有一定的影响，如国家及城市产业结构转型升级、城市创新水平、区域经济发展、企业创新绩效等，多数学者采用双重差分法验证国家高新区设立前后对其他对象产生的影响，如表2-12所示。

表2-12　　　　　国家高新区设立对各类研究对象的影响对比

研究对象	研究方法	研究结果
产业结构转型升级	双重差分法	未推动产业结构转型升级
城市产业结构升级	倾向得分匹配双重差分法	显著推动城市产业结构的高级化和合理化进程
城市绿色创新效率	双重差分法	显著提高城市绿色创新效率，同时存在区域异质性

研究对象	研究方法	研究结果
城市全要素生产率	渐进双重差分法	国家高新区的设立对城市全要素生产率造成显著的负面影响，促进规模效率提高，却抑制技术进步和技术效率提高
城市绿色转型	双重差分法	国家高新区对城市绿色转型起到了一定的抑制作用
城市全要素生产率	倾向得分匹配双重差分法	国家高新区技术进步对地区 TFP 增长具有积极影响
城市创新水平	双重差分模型、空间双重差分模型和分位数回归模型	国家高新区建设显著提升了城市创新水平，高新区设立带动城市投资集聚是推动城市创新水平提升重要原因
都市圈创新发展	双重差分法	国家高新区的成立能推动都市圈整体创新水平提升
地区经济发展	双重差分法	国家高新区的建设显著地促进了地区 GDP 和人均 GDP 的增长
高技术产业发展	双重差分法	高新区设立促进了高新技术产业的发展
企业创新绩效	双重差分法	国家高新区设立对企业创新绩效具有显著促进作用

创新型产业集群的建设以国家战略为导向，是将发展科技型企业与地方经济发展结合起来的具有产业特色的产业集群新模式。创新型产业集群的概念先由国外学者沃耶（Voyer R，1997）提出，国内学者主要对创新型产业集群的特点、功能、与创新绩效与能力等进行了阐述。相比于传统的产业集群，创新型产业集群的创新能力要更加强大，对区域创新能力的提升和经济的促进作用要更加显著（张骁、唐勇、周霞，2016）。创新型产业集群和培育集群主要集中于先进制造业（李金华，2020），单一类型的产业政策并不能提升制造业全要素生产率，只有两者协同用才能提升效率（李振洋、白雪洁，2020）。创新型产业集群试点政策显著提升高新技术产业发展水平（王欢，2022）和提升高新区创新效率（张冀新、李燕红，2019），集聚更多资源要素从而提高国家高新区集聚效应（李荣、张

冀新，2021），创新型产业集群设立拉动城市产业结构优化升级以及创新能力是拉动城市绿色经济发展重要原因（吴伟萍、张超、向晓梅，2021）。创新型产业集群丰富的协同创新活动是促进集群企业创新绩效的有效方法（唐勇、周霞、张骁，2015），新升级的国家高新区通过判别创新链与产品链位势、集聚创新资源与要素培育创新型产业集群（薛强、赵静，2014）。

通过对现有研究成果梳理，国家高新区创新水平提升与高质量发展受多因素相互协同、相互叠加的影响，其中创新型产业集群是国家高新区的发展又一影响因素。高新融合纵深发展正逐步成为国家高新区新的指向，有必要探讨创新型产业集群是否能促进国家高新区高新两维度的发展，以及对高新两维度的发展影响是否存在差异。

2.3.1 融合机理研究假设

国家高新技术产业开发区致力于发展高新技术产业，依托于国家宏观经济环境和科技水平，吸收借鉴国外先进的资源及管理手段，将科技成果转化成生产力。国家高新技术产业开发区是推动高新技术产业化、促进经济增长的知识密集、技术密集的集中区域。通过总结国家高新的发展定位，国家高新区的"高"，可以从总体上概括为高水平，包括高端产业、经济效益高、人员素质高、对外开放水平高。2020 年 169 家国家高新区净利润达 30 442.3 亿元，同比增长 16.6%；出口创汇 6 484.4 亿美元，同比增长 8.1%；科技活动人员占高新区人员总数的 21.6%。2020 年 109 家创新型产业集群净利润 5 711.8 亿元，同比增长 36.2%；出口创汇 1 249.8 亿美元，同比增长 11.2%；科技活动人员占集群人员总数的 26.8%[①]。创新型产业集群整体效益提升水平高于国家高新区，创新型产业集群成长潜力巨大，为国家高新区的高水平发展提供内外部协同支撑。作出如下假设：

[①] 资料来源：《中国火炬统计年鉴 2021》。

H1：创新型产业集群政策实施有效促进了国家高新区高端资源集聚。

集聚是高新技术产业发展的一大前提，创新是实现产业化的关键，优化升级产业结构是国家高新区高质量发展的核心。高新技术产业较于传统产业的最大特征在于研究与开发强度、产业技术密集程度、新产品制造方面具有优势。国家高新区的"新"，也可以总体概括为新技术，包括一系列新产品、新服务、新工艺的出现、创新水平提升、产业结构优化升级。高新区是区域产业经济发展的主阵地，要推动高新区重塑升级，需要提升创新发展路径以破除园区发展瓶颈与问题，布局顶层设计、发展数字经济、实现区域协同、促进科研创新是推进高新区产业结构优化有效措施。创新型产业集群创新能力突出，2020 年，创新型产业集群当年发明专利授权量约占总量的 7.6%，形成国家或行业标准 1 071 项，拥有研发机构 6 074 家。培育创新型产业集群的核心内涵是依托国家高新区主要载体，通过开展体制机制创新，集聚创新资源要素，提升区域竞争力，培育特色主导产业，为国家高新区科技创新成果转化提供应用市场。作出如下假设：

H2：创新型产业集群政策实施促进了国家高新区创新能力集聚提升。

创新型产业集群培育分梯次进行，主要集中在 2013 年、2014 年、2017 年和 2021 年四批次。到 2022 年，已有 152 家创新型产业集群，2013 年与 2014 年集中批复成立 71 家创新型产业集群，2017 年批复 38 家创新型产业集群，2021 年批复 43 家创新型产业集群。较早批复培育创新型产业集群的国家高新区本身具有区位优势。

2.3.2 模型构建

创新型产业集群分批次稳定增长为研究政策实施对国家高新区高新差异发展提供了准自然实验场景。创新型产业集群的培育与否由政府评定筛选，从一定程度上排除了外生性干扰。创新型产业集群的培育载体主要立足于国家高新区，少部分由国家经济开发区建设培育，基于国家高新区的层面，有利于降低政策外溢对实验结果产生影响。尽管创新型产业集群以国家高新区为主要建设平台，但很多高新区还未批复创新型产业集群的培育，这也形成了培育创新型产业集群的国家新区和未培育创新产业集群的国家高新区的自然分组。因此，通过构建双重差分模型验证创新型产业集群培育政策是否能促进国家高新区高与新水平提升。主要的思想是通过比较国家高新区是否设立创新型产业集群来判别国家高新区高新两维度发展水平，从而验证创新型产业集群政策实施的实际效果，选取创新型产业集群试点政策虚拟变量 pol 构建多时点双向固定效应的双重差分模型进行检验，具体如式（2-7）、式（2-8）所示：

$$high_{it} = \alpha_0 + \alpha_1\, did_{it} + \alpha control_{it} + u_i + \nu_t + \varepsilon_{it} \qquad (2-7)$$

$$tech_{it} = \beta_0 + \beta_1\, did_{it} + \beta control_{it} + u_i + \nu_t + \varepsilon_{it} \qquad (2-8)$$

其中，$high_{it}$、$tech_{it}$ 表示国家高新区"高"和"新"两维度发展水平，$did_{it} = treat_{it} \times post_{it}$，$treat_{it}$ 表示创新型产业集群设立的国家高新区虚拟变量，$post_{it}$ 表示创新型产业集群设立的时间虚拟变量，did_{it} 表示核心解释变量，为政策虚拟变量，$control_{it}$ 为控制变量集合。α_0、β_0 表示常数项，α_1 的大小反映了创新型产业集群的设立对国家高新区"高"维度的影响程度，β_1 的大小反映了创新型产业集群的设立对国家高新区"新"维度的影响程度，主要考察 α_1、β_1 的值，如果 α_1、β_1 值为正时，表示创新型产业集群的培育有助于提升国家高新区高新发展水平。α 和 β 的大小反映了一系列控制变量对国家高新区高新发展水平的影响程度，i 表示国家高新区，t 表示样本时间，u_i 表示各国家高新区个体固定效应，ν_t 表示时间固定效应，ε_{it} 表示干扰项。

被解释变量：国家高新区"高"维度发展水平与国家高新区"新"维度发展水平。其中"高"的维度包括经济效益（$profit$）、人员结构（$staff$）、国际竞争（$open$）三个方面，"新"的维度包括高企主导（$enterprise$）、技术收入（$income$）、创新投入（$s\&t$）三方面。由于衡量国家高新区高与新发展水平的指标并不单一，构建高和新两维度在内的综合评价体系，共计6个基础指标（见表2-13）。首先通过极差标准化的方法对基础指标数据进行无量纲化处理，其次运用熵值法确定各指标的权重，最后综合测算出各国家高新区 2013 ~ 2020 年高新两维度发展水平。国家高新区净利润、大专以上年末从业人员数量、年末从业人员数量、出口总额、工业总产业值、高新技术企业数量、企业总数、技术收入、营业收入、R&D 人员全时如果量数据来源于 2013 ~ 2021 年《中国火炬统计年鉴》。

表 2 – 13   国家高新区高与新指标及其计算方法

能力	指标	变量	计算公式
高端	经济效益	净利润（王丽、樊杰、郭锐，2019）	净利润对数
	人员结构	大专以上人员占年末从业人员比值（张秀峰、胡贝贝、张莹、陈光华，2021）	大专以上学历人员/年末从业人员
	国际竞争	出口总额与工业总产值的比例（韩兆洲、操咏慧、方泽润，2021）	出口总额/工业总产值
创新	高企主导	高新技术企业占比（刘钒、邓明亮，2019）	入统高新技术企业数量/入统企业数
	技术收入	技术收入（程正中、夏恩君，2019）	技术收入对数
	创新投入	科技活动内部经费支出比值（林剑铬、夏丽丽、蔡润林、蔡虹绮，2021）	科技活动内部经费支出/营业收入

解释变量：创新型产业集群设立政策虚拟变量 *pol*。创新型产业集群试点工作是分批次分梯次开展，主要集中在 2014 年与 2017 年，科技部火炬中心公布创新型产业集群试点名单在 2014 年与 2017 年末，为更实际反映出创新型产业集群设立对国家高新区高新影响效果，在此将政策实施时间延迟一年，设定政策实施时间为 2015 年与 2018 年。为保证创新型产业集群设立政策发生前后国家高新区样本数据的可获得性和时间长度层面的可操作性，经过匹配和筛选，选取 2013 ~ 2020 年 113 家国家高新区获批设立创新型产业集群的 53 家高新区为实验组，从未设立创新型产业集群的 60 家高新区为对照组，国家高新区是否设立创新型产业集群的数据来源于科技部火炬中心官方网站。

控制变量：高新区高新技术企业数量（*hi-techenterprise*）、R&D 人员数量（$R\&Dpersonnel$）与 R&D 经费内部支出（$R\&Dexpenditure$）。各变量描述性统计如表 2 – 14 所示，数据来源于 2014 ~ 2021 年《中国火炬统计年鉴》。

表 2 – 14 国家高新区高新变量描述性统计

变量类别	变量名称	平均值	标准差	最小值	最大值	变异系数
被解释变量	高端（$high$）	0.398	0.162	0.061	0.885	0.407
	创新（$tech$）	0.368	0.160	0.032	0.907	0.434
解释变量	did	0.369	0.483	0	1	1.307
控制变量	$hi\text{-}techenterprise$	4.731	1.469	0	9.130	0.311
	$R\&Dpersonnel$	8.793	1.459	2.079	12.445	0.166
	$R\&Dexpenditure$	14.199	1.632	7.779	18.484	0.115
高端（$high$）	经济效益（$profit$）	15.385	2.596	0	19.302	0.169
	人员结构（$staff$）	0.48	0.154	0.072	0.9	0.32
	国际竞争（$open$）	0.119	0.117	0.0002	0.704	0.984
创新（$tech$）	高企主导（$enterprise$）	0.379	0.206	0.004	0.918	0.544
	技术收入（$income$）	14.474	2.796	3.829	20.514	0.193
	创新投入（$s\&t$）	0.026	0.014	0.002	0.106	0.550

2.3.3 高新变化平行趋势

采用双重差分法的前提是国家高新区在设立创新型产业集群之前，实验组与对照组的高端能力与创新水平变化保持基本平行趋势，如图 2 – 2 所示。

国家高新区创新效率高新变化趋势如图 2 – 3 所示。

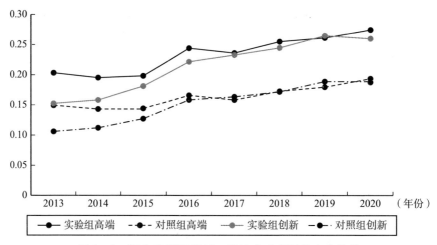

图 2 - 2　国家高新区 2013～2020 年高新平均变化趋势

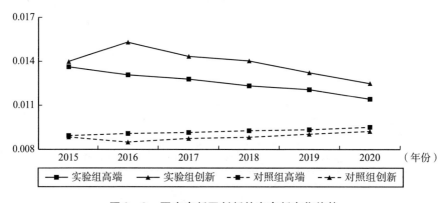

图 2 - 3　国家高新区创新效率高新变化趋势

通过熵值法测算得到实验组和对照组高端水平与创新能力，为更直观地反映创新型产业集群建设前后对国家高新区高端水平与创新能力的影响程度，使用得到的结果绘制高新区高端与创新水平变化趋势，如图 2 - 4 所示。创新型产业集群设立主要集中在 2014 年末与 2017 年末，在 2015 年之前，实验组和对照组高端水平与创新能力变化趋势基本一致，并同时高新水平值均不高，在 2014 年末与 2017 年末创新型产业集群大范围设立后，高新区实验组高新水平大幅提升，与对照组创新效率差距明显变大。

具体而言，创新型产业集群设立前，实验组与对照组高端水平 2013～
2014 年差距均值仅为 0.15，创新产业集群 2014 年末设立后，实验组与对
照组 2015～2017 年高端水平差距增大，差距均值为 0.188，在 2017 年末
又一批创新型产业集群设立后，2018～2020 年实验组与对照组间高端水
平差距均值增大为 0.219。同时，创新型产业集群设立前，实验组与对照
组创新能力 2013～2014 年差距均值仅为 0.126，创新产业集群 2014 年末

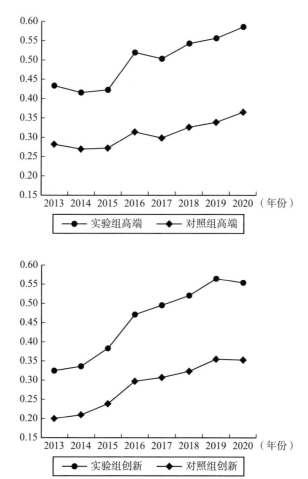

图 2－4　国家高新区 2013～2020 年高新均值变化趋势

设立后，实验组与对照组 2015～2017 年高端水平差距增大，差距均值为
0.17，在 2017 年末又一批创新型产业集群设立后，2018～2020 年实验组
与对照组间高端水平差距均值增大为 0.203。创新型产业集群的设立在一
定程度上能影响国家高新区的高新发展能力。

2.3.4　基准回归结果

为验证前文提出创新型产业集群设立对国家高新区高新发展的影响，
采取双向固定效应的双重差分模型进行回归分析，结果如表 2－15 所示。
政策虚拟变量 *did* 的估计系数始终在 1% 水平下显著为正，表明创新型产
业集群设立国家高新区高新发展水平的提升是显著的，前文提出的 H1 与
H2 得到验证。

表 2－15　　　　创新型产业集群对国家高新区高新影响基准回归

变量	(1) *high*	(2) *tech*	(3) *high*	(4) *tech*
pol	0.033 *** (0.01)	0.037 *** (0.011)	0.023 *** (0.008)	0.033 *** (0.011)
hi-techenterprise			0.062 *** (0.006)	0.007 (0.007)
R&Dpersonnel			−0.008 (0.006)	−0.006 (0.009)
R&Dexpenditure			0.025 *** (0.006)	0.022 *** (0.008)
Constant	0.386 *** (0.004)	0.354 *** (0.005)	−0.179 *** (0.05)	0.063 (0.06)
时间效应	是	是	是	是
地区效应	是	是	是	是
Observations	904	904	904	904
R−squared	0.844	0.802	0.881	0.807

注：括号内的是标准误差；*、** 和 *** 分别表示在 10%、5%、1% 的显著性水平下显著。

控制变量的回归结果显示，高新区高新技术企业显著提升高新区高端水平，高新技术企业相较于一般企业，能获得园区内更多的政策优惠及补贴，能够持续进行开发研究并不断成长壮大，从而优化高新区企业主体结构，提升高新区高端水平。高新区高新技术企业没有对高新区创新能力提供积极促进作用，可能是绝大部分高新区高新技术企业是中小微企业，科技创新能力与成果转化能力有待提升。R&D 人员投入并未对高新区高端水平与创新能力提升产生显著作用，R&D 人员投入为国家高新区高新发展提供人力资本的支持，但是 R&D 人员的质量效应弱于规模效应时，会削弱科技人员投入对高新发展水平促进作用。高新区 R&D 经费内部支出显著提升高新区高端水平与创新能力，R&D 经费内部支出是高新区内部展开 R&D 活动的实际支出，充足的研发经费支持产业技术升级改造，从而提升高新区高端水平与创新能力。

2.3.5 高新融合影响

创新型产业集群对国家高新区高新融合发展影响被解释变量为国家高新区高新融合水平（*intergration*），采用国家高新区技术收入与产品销售收入的比值衡量。解释变量为创新型产业集群试点政策虚拟变量（*pol*）。创新型产业集群试点批复主要集中在 2013 年、2014 年、2017 年和 2021 年，选取 2013 年、2014 年、2017 年为政策实施时间，在当年设立创新型产业集群的高新区设置虚拟变量为 1，未设置虚拟变量设置为 0。2017 年科技部火炬中心公布了 39 家创新型产业集群试点，其中咸宁智能机电创新型产业集群对应的咸宁高新区于 2017 年晋级为国家高新区，菏泽生物医药大健康创新型产业集群、韶关机械基础零部件创新型产业集群对相应的菏泽、韶关高新区为省级高新区，15 家创新型产业集群试点由经开区、工业园区等建设单位主管，剔除这些样本后，剩余 21 家创新型产业集群试点在国家高新区，选择沈阳、武进等 21 家国家高新区为实验组。2015
年国家高新区共 146 家，到 2017 年 146 家国家高新区有 80 家国家高新区
未设立创新型产业集群，将 80 家国家高新区设置为对照组。国家高新区
主管建设创新型产业集群的数据来源于科技部火炬中心官方网站。

控制变量为高新区人员素质 staff，用人均地区生产总值衡量；高新区
研发强度 R&D，R&D 经费内部支出与科技活动经费内部支出比值衡量；
高新区开放程度 open，用出口总额与工业总产值比值衡量。国家高新区高
新融合发展变量描述性统计如表 2 - 16 所示，数据来源于 2014 ~ 2021 年
《中国火炬统计年鉴》。

表 2 - 16　　　　　　　　　　高新融合发展变量描述性统计

变量	数量	平均值	标准差	最小值	最大值	变异系数
经济效益（profit）	912	15.451	2.459	0	20.152	0.159
人员结构（staff）	912	0.48	0.157	0.061	0.9	0.327
国际竞争（open）	912	0.121	0.118	0.0002	0.704	0.974
高企主导（enterprise）	912	0.378	0.208	0	0.918	0.550
创新产出（income）	912	14.439	2.901	3.829	21.195	0.201
创新投入（s&t）	912	0.026	0.014	0.002	0.106	0.543
高企数量（hi-techenterprise）	912	4.771	1.525	0.000	9.741	0.320
研发人员（R&Dpersonnel）	912	8.824	1.490	2.079	12.610	0.169
研发经费（R&Dexpenditure）	912	14.233	1.665	7.779	18.552	0.117

国家高新区的高新融合变化趋势如图 2 - 5 所示。

创新型产业集群对国家高新区高新融合发展的影响如表 2 - 17 所示。

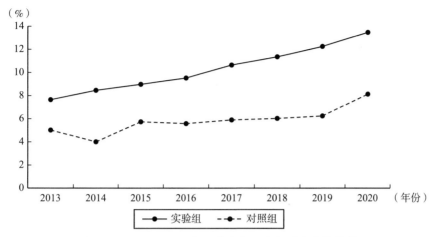

图 2 – 5　2013～2020 年国家高新区高新融合变化趋势

表 2 – 17　创新型产业集群对国家高新区高新融合发展影响回归结果

变量	（1） *intergration*	（2） *intergration*	（3） *intergration*	（4） *intergration*
pol	0. 0454 *** （0. 00802）	0. 0283 *** （0. 00841）	– 0. 000428 （0. 00931）	0. 0490 *** （0. 00783）
open	0. 00851 （0. 00578）	– 0. 00469 （0. 00305）	– 0. 00350 （0. 00295）	0. 00426 ** （0. 00209）
staff	0. 00407 * （0. 00209）	0. 00194 * （0. 00109）	0. 00152 （0. 00105）	0. 00756 （0. 00577）
input	– 0. 00341 （0. 00342）	– 0. 00213 （0. 00178）	– 0. 000730 （0. 00173）	– 0. 00452 （0. 00341）
Constant	0. 0578 *** （0. 00585）	0. 0678 *** （0. 00450）	0. 0801 *** （0. 00481）	0. 0569 *** （0. 00582）
时间固定	是	否	是	否
个体固定	否	是	是	否
Observations	912	912	912	912
R – squared	0. 062	0. 803	0. 819	0. 050

注：括号内的是标准误差；＊、＊＊ 和 ＊＊＊ 分别表示在 10％、5％、1％ 的显著性水平下显著。

2.3.6 稳健性检验

为了判断在同一时期是否存在其他因素及政策影响国家高新区的高新发展水平，参考范子英等基于时间安慰剂检验。通过保持实验组与对照组样本分组保持不变的情况下，将创新型产业集群设立的时间分别提前 1 年与提前 2 年的时间，再次采用双重差分模型检验政策虚拟变量 did 的估计系数是否显著。若结果显著，则表明反映出存在其他因素影响国家高新区高新发展水平，若结果不显著，可反映出创新型产业集群的设立能提升国家高新区高新水平。回归结果如表 2 - 18 所示，将创新型产业集群设立时间提前后，虚拟变量 did 的估计系数并不显著，表明设立创新型产业集群是影响国家高新区高新水平提升的主要影响因素，表 2 - 17 的回归结果具有一定的可信度。

表 2 - 18　　创新型产业集群提升国家高新区高新水平：反事实检验

变量	(5) *high* 提前 1 年	(6) *tech* 提前 1 年	(7) *high* 提前 2 年	(8) *tech* 提前 2 年
$did \times 1$	0.01 (0.013)	0.019 (0.01)		
$did \times 2$			0.023 (0.015)	- 0.049 (0.019)
hi-techenterprise	0.007 (0.006)	0.062 *** (0.006)	0.066 *** (0.006)	0.007 (0.008)
R & Dpersonnel	- 0.003 (0.009)	- 0.007 (0.008)	- 0.006 (0.007)	- 0.002 (0.009)
R & Dexpenditure	0.02 *** (0.008)	0.024 *** (0.006)	0.023 *** (0.006)	0.028 *** (0.008)
Constant	0.068 (0.062)	- 0.176 *** (0.049)	- 0.182 *** (0.05)	0.081 (0.062)

变量	（5） *high* 提前 1 年	（6） *tech* 提前 1 年	（7） *high* 提前 2 年	（8） *tech* 提前 2 年
时间效应	是	是	是	是
地区效应	是	是	是	是
Observations	904	904	904	904
R − squared	0.805	0.881	0.881	0.807

注：括号内的是标准误差；＊、＊＊ 和 ＊＊＊ 分别表示在 10%、5%、1% 的显著性水平下显著。

2.3.7　区域异质性检验

国家高新区在发展过程中存在区域发展不平衡的现象，东部地区国家高新区在数量占比、经济发展、科技创新等方面的表现显著优于中部地区、西部地区、东北地区的国家高新区，可能导致同样的政策冲击下，不同区位城市的产生的影响效应存在差异，位于不同地区的创新型产业集群，对该地区高新区高低影响程度是否存在类似差异？基于此，按高新区所处的地理区位将所有样本划分为东部、中部、西部和东北 4 组子样本，分别观察不同区位的创新型产业集群设立政策效应。在模型（2 − 7）、模型（2 − 8）的基础上，引入地区 *region* 变量，分别为东部（*east*）、中部（*mid*）、西部（*west*）和东北（*northeast*）四大区域，具体模型如式（2 − 9）、式（2 − 10）所示：

$$high_{it} = \alpha_0 + \alpha_1 \, did_{it} \times region + \alpha \, control_{it} + u_i + \nu_t + \varepsilon_{it} \qquad (2-9)$$

$$tech_{it} = \beta_0 + \beta_1 \, did_{it} \times region + \beta \, control_{it} + u_i + \nu_t + \varepsilon_{it} \qquad (2-10)$$

在式（2 − 9）与式（2 − 10）中，如果考察某一区域创新型产业集群对高新区高与新影响时，该区域的高新区 *region* 取值为 1，其他区域高新区 *region* 取值为 0。进行 8 次检验后，具体结果见表 2 − 19。

表 2 - 19　　创新型产业集群对国家高新区高新影响的区域异质性检验

变量	(9) high	(10) tech	(11) high	(12) tech	(13) high	(14) tech	(15) high	(16) tech
pol × east	-0.003 (0.01)	0.001 (0.013)						
pol × mid			0.038*** (0.013)	0.067*** (0.016)				
pol × west					-0.014 (0.017)	-0.001 (0.02)		
pol × northeast							0.066*** (0.019)	0.02 (0.024)
hi-techenterprise	0.064*** (0.006)	0.008 (0.008)	0.062*** (0.006)	0.007 (0.007)	0.0617*** (0.006)	0.007 (0.008)	0.064*** (0.006)	0.006 (0.008)
R&Dpersonnel	-0.009 (0.008)	-0.003 (0.009)	-0.006 (0.007)	-0.002 (0.009)	-0.005 (0.008)	-0.002 (0.009)	-0.009 (0.008)	-0.003 (0.009)
R&Dexpenditure	0.027*** (0.006)	0.021*** (0.008)	0.023*** (0.006)	0.019** (0.008)	0.0231*** (0.006)	0.02** (0.008)	0.027*** (0.006)	0.021*** (0.008)
Constant	-0.211*** (0.05)	0.057 (0.064)	-0.172*** (0.049)	0.073 (0.061)	-0.175*** (0.049)	0.068 (0.062)	-0.21*** (0.05)	0.057 (0.063)
时间效应	是	是	是	是	是	是	是	是
地区效应	是	是	是	是	是	是	是	是
Observations	904	904	904	904	904	904	904	904
R - squared	0.882	0.805	0.882	0.809	0.880	0.805	0.882	0.805

注：括号内的是标准误差；*、**和***分别表示在10%、5%、1%的显著性水平下显著。

观察结果发现，中部地区创新型产业集群设立都对高新区高与新发展水平均有显著的正向作用，从交互项系数来看，创新能力比高端水平的交互项系数更大，表明中部地区创新型产业集群的设立更能促进国家高新区创新能力提升，创新型产业集群设立为中部地区提供资金、人才、技术等支持，在一定程度上提升中部高新区产业升级迭代与强化创新成果转化。但是东部和西部地区的创新型产业集群设立对高端水平与创新能力的影响并不显著，在很大程度上由于东部地区国家高新区具有经济发展水平高、区位条件优越、基础设施完善、人力资源质量高等优势，高新区自身高新水平处于较高的水平，创新型产业集群设立并没有发挥出较强的集聚优势。西部地区高新区创新资源有限、产业特色不突出、产业集聚水平有限等原因减缓高新发展水平，导致创新型产业集群设立政策在一定程度上的浪费。东北地区创新型产业集群的设立促进高新区高端水平提升，东北高新区发展得益于老工业基地资源优势，创新型产业集群设立推动高新区依靠要素驱动发展转向创新驱动发展，促进传统工业向现代化产业转型，提升高新区高端发展水平。但东北地区创新型产业集群的设立并未显著促进高新区创新能力提升，创新资源短缺、新兴产业处于较低发展水平一定程度限制国家高新区创新能力的提升。

创新型产业集群87%分布在国家高新区。基于2013~2020年113家国家高新区面板数据，以国家高新区设立创新型产业集群设立作为一项准自然实验，采用双重差分法评估创新型产业集群政策实施对国家高新区高新发展产生的效果。采用时间、地区双向固定的双重差分模型，考察创新型产业集群设立对国家高新高端与创新发展水平的影响研究。研究发现：创新型产业集群的设立能显著促进国家高新区高端与创新水平，得到结论通过稳健性检验。增加R&D经费内部支出，能显著促进高新区高端水平与创新能力提升；高新技术企业数量增加，能促进高新区高端水平提升；R&D人员投入对高新区高端水平与创新能力提升作用有限。从区域异质性角度而言，中部地区高新区更能利用创新型产业集群设立政策资源，发挥集群创新集聚优势，提升中部地区高新区高端水平与创新能力提升；东部、西部两地区创新型产业集群设立对于提升高新区高端水平与创新能力的作用有限；东北地区创新型产业集群设立更能促进高新区高端水平提升，而对于创新能力提升并无显著性影响。

创新型产业集群与国家高新区都是国家战略部署的重要组成部分，依托于国家高新区成长的创新型产业集群会回馈于国家高新区。国家高新区"高"与"新"的发展并不应该注重一个方面，高质量发展的要求下，高新融合纵深发展正逐步成为新的指向。创新型产业集群作为国家高新区战略提升的又一政策工具，在促进高新区高与新发展方面具有优势。进一步完善和推广国家高新区创新型产业集群的培育及建设，同时为促进国家高新区又高又新发展提供了一定的理论支撑，推动国家高新区的发展，向高而攀，向新而行。

2.4 集群产业融合模式

20世纪90年代硅谷以其在全球经济发展的成就取得了标志性的地位，那么硅谷又是如何产生的呢？硅谷的成长是通过区域内一系列先进技术的扩散实现的。在硅谷，不断地有采用相关技术的新产品从现有公司产生，然后又被应用到其他目的，尤其是半导体的发明。这些产品逐渐发展形成了高新技术产业，同时也可通过技术融合去融合传统产业。因此在硅谷，企业家有能力把很多不同企业间的新发明创新整合运用去形成新的产业和新的利润增长点，而不是把这些发明创新简单商业化。从硅谷和它的支持网络演进过程中可以看出控制着先进技术的企业家是关键要素，但同时风险资本家、法律公司、投资银行和其他服务提供商所组成的支持网络的发展也对硅谷不断应用新技术起到了支持和巩固作用。

从历史考察，正是半导体的发现发明才带来了半导体产业，正是半导体产业的规模化发展和产业链的纵横延伸，才成就了硅谷。以从产品创新到产业创新、从产业创新到区域创新的纵向集成问题为研究基础，将微观研究范围从产品创新扩展到企业战略创新，将中观研究范围从单一产业创新扩展到产业融合下的协同创新。技术创新是企业战略创新的原动力，重大技术创新在不同产业之间的扩散导致了技术融合，技术融合使不同产业形成了共同的技术基础，并使不同产业间的边界趋于模糊，进而形成产业融合。产业融合改变了企业战略创新依存的传统产业假设，超越了传统产业边界，利用产业协同优势拓展企业生存空间。通过分析基于产业融合的企业战略创新的特点，概述了通过技术融合实现产业融合的发展趋势，论述了技术融合、产业融合和区域创新的集成原理，构建企业战略创新的路径。

2.4.1　技术—产业—区域融合创新集成

技术融合来源于技术创新，技术创新形成了可替代的或相互关联的技术、生产流程和产品。不同产业间重大技术创新的扩散导致了技术融合。在技术融合影响下不同产业间形成了共同技术基础。信息时代高技术产业和其他产业的广泛融合就是基于信息技术不同产业技术的相互渗透和融合的结果。技术融合改变了产品市场需求特征，更重要的是给现有产品带来了新的需求，为产业融合提供了市场空间。

产业融合是不同产业通过相互交叉和渗透形成了基于技术融合基础上的新产业，是一个动态发展过程。产业融合一般发生在有技术或产品的产业关联性或替代性的不同产业的边界或交叉处。产业融合一般由技术融合、产品和业务融合、市场融合构成，通过技术创新加强不同产业间企业的相互合作。产业融合主要有三种模式：第一种是促进传统产业产品高附加值化和传统产业装备现代化的高新技术的渗透融合；第二种是通过赋予原有产业新的附加功能和更强的竞争力，形成融合型的产业新体系的产业间的延伸融合，这种融合多表现为服务业向农业和工业的延伸和渗透；第三种是把现有各自独立的产品或服务在同一技术平台下整合为一个新的整体的产业内部的重组融合。

产业协同创新是在区域产业体系内通过产业融合实现资源优化和共享，是区域经济一体化的客观要求。产业协同创新有三种模式：在同一区域内融合产业通过融合技术和资源共享实施技术和产品创新的横向协同创新模式；产业价值链上的产业通过前向或后向联系构建战略联盟提供模块化创新的纵向协同创新模式；发生在高新技术产业和传统产业间以提高总体创新绩效的混合协同创新模式。总之，产业协同创新可以降低企业交易成本，改变产品的单一市场需求，优化资源配置和实现能力互补以产生更多的协同效益。

1. 点—线—面原理

技术融合使不同产业间的边界趋于模糊，进而形成产业融合。同时，产业融合发展直接推动了产业创新，也是区域集成创新和产业协同创新的发展趋势，是构建企业战略创新体系的有效途径。在产业融合基础上形成的新产业和新产品已成为企业利润的新增长点，产业融合也促进了区域产业结构升级和区域创新。图 2-6 描述了技术融合、产业融合和区域创新的点线面原理。

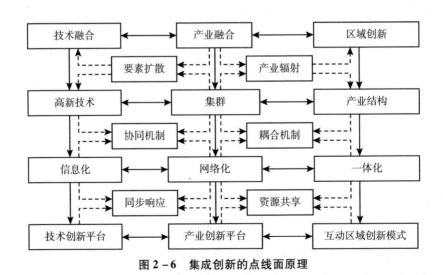

图 2-6　集成创新的点线面原理

2. 集成过程中的高技术扩散路径

信息、计算机、电子和生物技术这些高新技术构成了现代经济的核心。高新技术正经历着成本改进的指数增长，并同时伴随着大量知识产权的产生。同时，高新技术通过降低不同产业的进入壁垒以允许企业进入新的市场，进而不断推动高新技术产业和传统产业的融合。集成过程中的高新技术扩散路径如图2-7所示。

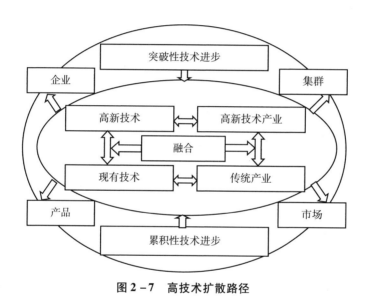

图 2 - 7   高技术扩散路径

可以看出，高新技术和它们的扩散路径应该适合区域产业结构，这样区域可以从把新技术商业化的那些产业和企业中获取它的动力机制。在社会条件下产生的技术作为一种原始技术可以被企业家用来开公司，被产业用来改进产业竞争力。因此技术扩散相比根据技术自身特点的内在形成过程而言更是一种社会形成过程，比如硅谷企业家就是产品非常具有优势的市场导入者。

2.4.2 基于产业融合的企业战略创新

1. 基于技术扩散的信息化战略

高新技术在企业间扩散程度取决于企业信息化程度，信息技术对传统产业技术的渗透和融合要求企业实施信息化战略。在信息化战略实施过程中，企业间应建立起竞争合作型的产业组织关系，形成企业之间相对稳定的战略网络以获得企业绩效的长期增长。企业通过吸收多种技术而形成有别于原有技术模式的新技术，通过网络技术和信息技术的高效率、低成本、短周期的特点迅速获取市场信息，改进服务质量。

2. 基于产业融合的产品战略

如果企业的销售增长率、投资报酬率、销售利润极为趋近产业平均水平时，可以判断其战略正在趋同。反之，正是战略趋同导致了产业利润趋于一个相对较低的平均水平，同类企业现有市场份额不断被挤占，越来越多的企业采取相同或相似的战略，表现为战略模式趋同、业务转型趋同、行业选择趋同。基于产业融合的产品战略有效避免了企业战略趋同，为企业创造了新的生存空间。企业根据产业融合后的新技术－市场生命周期而创新产品，突破传统产业界限开发新产品，改变了原有产业产品的市场需求特征，打破了传统产品生命周期的限制，开创了蓝色海洋，基于产业融合的创新战略特点如表 2－20 所示。

表 2－20　　　　　　　　基于产业融合的创新战略特点

战略维度	传统战略	创新战略
产业假设	传统产业	融合产业
战略核心	竞争优势	主导市场
顾客评价	顾客差异	顾客共性
战略能力	资源匹配	超越资源
需求基点	顾客需求	产业需求

续表

战略维度	传统战略	创新战略
战略方案	市场进入方案	整体解决方案
产品服务	产品价值最大化	顾客价值最大化

3. 基于新产业价值链的协同战略

战略协同理论认为，企业竞争优势主要来源于对企业资源、能力的有机整合，产业融合创造了新的价值网络，新产业价值链的网络融合降低了企业的交易成本。基于新产业价值链的协同战略使原来属于一个产业的核心能力通过在不同产业的协同应用扩散到多个产业中，创造协同优势。基于新产业价值链的协同战略强调时间是最重要的战略资源，要求企业通过共享价值网络实现快速响应、深度发展，锁定顾客而不是竞争对手，集中优势资源，打造核心业务，形成新产业价值链上大中小企业合理分工、有机联系、协调发展的格局，有效利用内部资源共同适应外部环境的变化。综上所述，企业战略创新体系可表述为如图 2-8 所示。

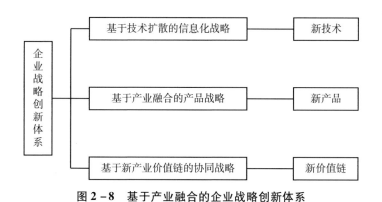

图 2-8　基于产业融合的企业战略创新体系

在技术融合和区域主导产业基础上可以实现高新技术产业和传统产业的融合，同时选择了产业融合过程中形成的新产业和新产品的企业可以迅速进入蓝海以避免战略趋同，并同时获取竞争优势。高新技术的扩散和转移模式影响并同时驱动了企业战略创新和产业协同创新。基于信息化战略、产品战略、协同战略的企业战略创新应通过政府、企业、社会等多维联动的组织工具、基于高新技术价值传导模式的技术工具、基于产业融合创新的平台工具形成新产业价值链的企业战略创新体系，利用网络化集成优势、多元化协同优势有力提升企业战略创新能力和市场竞争力。

2.4.3 基于产业融合的协同创新体系

汽车产业与 IT 业不断融合形成汽车电子产业，汽车电子产业以信息技术为引领，吸收和融入各个高科技领域的技术，进行产业融合，使传统汽车产业迅速向以数字化为特征的现代汽车产业转换，从而形成一个新的协同产业运作模式。而汽车电子产业，仅是汽车产业与 IT 业融合范围中的一个组成部分。产业融合已逐渐成为汽车产业发展的一个必然趋势。

产业融合以市场融合为导向，一般要经过技术融合、产品融合、业务融合、市场融合，最后完成产业融合。产业融合发生的前提条件是产业之间的技术融合，但是技术融合的产生并不必然带来产业融合。技术融合通过生产过程和通用技术两个维度进行。汽车产业与其他产业融合是以信息技术之间的相互融合和信息技术与汽车产业技术之间的广泛渗透和融合为特征。技术融合发生后，要求在创新技术基础上，对原有技术生产工艺、业务流程、管理以及组织等进行全面的协调和整合，以实现资源共享，改善成本结构，增强核心技术和提高产业竞争力。产品与业务融合突破了技术层面，以市场需求为导向，实现了企业在管理创新和流程再造。技术融合和业务融合应以市场融合为导向。市场融合应考虑技术与业务融合的结果能否改变成本结构，形成产品差别，取得竞争优势而获得更多的市场需求；技术与业务融合形成的新产品和经营内容是否面临着新的市场需求；技术与业务融合能否通过改变消费者现有消费方式来创造新的需求等。

产业融合协同创新是指两个或两个以上产业在产业技术融合基础上通过产品融合和市场融合扩大产业边界，形成技术扩散，使融合后的产业形成资源共享、同步响应基础上的技术创新、产品创新、流程创新和市场创新。

产业间技术扩散是建立在产业技术创新基础上，通过与其他技术的融合而产生的新技术的扩散。产业融合要求不同的产业之间具有相似的技术基础。技术创新是产业融合的内在原因，有助于实现产业间技术扩散。技术创新开发出了替代性或关联性的技术、工艺和产品，这些替代性或关联性的技术、工艺和产品通过渗透、扩散融合到其他产业之中，通过改变原有产业生产的技术路线，丰富原有产业经营内容和形式，从而改变了原有产业的生产成本函数，改变了原有产业产品的消费特征，为产业融合提供了动力。同时技术创新改变了市场的需求特征，给原有产业的产品带来了新的市场需求，为产业融合提供了市场空间。

同一产业内大规模的重复投资会造成消费性或破坏性竞争，从而导致产业内生产和资源配置的低效率。由于市场需求的扩大和技术经济条件的变化，自然垄断的特点会减弱，政府管制的放松导致其他相关产业的企业加入本产业的竞争中，从而逐渐实现产业融合。技术融合和产业融合使产业间资源共享，优化资源配置。产业融合协同创新要求融合产业做到同步响应以适应变化了的技术和经济条件，强化产业间资源共享、同步响应。产业融合容易发生在高技术产业与传统产业之间。由于产业融合涉及跨产业间行为关系，因而其不仅从微观上改变了产业的市场结构和产业绩效，同时也从宏观上改变了产业结构和经济增长方式。

产业融合协同创新体系分为三个层次：技术层面，是实现技术的融合过程，有利于推动汽车产业核心竞争力的进步；业务管理层面，推动流程再造，实现同步响应，以更好地实现全球化汽车产业资源的集成和利用，形成新型的产业融合价值流，提高国际竞争力；产业层面，实现融合产业双赢互利，协同创新，从而推动汽车产业高端化产业链的形成和延伸。

产业绩效与技术融合状况存在正相关关系。资源共享使企业单位平均成本减少，表明信息技术的融合对减少企业成本具有促进作用，技术和产业融合可以改善信息产业绩效。由于产业融合容易发生在高技术产业与其他产业之间，高技术融入汽车产业中，会影响和改变汽车产业汽车生产特点、市场竞争状况以及价值创造过程，从而改变了原有汽车产业汽车的市场需求和产业的核心能力。同时，由于产业融合使得产业间的边界模糊化，两个或多个产业之间形成了共同的技术和市场基础，这使汽车产业容易改变结构布局，敏捷地从一个产业过渡到另一个产业中，从而实现产业协同创新。

产业融合结构协同创新体现在电子信息、生物工程、新材料以及新能源等高科技产业与汽车产业之间的广泛关联性，以及这些产业具有较高的产业成长性，产业融合造成的产业边界的模糊和消失可以使汽车产业比较容易地转换到高技术产业中，并通过产业融合和产业协同创新的连锁反应，使得汽车产业结构得到转换和升级，提高汽车产业的国际竞争力。通过高新技术产业融合的协同创新效应，增强汽车产业核心竞争力，使汽车产业链实现高端化，培育汽车产业集群，加快汽车整车、汽车零部件与汽车研发、测试、销售、金融保险、物流等服务业的融合，建立以企业为主体、市场为导向、产学研相结合的产业协同创新体系，支持开发重大产业融合技术，形成汽车产业自主创新的基本体制架构。

2.4.4 生产性服务引导集成创新过程

1. 生产性服务—供应链—城市群集成创新原理

生产性服务是指通过信息共享直接或间接为生产过程的投入发挥作用的现代服务，在控制服务成本的同时要求服务方式的多样化，以现代服务业为主。生产性服务在现代供应链中主要体现为加速经济流通的现代物流。运输是现代物流的基础和核心环节，是城市内外辐射力的集中体现。现代物流是电子商务背景下信息流、管理流、资金流和货物流"四流合一"的综合系统，其本质是信息、管理、资金成为推动货物按照要求发生位移的动力，并使物流具有高效率、低成本、准时化特征，能够满足差异性、个性化消费需求，体现为供应链一体化服务。

作为服务与社会化生产的供应链是国民经济的基础性服务业，通过交通运输将社会生产、分配、交换与消费各环节有机联系，是社会经济活动正常进行和发展的前提条件。供应链在满足城市经济发展的同时还应适度超前，交通规划影响城市发展潜力和辐射能力，也影响城市空间布局和产业布局。区域经济发展及贸易往来，甚至网络经济都是以安全、便捷、高效、的交通运输网络为前提的。交通运输网络将城市群内各城市彼此联系在一起，促进城市群城市间贸易往来和经济一体化。高效交通运输体系是城市群辐射力的重要体现，立体化交通网络更好引导城市群资源的优化配置。

城市群是指以一个或多个经济较发达并具有较强城市功能的中心城市为核心，联结若干周边城镇，经济聚散能力能够达到并促进相应地区经济发展的较为明显地域范围。城市群发展以珠三角、长三角和环渤海最为突出，由中心城市、卫星城市和周边城市构成，经济规模庞大、消费群体集中，具有发展现代物流的良好基础条件，同时对交通便捷程度有更高要求。

供应链的发展是货物运输效率化以及推行现代物流的必然趋势，供应链的现代化程度决定了城市群综合运输成本的高低。生产性服务推动供应链向现代物流拓展，向供应链服务转换，运输可达性体现了城市群交通设施的供给和服务状况，三者集成程度是城市群经济集聚与扩散的重要推动力。建立城市群现代物流体系是城市群空间开发和产业优化的先导条件，交通运输网络又是城市群物流服务体系的支撑。现代物流提升城市群第二、第三产业竞争力，提高城市群经济运行效率与质量，推动资源优化配置，供应链又使城市群内第一、第二、第三产业之间及各产业内部结构更为合理，加速网络经济发展。发展供应链将有力改善城市群投资环境，提高城市群客货运量规模和交通可达性，增加对外资的吸引力度以及对腹地经济的辐射作用，是经济发展的先行指标。通过发挥供应链的先导作用，加大城市群第三产业扩散服务范围，促使城市群产业布局合理，产业结构优化，更好地推动产业集聚发展。根据城市群内各城市具体情况和运输成本的区域差异，形成不同层次、不同特色的产业集群，实现城市群经济协调发展。生产性服务、供应链、城市群纵向集成创新的点线面原理如图2-9所示。

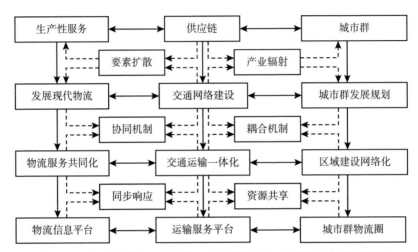

图2-9　生产性服务、供应链、城市群纵向集成创新的点线面原理

2. 生产性服务—供应链—城市群集成创新对象

（1）生产性服务创新的要素集成

生产性服务使传统的单一运输需求逐步转变成为物流多元化和一体化服务需求。在物流活动中，运输处于核心支撑地位，是物流创造空间效应的主要功能要素，具有以时间效用换取空间效用的特殊功能，较低的运输成本和规模经济可以吸引更多生产和贸易的集聚，推动城市群物流均衡发展。信息流是现代物流的主导，是物流网络的核心，管理流整合信息、资金与货物，货物流是物流的有形环节，体现为货物位移与增值服务，四者结合共同实现路径最短、速度最快、服务最优和成本最低。四流合一是现代物流一体化发展的关键，是全面降低城市群经济运行成本的核心，提高城市群经济运行效率的基础。生产性服务创新的要素集成如图2-10所示。

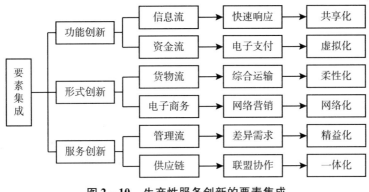

图 2 - 10 生产性服务创新的要素集成

（2）供应链创新的纵横集成

以城市群综合交通枢纽为中心形成集高速公路、铁路、航空、水运、城际公交、城市轻轨组成立体化的综合交通体系，支持不同运输方式的相互衔接、协调配套，发挥不同区际交通运输方式的优势。依托公路网的短途点到点运输，铁路中长途运输，港口航运的大宗货运的低成本运输，航空高价位的快捷运输，以及大型深水港和国际航空港的国际运输，更好地实现交通设施一体化，构建城市群立体多层交通圈，极大地提高了城市群的内外经济辐射力和凝聚力，推进城市群产业合理布局，提高城市群内各区位到核心区位的交通便捷程度。借助先进的电子通信和计算机技术支撑的城市群交通综合运输管理系统，实现交通运输高效可靠、安全经济运行。充分发挥城市群各区域的地理位置优势，形成要素集聚的便利条件，依托交通运输网络信息，优化城市群空间布局和产业结构，形成城市群交通服务的综合运输低成本。城市群对供应链的高起点统一规划，有助于实现交通系统的调控集中化、运输协同化、布局网络化、信息现代化、衔接无缝化，降低企业市场化运作的交易运输成本，有效地推动城市群经济一体化融合发展。

（3）城市群的网络化集成

城市群交通运输各个部分和环节是一个有机整体，不同区位优势使交通运输呈现不均衡发展格局，城市群交通的社会效益、经济效益和生态效益目标较难达到一致。城市群各个城市经济的不均衡发展客观上导致了城市交通的不均衡发展，也为城市群网络化集成提供了推动力，加速了资源快速流动，推动了城市群经济一体化进程。城市间的交通体系建设决定城市空间与功能布局和城市的对外辐射力，是城市群能否融入更大范围市场价值链的关键。城市群交通设施一体化作为城市群产业集聚的载体，跨区域交通的平台，城际交通与城市内部交通之间良好衔接将对城市群经济发展提供有力支持和保障。城市布局、地理位置优势、行政管理差异导致城市群不同圈层发展交通运输的重点有所不同：内圈层规划应强化枢纽功能和交通系统的快速反应，中圈层规划体现为可达性、衔接性要求，外圈层规划则表明要求能够连接车站、港口、原材料集散地，辐射面广，实现各个不同圈层分工的专业化和系统的一体化。通过城市群不同圈层、地区、运输模式之间互补和协调，提高城市群交通运输系统的质量和效率，降低城市群百公里交通运输成本，有效地平衡城市群交通通达性和运输量，以此建设培育城市群现代物流体系促进城市群经济结构调整，提高城市群经济密度和核心竞争力。

3. 生产性服务—供应链—城市群纵向集成创新工具

（1）组织工具

城市群聚集了大量人口、资源、信息和产业，这些是供应链的基本载体。交通密度是城市群经济密度的支撑，可持续发展的城市群交通系统需要政府、企业、社会多方共同参与、协同配合，发挥不同主体优势。政府要为城市群现代物流发展提供良好的制度政策环境，引导物流业良性竞争，克服区域经济冲突，加强城市群经济合作，优化区域网络布局，建立高效的城市群物流体系服务平台；加强物流基础设施投入，以物流枢纽为核心构建交通运输服务平台；扶持服务创新型交通运输企业，提高交通科技含量，完善供应链发展的综合机制。同时城市群应提供一个促进企业充分竞争，多渠道、多模式运输方式的区域环境，加速服务分化分级，提高运输服务质量，降低单位运输成本。企业要在政府和市场作用下，选择能够降低综合成本，提高综合效益，提供增值服务的运输模式，不断提升企业自身综合竞争能力，进行供应链合作，建立高效便捷的物流体系。

（2）技术工具

城市群现代物流对供应链提出了新的要求，从交通基础设施建设、运输装备制造到交通设施管理运营都需要充分利用以现代网络信息技术为基础的智能交通技术和物流管理技术，构筑云计算平台上的物流信息共享。技术进步加快了运输装备水平提升速度和技术含量，智能交通运输系统可以充分发挥城市群现有交通设施和装备的效率，节约运行成本，对交通需求做到及时响应，动态更新。城市群交通发展是以充分发挥区域交通运输体系效率为支点，创新交通运输体系的技术水平和管理水平，降低运输成本，实现运输的规模经济，实现城市群交通整体衔接和无缝转换。借助城市群交通体系促成城市群内企业及产品国际化，产业价值链的全球化、无边界供应链服务，通过便捷运输使国内市场资源和产品优势内化到区域市场，提供给本地消费者方便快捷高效的运输服务。

（3）平台工具

城市群经济发展要求综合交通运输体系与其相适应。城市群交通运输平台由交通基础设施平台、智能交通信息平台、交通管理规划平台三大系统平台构成，如图2-11所示，由政府进行引导规划，企业运作。城市群交通运输平台通过多种交通方式组合提高运输服务水平。通过基于互联网的智能交通信息平台、终端识别技术、网络传感技术完善城市群信息基础设施建设，实现城市间交通信息资源共享。开发与城市群经济发展相适应的交通信息和位置服务，积极开展消费需求预测，提高交通运输科技含量和针对性服务。通过采取计算机网络化，大力推广电子数据交换技术、卫星定位技术和不停车收费系统，满足用户不同运输需要。只有现代化的交通运输和通信设施，才能使各种资源在城市群内自由便捷地流动，不至于使地理位置成为城市经济发展的瓶颈障碍，最终实现城市群资源的优化配置。城市群内各级政府在加强宏观调控和政策引导的同时又要相互协调，共同配合，改变城市群交通运输重复建设、低效运输的局面。

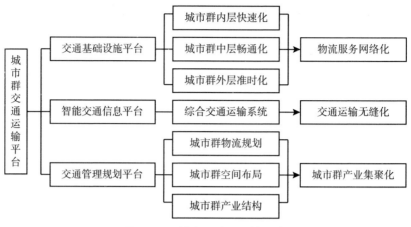

图 2-11　城市群交通运输平台

4. 生产性服务—供应链—城市群纵向集成创新路径

（1）正向集成

发展生产性服务、现代物流将有力促进城市群经济发展，优化城市群产业结构和空间布局，完善城市经济功能，推动经济一体化发展。生产性服务所需的基础设施决定了供应链的基础作用和供应链集成服务，只有先完善城市群交通运输网络，才能更好地发挥生产性服务的作用。通过发展生产性服务带动供应链发展、进而带动城市群发展的正向集成模式会阻碍城市群物流网络的形成，影响城市群产业的合理布局，甚至制约城市群产业集聚发展。

（2）反向集成

城市群是依据现代物流赖以形成所依靠的条件即人口规模、消费能力、交通运输等而形成发展的，促使群内物流协调发展的有效区域。城市群内现代物流不仅可以提升区域宏观经济运行质量、优化产业结构和产业布局，而同时对于降低企业生产成本，更好地满足顾客需求具有重要作用。城市群规划要求供应链适度超前经济发展。供应链的适度超前发展过程决定了从城市群到供应链，再到生产性服务的反向集成违背了经济发展自然规律，不适合城市群持续发展。

（3）并行集成

供应链超前发展，并有一定的储备能力，是由地区间经济发展不平衡所决定的，是区域空间异质性的体现，是城市群经济发展和产业合理布局的客观要求，对城市群经济发展起着推动和服务作用。综合交通运输体系是城市群重要组成部分，两者相互促进、相互制约。一方面，城市群经济结构、产业结构、就业结构、产品结构的变化直接影响到交通运输体系内各种交通运输模式的配套发展变化。另一方面，一些城市群交通缺乏有效协调，重复建设与基础设施不足并存，制约该地经济发展，严重影响地区发展速度和整体优化进程，降低了经济密度。

完备的基础设施是生产性服务业发展的重要支撑。现代物流的根本是货物流，是供应链的集成服务，供应链为现代物流的货物提供各种速度和形式不同的空间转换服务，促进了物流方式的灵活多样，通过快速、安全的位移创造现代物流的空间价值和增值服务。由此得出只有首先提升供应链的服务水平，适应和促进城市群现代物流发展，实现交通运输适度超前于城市群经济发展的并行集成模式才适合现代物流、供应链和城市群三者的共同发展。

第二、第三产业协同发展已成为城市经济结构转型、城市群经济互补互融的关键，而生产性服务业与制造业的融合发展，将进一步推动城市群第二、第三产业协同发展。现代物流业作为生产性服务业的重要组成部分，对供应链具有先行带动作用。同时供应链持续发展形成的虹吸效应，会快速拓展城市群服务业的服务边界，有力推动城市群制造业沿供应链方向进行一体化融合，运输需求也会带动城市群交通运输设备制造业的发展。现代物流在进一步提升了城市群中的中小城市发展潜力，交通运输强化了大城市的区位优势的同时，也提升了中小城市的资源环境承载能力，最终以大中小城市基础设施一体化建设和网络化发展，推动城市群第二、第三产业的集成创新。

城市群物流是依托各城市市场体系、大区域整体互动、多方面相互协调的系统工程，建立在城市群经济一体化基础上，需要整体规划，协同推进，单依靠局部推进不可能取得综合效益和最佳配置。通过构建城市群综合交通运输体系，实现区域间资源流动、产业与技术转移，增强核心城市对城市群内其他城市的集散功能，加强互补性合作，可有效推进城市群经济一体化和物流区域中心的建设。因此基于现代物流、综合交通运输体系、城市群建设的区域发展趋势符合微观、中观、宏观创新一体化发展的客观要求，借助城市群供应链创新平台可有力地推动城市群整体创新能力和生产性服务竞争力的提升。

第3章
创新型产业集群培育效能测度

3.1 高新区与创新型产业集群相关性

    国家高新区是推动企业集聚、产业集聚、产业集群全过程的重要途径，创新型产业集群培育作为国家高新区创新发展战略提升行动，形成和发展不仅是基于资源禀赋和产业优势集聚融合过程，更多的是国家高新区主导产业的企业梯次培育过程。国家高新区引导创新型产业集群大中小企业协同创新，国家高新区30多年主导产业优势，引领创新型产业集群新兴产业培育。创新型产业集群作为国家高新区主导产业的载体建设，成为培育领军企业和推进区域创新体系建设的新兴动力源泉。创新型产业集群高新技术企业数量占集群企业数量的比重基本上逐年增加，从2014年的32%增长到2020年的45.8%。2020年创新型产业集群营业收入占国家高新区营业收入的比重为14.6%，净利润占比为18.7%。为全面反映国家高新区创新型产业集群建设绩效和培育效能，在总体规模差异基础上，比较分析每个创新型产业集群平均效益相对于每个国家高新区平均效益比值，如图3-1所示。

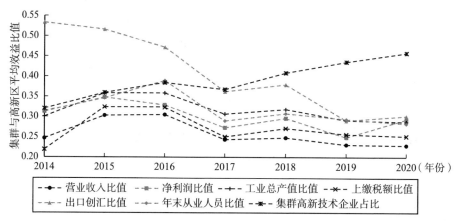

图 3－1　2014～2020 年单个创新型产业集群平均效益
与单个国家高新区平均效益比值

2014～2016 年创新型产业集群各项指标均值占国家高新区各项指标均值的比重稳步提升，国家高新区创新型产业集群处于培育活跃时期。2017 年创新型产业集群数量增加 29 家，创新型产业集群个体均值与国家高新区个体均值占比优势有所下降，2018～2020 年创新型产业集群指标均值占国家高新区指标均值的比重 25%～30%，变化幅度较为平稳。为深入推进创新型产业集群的高质量发展，科技部 2021 年新增加第四批次 43 家创新型产业集群试点（培育），152 家创新型产业集群数量与 169 家国家高新区数量接近，但个体均值差异较为明显。通过国家高新区个体均值与创新型产业集群个体均值比较，创新型产业集群规模总量并不能全面反映国家高新创新型产业集群的培育效能。

国家高新区与创新型产业集群发展密不可分，创新型产业集群的培育是国家高新区发展的重要抓手，创新型产业集群在整合创新资源、促进产业良性竞争、形成产业集聚等方面具有先天优势，也是攻克关键核心技术、提升产业创新能力、打造区域现代化经济体系重要途径。创新型产业集群的发展态势稳步向好，但整体创新水平有限，产业链与创新链匹配动能不足，区域布局、产业集群发展非均衡等问题也在逐渐凸显，如表 3－1 所示。2021 年广东、江苏、山东、湖北四省的创新产业集群数量均在 10

个及以上，占创新型产业集群总量的 38.2%，仍有 3 个省域未创设创新型产业集群，东部创新型产业集群 74 家，占集群总量的 49%，创新型产业集群区域布局极化效应凸显，产业集群发展非均衡进一步增强。

表 3 - 1 　　　　　　国家高新区创新型产业集群培育能力的载体支撑

比较对象	国家高新技术产业开发区	创新型产业集群
表现形式	综合性产业基地	产业组织形态
正式启动时间	1988 年	2011 年
发布机构	国务院	科技部
标志政策文件	《北京市新技术产业开发试验区暂行条例》	关于印发《创新型产业集群建设工程实施方案》并组织开展集群建设试点工作的通知
主导产业	高新技术产业	战略性新兴产业
调整变化	2013 年 114 个 2021 年 169 个	2013 年，29 个产业集群试点（培育）单位 2021 年，152 个产业集群试点（培育）单位
评价体系	《国家高新技术产业开发区综合评价指标体系》	《创新型产业集群评价指标体系》
两者关系	创新型产业集群主要载体	高新技术产业开发区创新源泉

　　创新型产业集群是在产业集群的基础之上发展演化而来，拥有产业集群的共性，也具有本身的特性。创新型产业集群是实现产业转型升级的突破口，是区域经济发展的增长极，是创新资源的集聚地。沃耶（1997）明确提出了创新型产业集群概念，并指出创新型产业集群是区域产业集群发展的政策方向；琳恩等（Lynnm et al.，1998）基于产业集群的内在关系，认为创新型产业集群是产业集群发展的高级阶段。国内对于创新型产业集群的研究经历了从吸收国外相关理论成果到对国内本土化问题研究的过程，主要对创新型产业集群的特点、功能、创新绩效与能力等进行了阐述。创新型产业集群试点（培育）多集中在东部沿海经济发达地区，创新型产业集群和培育集群主要集中于先进制造业（李金华，2020）。创新型产业集群明确了区域创新系统和产业集群的关系和层次，是二者的有机

结合，发展创新型产业集群可有力地支撑区域创新体系（沙德春、胡鑫慧、赵翠萍，2021）。田颖等（2019）指出创新型产业集群明确了区域创新系统和产业集群的关系和层次，验证了创新型产业集群促进区域创新。赵忠华（2013）从知识流动视角研究创新型产业集群内企业网络特征与创新绩效关系，李宇等（2015）基于集群的创新网络特征，指出创新型产业集群主动适应网络化创新特征是提升集群企业整体创新能力的关键。唐勇（2016）以社会资本为影响因素，得出企业外部社会资本通过动态能力对集群企业持续创新绩效有正向影响。吴伟萍等（2021）从绿色经济发展的角度，指出创新型产业集群拉动的城市产业结构优化及创新能力提升是影响绿色经济发展的重要传导路径。

自高新区设立以来，学者对于高新区的研究比肩接踵，研究的内容主要包括高新区创新绩效的测度及影响因素和对产业及经济发展的影响。国家高新区对外贸易、高新技术企业占比（刘钒、邓明亮，2019）、科技创新政策（王欣，2017）、产业平衡（张建清、白洁、王磊，2017）对高新区创新效率提升具有显著正向促进作用，国家自主创新示范区政策试点精准提升了国家高新区的研发绩效（张秀峰、胡贝贝、张莹，2020），而金融机构密度、产业集群度、创新资金投入强度与高新区技术创新效率呈现显著负相关（谢子远，2011）。范柏乃（2003）从创新能力投入、技术创新活动过程和技术创新产出三方面测度高新区技术创新能力，闫国庆等（2008）则表明从创新的投入、服务、环境和绩效四方面构建了国家高新区创新绩效评价指标体系。国家高新区的建设显著地促进了地区 GDP 和人均 GDP 的增长，对经济发展的推动作用呈现"边际效应递减"的规律（刘瑞明、赵仁杰，2015）。国家高新区并未有效推动产业结构转型升级（袁航、朱承亮，2018），但对于推动城市产业结构的高级化和合理化进程有显著作用（王鹏、吴思霖、李彦，2019）。

创新型产业集群与国家高新区创新关联方面，郭丕斌等（2011）对高新区的创新系统进行层次划分，将产业集群层面纳入高新区创新系统，验证了创新环境和产业集群共同作用于创新型企业，并对企业的创新能力有正向的影响作用。创新型产业集群对于提升高新区的创新效率有显著的作用，同时东部地区比西部地区对高新区创新效率的影响更为突出（张冀新、李燕红，2019）。内生创新力不足、价值链位势偏低、要素稀缺及集聚手段单一等因素限制高新区对创新型产业集群的培育（薛强、赵静，2014）。高新区作为创新型产业集群的载体功能还有提升空间，创新型产业集群还处于要素投入的规模增长阶段，创新型产业集群的创新效率还需进一步加强（林平凡、刘城、严若谷，2014）。创新型产业集群发展是否纳入高新区年度计划是评价创新型集群发展环境的位势指标，同时创新型产业集群的建设绩效被纳入国家高新区评价体系，国家高新区创新型产业集群培育能力判别，需要考虑国家高新区载体与创新型产业集群主体的内外部环境影响。

国家高新区是创新型产业集群重要载体，2021 年，95 个创新型产业集群布局在国家高新区内，占集群总数的 87.2%。为考察国家高新区与创新型产业集群关联强弱，选取 2015~2020 年《中国火炬统计年鉴》中国家高新区与创新型产业集群的企业数量、营业收入、工业总产值、净利润、上缴税额、出口创汇、年末从业人员等指标，使用 SPSS24，测度各指标相关性，国家高新区与创新型产业集群各指标相关性如表 3-2 所示。

表 3-2   2015~2020 年国家高新区与创新型产业集群各指标相关性

主要指标			创新型产业集群						
			营业收入	企业数量	工业总产值	净利润	上缴税额	出口创汇	年末从业人员
国家高新区	营业收入	相关性	0.959**	0.954**	0.919**	0.867*	0.907**	-0.202	0.940**
		显著性	0.002	0.003	0.010	0.025	0.012	0.702	0.005
	企业数量	相关性	0.943**	0.947**	0.900*	0.848*	0.871*	-0.183	0.972**
		显著性	0.005	0.004	0.015	0.033	0.024	0.729	0.001
	工业总产值	相关性	0.930**	0.919**	0.879*	0.819*	0.889*	-0.271	0.909*
		显著性	0.007	0.010	0.021	0.046	0.018	0.603	0.012

主要指标			创新型产业集群						
			营业收入	企业数量	工业总产值	净利润	上缴税额	出口创汇	年末从业人员
国家高新区	净利润	相关性	0.980 **	0.972 **	0.949 **	0.908 *	0.929 **	− 0.161	0.973 **
		显著性	0.001	0.001	0.004	0.012	0.007	0.761	0.001
	上缴税额	相关性	0.983 **	0.959 **	0.965 **	0.930 **	0.981 **	− 0.158	0.981 **
		显著性	0.000	0.002	0.002	0.007	0.001	0.765	0.001
	出口创汇	相关性	0.863 *	0.891 *	0.833 *	0.804	0.788	0.029	0.809
		显著性	0.027	0.017	0.937	0.716	0.792	0.957	0.051
	年末从业人员	相关性	0.962 **	0.944 **	0.922 **	0.862 *	0.943 **	− 0.255	0.938 **
		显著性	0.002	0.005	0.009	0.027	0.005	0.626	0.006

注：**、* 分别表示在5% 和10% 水平相关性显著。

创新型产业集群营业收入、企业数量、工业总产值、集群净利润、从业人员与国家高新区对应的各指标间存在显著相关性，表明创新型产业集群与国家高新区的互动活跃，研究国家高新区创新型产业集群具有现实意义。但创新型产业集群出口创汇与高新区集群其他指标间相关性极弱，表明2015~2020年创新型产业集群与国家高新区出口创汇关联较弱。

3.2 培育能力指标体系构建及评价方法

推动创新型产业集群的高质量发展离不开多方面政策集成，创新型产业集群的培育强调形成叠加效应，创新型产业集群的培育成效，集中体现在集群是否拥有坚实的载体、多样化的主体、充足的创新动力和持续的协同带动力。创新型产业集群的培育离不开国家高新区的载体支撑，创新型产业集群为国家高新科技创新提供新动能。企业是创新型产业集群的主体，企业类型占比差异影响创新型产业集群培育能力。创新是创新型产业集群的核心，创新型产业集群拥有整合各类优质创新资源的优势，推动着集群新技术、新产品、新服务的涌现。创新型产业集群以建设多元投入的协同创新平台为目标，以提升面向全产业链的服务能力，带动区域创新体系建设和经济发展。

根据创新型产业集群高质量发展政策文件中指出的要协同支持创新型产业集群载体建设、主体培育、科技创新和人才培育与引进的要求，以创新和集聚两大目标为引导，遵循客观性、可比性、科学性、可操作性原则表明，从载体建设能力、主体培育能力、产业创新能力、协同关联能力四个维度，构建国家高新区创新型产业集群培育能力评价指标体系，见图3-2。

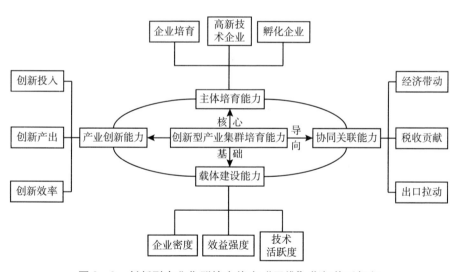

图3-2 创新型产业集群培育能力"四维"指标体系框架

为全面客观地评价创新型产业集群的培育能力，采用熵权法与突变级数法相结合的方法，首先用熵权法对各个指标赋权，其次引入突变级数法对培育能力进行评价。使用熵权法赋值，首先要对选取的数据进行标准化处理，本节选取的指标都是正向指标数值：$Z_{ij} = \dfrac{X_{ij} - \min(X_j)}{\max(X_j) - \min(X_j)}$，其中 X_{ij} 是第 i 个样本的第 j 个指标的数值，Z_{ij} 是标准化的数据，同时 $Z_{ij} \in [0, 1]$。第 j 项指标下的第 i 个样本占该指标的比重：$P_{ij} = \dfrac{Z_{ij}}{\sum\limits_{i=1}^{m} Z_{ij}}$，$i = 1$，2，3，$\cdots$，$m$，$j = 1$，2，3，$\cdots$，$n$。再计算第 j 项指标的熵值 $e_j = -1/\ln(m) \sum\limits_{i=1}^{m} P_{ij} \ln(P_{ij})$，$e_j > 0$。最后，计算第 j 个指标的信息效用值 $d_j = 1 - e_j$，则表明第 j 项指标权重 $W_j = \dfrac{d_j}{\sum\limits_{i=1}^{n} d_j}$。

在已经得出各指标权重的基础上，根据已知权重对培育能力指标进行主次排序，并根据各层指标数量选择相应的突变级数类型。突变级数下层指标数量为 2 个时，选择尖点突变，势函数为 $f(x) = x^4 + Ax^2 + Bx$，归一化方程为 $x_A = \sqrt{A}$，$x_B = \sqrt[3]{B}$；下层指标数量为 3 个时，选择燕尾突变，势函数为 $f(x) = \dfrac{1}{5}x^5 + \dfrac{1}{3}Ax^3 + \dfrac{1}{2}Bx^2 + Cx$，归一化方程为 $x_A = \sqrt{A}$，$x_B = \sqrt[3]{B}$，$x_C = \sqrt[4]{C}$；下层指标数量为 4 个时，选择蝴蝶突变，势函数为 $f(x) = \dfrac{1}{6}x^6 + \dfrac{1}{4}Ax^4 + \dfrac{1}{3}Bx^3 + \dfrac{1}{2}Cx^2 + Dx$，归一化方程为 $x_A = \sqrt{A}$，$x_B = \sqrt[3]{B}$，$x_C = \sqrt[4]{C}$，$x_D = \sqrt[5]{D}$。

根据熵权法计算出培育能力三级指标的权重，并将各等级权重相加得到上级指标权重，并按照权重大小进行排序，采用的指标数据来源于《2020 年中国火炬统计年鉴》《2020 年中国高技术产业统计年鉴》，剔除缺失数据的海南、西藏、青海、宁夏 4 个省域，测算的各指标具体权重如表 3 - 3 中每项指标后括号内的数值所示。

表 3 – 3　　　　国家高新区创新型产业集群培育能力评价指标体系

一级指标	二级指标	三级指标	指标计算公式
载体建设能力	企业密度	企业数量	集群企业数/高新区企业数
		高新技术企业数量	集群高新技术企业数/高新区高新技术企业数
		从业人员规模	集群年末从业人员/高新区年末从业人员
	效益强度	净利润占比	集群净利润/高新区净利润
		净利润贡献度	平均单个集群企业净利润/平均单个高新区企业净利润
		企业平均利润	集群净利润/集群企业数
	技术活跃度	技术市场参与度	集群技术合同成交额/省域技术合同成交额
		产业组织联盟	集群产业组织联盟数量
		科技企业孵化器规模	集群科技企业孵化器数/省域科技企业孵化器数
主体培育能力	企业培育	企业营业收入	集群营业收入/集群企业数
		企业平均从业人员	集群年末从业人员/集群企业数
		企业增速	(集群年末企业数 – 集群年初企业数)/集群年初企业数
	高新技术企业培育	高新技术企业占比	集群高技术企业/集群企业数
		高新技术企业增速	(集群年末高新企业数 – 集群年初高新企业数)/集群年初高新企业数
		高新技术企业孵化效果	集群高新技术企业数/国家科技孵化器高新技术企业数
	在孵企业培育	科技孵化器高新技术企业规模	国家科技孵化器高新技术企业/国家科技孵化器在孵企业
		孵化器企业营收占比	国家科技孵化器在孵企业总收入/集群营业收入
		风险投资额	省域科技企业孵化器获风险投资额 × 科技企业孵化器规模

一级指标	二级指标	三级指标	指标计算公式
产业创新能力	创新投入	平均企业科技经费支出	集群企业科技经费支出/集群企业数
		科技活动人员数量	集群科技活动人员/集群年末从业人员数
		科技活动人员人均经费支出	集群企业科技经费支出/集群年末从业人员数量
	创新产出	授权专利数量	当年创新型产业集群发明专利数量
		盈利能力	集群净利润/集群营业收入
		行业标准	集群当年形成国家或行业标准
	创新效率	年新增授权发明专利比值	集群当年授权发明专利/集群拥有有效发明专利
		研发机构比重	集群研发机构数/省域研发机构数
		发明专利授权成效	集群每百万元企业科技经费产生发明专利授权数
协同关联能力	经济带动	营业收入增长率	（集群当年营业收入－集群上年营业收入）/集群上年营业收入
		营业收入比重	集群营业收入/高新区营业收入
		与国家高新区企业收入比例	集群企业平均营业收入/高新区企业平均营业收入
	税收贡献	上缴税额比重	集群上缴税额/集群营业收入
		与国家高新区上缴税额比例	集群上缴税额/高新区上缴税额
		与国家高新区人均上缴税额比例	集群人均上缴税额/高新区人均上缴税额
	出口拉动	出口总额占产业基地规模	集群出口总额/火炬特色产业基地出口创总额
		出口总额占高新区规模	集群出口总额/高新区出口总额
		集群企业平均出口总额占高新区规模	集群单个企业出口总额/高新区单个企业出口总额

注：本表中集群为创新型产业集群，高新区为国家高新区。

数据包络法（DEA）多用于效率的测度，但传统方法并未考虑环境变量和随机因素对测度结果的影响，弗莱德（2002）提出的三阶段 DEA 模型则表明进一步优化，剔除环境变量和随机因素干扰，使得测度的结果更加准确。三阶段 DEA 模型主要包含三个阶段：第一阶段利用投入产出数据进行 DEA 分析测度调整前初始效率；第二阶段构造类似随机前沿模型，剔除环境因素及统计噪声，从而调整投入值；第三阶段采用第二阶段调整后的投入值替代原始的投入值，保持原始的投入值不变，重复第一阶段进行 DEA 分析得到调整后的效率值。

创新型产业集群培育效率的测度，不仅包含测度方法的选择，还需考虑到投入产出指标的选取以及环境变量的选择。从测度创新型产业集群的培育效率角度，在指标的选取上遵循指标数据的可获得性原则表明，选择涵盖国家高新区以及创新型产业集群相关指标。选取创新型产业集群高新技术企业数、年末从业人员数、企业科技经费支出（千元）为投入变量，选取净利润（千元）、当年发明专利数（件）、认定登记的技术合同成交金额（千元）作为产出变量，选取出口总额（千元）、创新型产业集群营业收入与国家高新区营业收入的比重、创新型产业集群孵化器数量、研发机构数量、创新型产业集群高新技术企业数量与国家高新区高新技术企业数量的比重，5 个指标作为环境变量，所使用的指标数据均来自《2020 年中国火炬统计年鉴》。

3.3 创新型产业集群培育效能非均衡

3.3.1 基于突变级数法的培育能力四维评价

根据突变级数法势函数和归一化方程以及培育能力评价指标体系，二级、三级指标是燕尾突变类型，计算省域创新型产业集群载体建设能力、产业创新能力、主体培育能力及园区关联能力，然后根据四个一级指标及其权重，选择蝴蝶突变类型，测度省域国家高新区创新型产业集群综合培育能力并排序，结果如表3-4所示。

表 3-4　　　　　　国家高新区创新型产业集群培育能力评价结果

省域	集群数量	载体建设	排序	产业创新	排序	主体培育	排序	协同关联	排序	培育能力	排序
北京	2	0.699	24	0.888	1	0.793	15	0.775	16	0.923	20
天津	4	0.811	10	0.800	14	0.784	16	0.824	5	0.933	9
河北	4	0.872	2	0.684	26	0.745	24	0.852	2	0.928	15
山西	2	0.814	8	0.795	16	0.825	3	0.808	8	0.935	7
内蒙古	1	0.814	9	0.763	22	0.823	4	0.935	1	0.939	4
辽宁	5	0.897	1	0.788	19	0.793	13	0.778	13	0.941	3
吉林	2	0.795	15	0.825	7	0.807	8	0.779	12	0.932	11
黑龙江	3	0.763	19	0.755	23	0.805	9	0.850	3	0.925	18
上海	5	0.742	21	0.827	6	0.804	10	0.751	22	0.923	21
江苏	12	0.810	11	0.802	13	0.779	18	0.798	10	0.931	12
浙江	2	0.784	16	0.860	3	0.799	12	0.764	19	0.932	10
安徽	3	0.839	6	0.816	11	0.793	14	0.758	20	0.935	6
福建	4	0.833	7	0.785	20	0.768	21	0.720	25	0.927	16
江西	4	0.798	14	0.804	12	0.813	7	0.741	24	0.929	14
山东	11	0.852	4	0.821	9	0.755	22	0.778	14	0.936	5
河南	3	0.672	26	0.664	27	0.704	27	0.768	18	0.889	26
湖北	6	0.769	18	0.796	15	0.769	20	0.654	26	0.915	23
湖南	3	0.801	12	0.818	10	0.825	2	0.797	11	0.935	8
广东	14	0.851	5	0.874	2	0.837	1	0.823	6	0.949	1
广西	2	0.775	17	0.784	21	0.751	23	0.816	7	0.923	19
重庆	2	0.799	13	0.789	18	0.780	17	0.770	17	0.927	17
四川	4	0.864	3	0.840	4	0.818	6	0.847	4	0.948	2
贵州	1	0.607	27	0.693	25	0.725	25	0.413	27	0.856	27

续表

省域	集群数量	载体建设	排序	产业创新	排序	主体培育	排序	协同关联	排序	培育能力	排序
云南	1	0.714	23	0.831	5	0.799	11	0.778	15	0.920	22
陕西	3	0.762	20	0.824	8	0.818	5	0.800	9	0.930	13
甘肃	1	0.719	22	0.724	24	0.776	19	0.750	23	0.907	24
新疆	1	0.676	25	0.790	17	0.708	26	0.752	21	0.902	25
东部	58	0.806		0.816		0.785		0.787			
中部	21	0.748		0.782		0.778		0.762			
东北	10	0.818		0.789		0.802		0.802			
西部	16	0.782		0.782		0.788		0.754			

载体建设能力是衡量区域内国家高新区的发展对创新型产业集群的影响，创新型产业集群载体建设能力、主体培育能力和园区关联能力东北地区最强，东部地区国家高新区数量较多，产业规模较为明显，大体量使得资源的有效利用更加具有难度，而相对不发达的西部地区国家高新区创新型产业集群的规模小，难以形成规模优势。东部地区产业创新能力明显强于其他三地区，东部地区创新型产业集群占据较好的区位优势，为创新型产业集群提供优良的创新环境。国家高新区作为创新型产业集群建设的主要载体，对创新型产业集群的培育能力影响不容小觑，尽管东部地区创新型产业集群发展占据强势地位，但与国家高新区的互动效果并不理想。

主体培育能力居首位省域是广东省，产业创新能力和载体建设能力、园区关联能力排序均居于前位，创新型产业集群综合培育能力排序第一位，在很大程度上也得益于广东省"老牌"创新型产业集群打下的坚实基础，科技部第一批确定的 10 个创新型产业集群试点广东省占据两个名额。载体建设能力最强为辽宁省，但辽宁省创新型产业集群产业创新能力较弱，主体培育及园区关联能力处于中间水平，综合培育能力居于第三位。创新型产业集群产业创新能力排名第一位的是北京市，但载体建设能力较弱，主体培育能力和园区关联能力也不突出，导致北京市创新型产业集群的综合培育能力位于较低的位次。园区关联能力居于第一位的是内蒙古自治区，产业创新能力较弱，载体建设能力和主体培育能力较强，内蒙古综合培育能力居于第四位，内蒙古内部创新型产业集群较少，各类资源向创新型产业集群倾斜较多，集群创新产业为如果地的特色产业，导致集群培育能力突出。创新型产业集群综合培育能力排名靠后两个省域的为贵州省、河南省，河南省的产业创新能力与主体培育能力和贵州省的载体建设能力与园区关联能力排名均居于末尾。对于细分"四维"及其综合培育能力，各省域的创新型产业集群的培育能力呈现非均衡性，同时并不能全方位地反映不同省域的创新型产业集群的培育效能。

科技部火炬中心发布的《关于深入推进创新型产业集群高质量发展的意见》中指出要在已有创新型产业集群试点和培育基础上，重点建设100个国家创新型产业集群。截至2021年，创新型产业集群试点和培育已经超过了100家，对于不同省域而言，提升创新型产业集群的培育能力，可以为跻身国家重点建设集群提供动力。国家高新区创新型产业集群培育能力评价指标体系中，四个维度下培育能力存在差异，没有一个省域的集群培育能力在各个维度上都是最优的。综合排序是四个维度的得分加成得出的，并不能全面地反映出省域各个维度能力的分布情况，同时评判省域的国家高新区创新型产业集群培育能力的四个维度均衡分布能突出省域创新型产业集群培育的优势与不足。为了直观地反映培育能力非均衡性，采用四个维度间能力的差距值来构建非均衡判别模型。创新型产业集群培育能力的 6 组落差值分别是 $\delta_1 = |$载体建设能力－主体培育能力$|$，$\delta_2 = |$载体建设能力－产业创新能力$|$，$\delta_3 = |$载体建设能力－园区关联能力$|$，$\delta_4 = |$主体培育能力－产业创新能力$|$，$\delta_5 = |$主体培育能力－园区关联能力$|$，$\delta_6 = |$主体创新能力－园区关联能力$|$，创新型产业集群四维非均衡判别结果如图 3 - 3 所示。

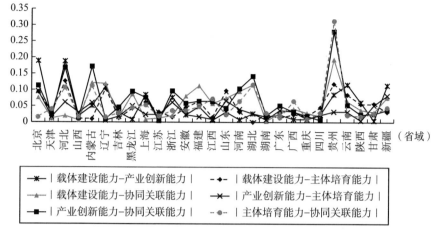

图3-3　国家高新区创新型产业集群培育能力多维非均衡判别

从图3-3中可以看出，折线处的值越小，表示培育能力值越靠近，培育能力越均衡，而大多数省域的培育能力的四个维度在图中呈现出较强的非均衡性。东部地区和东北地区培育能力非均衡性比中部地区和西部地区更突出。北京市的主体培育能力与园区关联能力差值小，载体建设能力与园区关联能力方面较弱，导致北京市创新型产业集群的总体综合培育能力排名并未处于前列。天津、山西、吉林、江苏、湖南、重庆、四川的四维度培育能力分布均衡，各维度之间差值绝对值均低于0.05。培育能力综合排序第一的广东省产业创新能力与园区关联能力存在差距，作为拥有"左右逢源"区位优势的中部地区的湖南、湖北两省，湖南省创新型产业集群各维度间均衡性明显优于湖北省。贵州省主体培育能力与园区关联能力的差值是所有差值中最大的，贵州省的主体培育能力明显强于载体建设能力、产业创新能力与园区关联能力，表明贵州省创新型产业集群在一定程度上未充分发挥国家高新区载体及其他创新平台优势。

3.3.2　基于三阶段DEA的培育效率测度

第一阶段采用DEAP 2.1软件对国家高新区创新型产业集群调整前初

始效率进行测度，第二阶段使用 Frontier 4.1 软件为剔除环境变量和随机因素对效率影响，最后调整投入变量并再次采用 DEAP 2.1 软件重新测度调整后的培育效率，调整前后效率比较结果如表 3-5 所示。

表 3-5　　国家高新区创新型产业集群培育技术效率调整前后

省域	调整前效率				调整后效率			
	技术效率	纯技术效率	规模效率	规模收益	技术效率	纯技术效率	规模效率	规模收益
北京	1	1	1	—	1	1	1	—
天津	0.517	0.528	0.979	irs	0.513	0.569	0.902	irs
河北	0.924	1	0.924	drs	1	1	1	—
山西	0.822	0.972	0.846	irs	0.815	1	0.815	irs
内蒙古	1	1	1	—	1	1	1	—
辽宁	1	1	1	—	1	1	1	—
吉林	1	1	1	—	1	1	1	—
黑龙江	0.419	0.619	0.676	irs	0.418	0.85	0.492	irs
上海	1	1	1	—	1	1	1	—
江苏	0.683	1	0.683	drs	0.913	1	0.913	drs
浙江	0.694	0.812	0.855	drs	0.872	0.875	0.996	irs
安徽	0.715	0.767	0.933	drs	0.755	0.757	0.997	drs
福建	0.536	0.557	0.963	drs	0.626	0.631	0.993	irs
江西	0.472	0.481	0.981	irs	0.523	0.589	0.887	irs
山东	0.743	1	0.743	drs	1	1	1	—
河南	1	1	1	—	0.918	1	0.918	irs
湖北	0.663	0.868	0.764	drs	0.876	0.99	0.884	drs
湖南	1	1	1	—	1	1	1	—
广东	1	1	1	—	1	1	1	—
广西	0.181	0.222	0.815	irs	0.24	0.371	0.648	irs
重庆	0.493	0.527	0.937	irs	0.48	0.68	0.706	irs

续表

省域	调整前效率				调整后效率			
	技术效率	纯技术效率	规模效率	规模收益	技术效率	纯技术效率	规模效率	规模收益
四川	0.862	1	0.862	drs	1	1	1	—
贵州	0.454	1	0.454	irs	0.127	1	0.127	irs
云南	1	1	1	—	0.977	1	0.977	irs
陕西	0.435	0.449	0.97	irs	0.356	0.471	0.755	irs
甘肃	0.461	0.914	0.504	irs	0.217	0.885	0.245	irs
新疆	0.479	1	0.479	irs	0.226	0.99	0.229	irs
东部	0.789	0.877	0.905		0.880	0.897	0.978	
中部	0.779	0.848	0.921		0.815	0.889	0.917	
东北	0.806	0.873	0.892		0.806	0.950	0.831	
西部	0.596	0.790	0.780		0.514	0.822	0.632	
平均	0.783	0.853	0.865		0.806	0.854	0.833	

在未考虑环境变量和随机因素对效率测度结果的影响时，创新型产业集群 DEA 有效的为北京、内蒙古、辽宁、吉林、上海、河南、湖南、广东和云南，技术效率值均为 1。东北地区技术效率最高，东部、中部地区技术效率相近，西部地区技术效率偏低。东西部创新型产业集群在空间分布、创新投入及规模体量均有较为明显差异，导致东部地区纯技术效率远大于西部地区纯技术效率。各省域总体平均规模效率 0.865 大于平均纯技术效率 0.853，反映创新型产业集群内部的规模效应比技术创新更有助于创新型产业集群的培育，侧面凸显创新型产业集群更加倾向于规模而非创新。

各省域国家高新区创新型产业集群不仅培育能力非均衡性突出，同时不同省域间的培育效率的区别不仅在技术效率上有所体现，在纯技术效率与规模效率上也有所体现。根据表 3-5 得出的调整后的效率值，得出创新型产业集群培育效率比较结果，如图 3-4 所示。

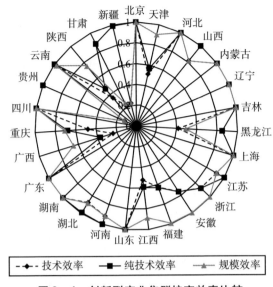

图 3 - 4　创新型产业集群培育效率比较

技术效率由纯技术效率与规模效率之积决定，同时效率值均小于等于1，如果纯技术效率与规模效率间差距越大时，技术效率值越低。西部地区纯技术效率与规模效率的差异更为明显，纯技术效率值高于规模效率值，总体技术效率值偏低。与西部地区相反，东部、中部大多省域创新型产业集群规模效率优于纯技术效率，表明东中部创新型产业集群不应依靠规模带来的优势，而重心应该进一步放在创新能力的培养上。东北辽宁、吉林创新型产业集群技术效率与纯技术效率水平较为平均，整体技术效率较高，黑龙江规模效率偏低，技术效率较低。

3.3.3　培育效率的环境变量影响

在三阶段 DEA 的第二阶段中，将创新型产业集群高新技术企业数、年末从业人员数、企业科技经费支出的投入松弛变量作为被解释变量，出口总额、营业收入比重、创新型产业集群孵化器个数、研发机构数、高新技术企业占比环境变量作为解释变量，构建随机前沿模型。环境变量会对投入松弛变量产生或正或反的影响，投入松弛变量是可以随条件的改善而减少的投入量，若环境变量与冗余值呈正相关表明环境变量的投入增多将不利于效率的提高；反之，环境变量与冗余值呈负相关表明环境变量的投入增多将有助于效率的提高，环境变量对投入松弛变量的影响如表 3 − 6 所示。

表 3 − 6　　　　基于 SFA 的创新型产业集群第二阶段估计值

项目	高新技术企业数	年末从业人员数	企业科技经费支出
常数项	1. 324 （1. 6109）	− 10 135. 39 （1. 0000008）	− 462 727. 51 （1）
出口总额	− 0. 0000005 （0. 0000001）	0. 0003 （0. 0002）	0. 0107 （0. 005）
营业收入比重	− 74. 416 （9. 964）	48 074. 957 （1）	939 207. 38 （1）
孵化器数量	− 1. 398 （0. 373）	− 1 641. 946 （1. 0000343）	− 86 237. 046 （1）
研发机构数量	0. 180 （0. 035）	15. 767 （1. 0054）	1 831. 228 （1. 0000012）
高新技术企业占比	− 25. 876 （20. 448）	− 45 096. 788 （1）	− 2 386 805 （1）
σ^2	20 525. 446 （1. 139）	2 378 237 700 （1）	5 814 443 100 000 （1）
γ	0. 999 （0. 000002）	0. 999 （0. 0006）	0. 999 （0. 004）
log 似然值	− 148. 512	− 310. 486	− 416. 94

注：括号内是标准差。

剔除环境变量和随机干扰因素的影响得到调整后的效率，创新型产业集群总体平均技术效率增加，由 0. 783 变为 0. 806，表明环境变量确实对集群效率测度存在影响。河北、山东、四川的创新型产业集群技术效率增长到 1，三者技术效率的提高均是由于规模效率的提高。河南、云南的技术效率由 1 降低为 0.918、0.977，两者技术效率的降低均是由于规模效率的降低。纯技术效率均值调整前后基本一致，而调整后规模效率均值低于调整前，表明将所有决策单元放置在统一环境条件下，技术创新对效率的影响程度低于规模效应对效率的影响程度。东部及中部地区创新型产业集群调整后技术效率提高，东部地区规模效率明显提升，中部地区纯技术效率提高。东北地区技术效率保持不变，西部地区技术效率下降，两地区均为纯技术效率提高而规模效率降低。技术效率值为纯技术效率与规模效率的乘积，东部地区除江苏省以外，规模效率值均大于或者等于纯技术效率，则表明东部地区创新型产业集群在规模效率上更具有优势，提升技术创新能力能更大程度提高技术效率。中部地区大多省域创新型产业集群纯技术效率大于规模效率，表明中部地区创新型产业集群应发挥规模优势，提升技术效率。

3.3.4 创新型产业集群培育效能模式

不同省域国家高新区创新型产业集群不仅在培育能力呈现出强弱梯次，在培育效率方面也表现出高低差异。为直观地反映各省创新型产业集群效率相对高低及能力相对强弱，对培育效能模式进行划分，以技术效率值 0.876、培育能力值 0.929 为界限，将所有的样本分为四个大类，如表 3-7 所示，第一类为高效强能类，第二类为高效弱能类，第三类为低效强能类，第四类为低效弱能类。

表 3-7 创新型产业集群培育效能模式划分

技术效率	效能	培育能力≥0.929 强能	培育能力<0.929 弱能
技术效率≥0.876	高效	广东、江苏、山东、辽宁、吉林、湖南、四川、内蒙古	北京、河北、上海、河南、湖北、云南

技术效率	效能	培育能力≥0.929 强能	培育能力<0.929 弱能
技术效率<0.876	低效	天津、浙江、山西、安徽、陕西、江西	黑龙江、福建、广西、重庆、贵州、甘肃、新疆

注：0.876 和 0.929 分别为技术效率和培育能力的中位数。

从分类结果来看，四大板块中各省域培育效能模式分类结果并不集中，效能模式分类涵盖四个板块内各个省域。东部地区省域创新型产业集群效率偏高，但强能与弱能的省域持平；中部省域创新型产业集群多数效率较低；东北的辽宁、吉林属于高效强能类，黑龙江属于低效弱能类；西部地区多省域创新型产业集群效率低同时能力弱。

从省域视角出发，研究国家高新区创新型产业集群培育能力以及培育效率，从而评价创新型产业集群的整体效能。首先对国家高新区和创新型产业集群主要衡量指标进行相关性分析，从载体建设能力（包括企业密度、技术强度、市场活跃度三个要素）、主体培育能力（包括企业培育、高新技术企业培育、在孵企业培育三个要素）、产业创新能力（包括创新投入、创新产出、创新效率三个要素）、园区关联能力（包括经济带动、税收贡献、出口带动三个要素）四个维度构建创新型产业集群培育能力评价指标体系。利用熵权法与突变级数法，先对选取的指标赋权，再根据权重结合突变级数法测度出了各省域四个维度的能力以及综合能力，其次选取三阶段 DEA 方法测度创新型产业集群培育效率。由结果可知，东北地区国家高新区创新型产业集群载体建设能力、主体培育能力和园区关联能力最强，东部地区产业创新能力明显强于其他三个板块，各省域创新型产业集群"四力"培育能力呈现非均衡性。东北地区技术效率最高，东部、中部地区技术效率相近，西部地区技术效率偏低。西部地区纯技术效率与规模效率的差异明显，东部、中部大多省域创新型产业集群规模效率优于纯技术效率，东北辽宁、吉林创新型产业集群技术效率与纯技术效率水平较为平均，整体技术效率较高。

建议从三方面改善集群培育效能：①创新型产业集群创新能力非均衡，影响国家高新区创新型产业集群培育能力提升，在成长效能模式上也不相同，补足创新型产业集群培育的薄弱环节，从而增强能力，提高效能，培育均衡发展的高效强能集群。②区域差异性影响创新型产业集群创新能级提升，沿海地区区位和创新资源集聚优势，东部地区国家高新区与创新型产业集群规模较为明显，但集群与国家高新区创新能级不匹配，应将高新区创新极化转化为集群集聚，通过提高集群高新技术企业培育能力，提升园区关联能力；中部省域创新型产业集群并未有效地利用区位优势，需要进一步加强政策支持引导，形成东西南北产业创新"集散地"，拓宽区域创新交流枢纽功能；西部地区创新型产业集群分布较少，对创新型产业集群培育资源支持相对充分，但总体呈现出创新能级不高，应加大创新资源投入，提高创新效率，推动创新型产业集群高效发展。③创新型产业集群技术效率提升，需要增强规模优势。技术效率调整前后，东部和中部均值上升明显，东部纯技术效率和规模效率均值同步提升，而西部技术效率均值下降。提高高新技术企业数量占比，增加孵化器数量，可以减少创新型产业集群从业人员和科技经费支出投入冗余，进一步提高创新型产业集群培育效率。

通过对国家高新区创新型产业集群的培育能力评价，以省域作为样本，后期会聚焦于创新型产业集群培育能力个体差异，通过扩展城市集群样本范围，研究创新型产业集群培育能力各维度之间的影响关系及培育能力影响因素识别。

3.4 创新型产业集群梯次培育路径

2010 年 7 月，科技部启动实施了"创新型产业集群建设工程"，旨在政府通过规划和政策引导，以科技创新为支撑，促进传统产业转型升级，培育发展战略性新兴产业，加快转变区域经济发展方式，提升整体创新能力和国际竞争力。创新型产业集群以科技型中小企业、高新技术企业和创新人才为主体，是指通过产业链相关企业和机构分工合作、协同创新，形成跨行业跨区域的产业组织形态，其具备以下三点基本特征：拥有致力于创新的创新型企业、企业家和人才；主要产业为知识或技术含量较高的高新技术产业及处于转型的传统产业；具有有利于企业创新的创新组织网络、商业模式和创新文化。截至2020年底，109创新型产业集群内拥有25 953家企业，其中高新技术企业11 881家，年末从业人员约430.8万人，营业收入达6.2万亿元，拥有240 541件有效发明专利。与传统产业集群相比，创新型产业集群的创新程度较高，并具有较强的辐射力、带动作用和国际竞争力。

实施创新驱动发展战略明确创新是引领发展的第一动力，科技创新是提高社会生产力和综合国力的战略支撑。高新技术企业是创新型产业集群的主体之一，具有知识密集、技术密集、创新度高等特点，通过高研发投入强度获得高新技术和产品的持续性创新，形成企业核心自主知识产权。截至2020年底，共有269 896家高新技术企业，年末从业人员约3 858.8万人，营业收入达52万亿元，其中技术收入达7.3万亿元。在科技部认定的高新技术企业中，开展技术创新活动的高新技术企业占68.5%，其中86.2%的高新技术企业能够实现技术创新（刘钒、邓明亮，2019），可见高新技术企业在创新型产业集群创新方面具有引领性作用。

经济高质量发展体现在经济由高速增长阶段转向高质量发展阶段，全面进入高质量发展新时代。2020年4月，科技部发布了《深入推进创新型产业集群高质量发展的意见》，在科技创新支持复工复产的背景下，提出培育创新型产业集群领军企业，促进其成为国际领先企业；实施集群企业梯次培育行动计划，促进大中小企业协同创新、融通发展。在创新型产业集群高质量发展的新形势下，通过全面评价创新型产业集群数量增加是否对创新型产业集群发挥了积极的极化效应，多视角探讨区域创新型产业集群数量增加对创新型产业集群极化效应的影响，并提出集群企业梯次培育路径，对创新型产业集群创新能力纵深发展和区域高新技术产业引领具有重要的现实意义。

创新型产业集群的概念，最早由沃耶（1997）明确提出。沈小平和李传福（2014）认为创新型产业集群在培育战略性新兴产业、建设创新型国家方面扮演重要角色，从内在动因、外部动力、承载条件三个视角和自组织、他组织两个方面讨论了创新型产业集群形成的影响因素及作用机制，并提出要引导集群转变资源利用方式，从依赖"资源红利"转变成"创新红利"；张骁等（2016）认为创新型产业集群区别于其他区域性组织主要体现在其形成了创新网络，对集群内的创新活动和创新绩效起到了强有力的推进，并以广东省广州市生物医药产业集群中的企业发展为例构建模型，研究证实了集群社会网络关系特征对创新绩效有着正向影响；严等（Yan，Yongcai，He，Mengxue，Song，Lifang，2021）认为产业集群创新能力评价体系包括三类指标：创新研发能力、创新产出能力和创新互动能力，利用粒子群聚类算法对区域产业集群的创新能力进行评价；朱希伟等（Xiwei Zhu et al.，2019）研究了企业家精神对产业集群的协同效应，其研究认为企业家精神对集群形成、集群规模和集群强度有显著正向影响。

相关学者研究主要集中于创新型产业集群与区域城市、国家高新区等主体之间的互动。苏长青（2011）认为创新型产业集群和创新型城市之间存在很强的互动性，创新型产业集群对创新型城市建设的推动机制主要体现在集群对创新要素与产业的集聚、提升城市竞争力以及增强城市自主创新能力，创新型城市对集群建设的促进作用主要体现在创新型城市自身的创新资源、创新环境以及自我平衡发展机制；吴伟萍、张超和向晓梅（2021）运用倾向得分匹配、双重差分法等对 280 个城市 2003～2019 年的数据进行研究检验，分析表明设立创新型产业集群对城市绿色经济发展有促进作用，政府部门应加强创新型产业集群建设，依托培养集群城市创新能力，构建可持续发展的绿色新体系；郭小婷和谭云清（2021）认为政府对创新型产业集群投入大量政策资源可以提高集群竞争力，研究结果表明集群规模竞争力对政策资源依赖较强，创新竞争力对政策资源依赖较弱，政府应提升创新服务、优化营商环境，使集群摆脱对政策资源的依赖；田颖、田增瑞、韩阳和吴晓隽（2019）运用合成控制法，检验了设立创新型产业集群对区域创新能力的促进影响，提出了通过政策引导创新型产业集群集聚创新资源，合理利用创新资源，构建集群内各主体之间的良性互动；李荣和张冀新（2021）采用双重差分法，研究并验证了创新型产业集群对国家高新区聚集效应的影响机理，认为创新型产业集群能显著提高国家高新区集聚效应；张冀新和李燕红（2019）认为依托国家高新区获批建设的创新型产业集群对国家高新区创新效率有提升作用，国家应适度扩大创新型产业集群试点的建设，提高中部和西部禀赋条件较差地区的创新型产业集群数量；张冀新和王怡晖（2019）以 2017 年创新型产业集群相关数据为基础，采用三阶段 DEA 方法对集群创新效率、集群中战略新兴产业技术效率进行测度，结果表明新能源产业技术效率最高，节能环保产业技术效率最低，为战略性新兴产业进行创新资源分配提供了科学依据。学者们对创新型产业集群的研究主要集中在集群形成成因、创新能力影响机理以及对城市、区域等的影响，较少研究创新型产业集群数量增加对创新型产业集群极化效应的影响及集群内企业梯次培育路径。

3.4.1 极化效应与研究假设

企业被认定为高新技术企业后可以享受一系列国家政策优惠，对企业创新有显著的正向影响（雷根强、郭玥，2018），并具有高投入性、高技术人才密度性、高创新性、高成长性等提点，是知识密集、技术密集的经济实体，对促进创新型国家建设、推动高新产业发展和提高国家竞争力等方面发挥了重要作用（李金华，2020）。国内关于创新型产业集群数量增加对创新型产业集群极化效应影响研究较少，但是由于集群与高新区的相似特点，可以参照创新型产业集群对高新区影响研究思路及方法。国家高新区高新技术企业占比提高，技术人才、研发资金、高新技术等资源持续向国家高新区聚集，同时高新技术企业对到国家高新区科技创新活动的积极参与，让高新技术企业对国家高新区创新效率具有显著正向促进作用（刘钒、邓明亮，2019）。因此，提出假设 H1。

H1：创新型产业集群数量的增加能够提高创新型产业集群的极化效应。

对于创新型产业集群极化发展而言，不同区域资源要素禀赋之间的差异，会导致同一政策施行在不同区域产生效果不同。创新型产业集群与其他产业集群相比创新实力较强，其极化效应体现在处于高梯度创新型产业集群不断积累创新资源，使生产进一步集中。东部、中部、西部、东北 4 个经济区域创新极化程度差异较为明显（张肃、郭文，2020），区域差异越大，创新资源极化效应越显著。高梯度发达地区经济实力雄厚、创新资源丰富，集群极化效应和创新实力强。低梯度欠发达地区经济实力较弱、创新资源较为匮乏，集群积累资源能力弱。对于创新能力较强的区域，培育高新技术企业提高创新型产业集群极化程度，因此提出假设 H2。

H2：创新型产业集群数量的增加对创新型产业集群极化效应的影响存在区域差异。

3.4.2 模型选择与变量说明

为了评估创新型产业集群数量增加对创新型产业集群的极化效应强弱，可以采用单差法进行检验，即通过比较创新型产业集群数量从 71 家增加到 109 家之前后，两个不同时期内创新型产业集群数量增加对创新型产业集群极化效应的影响差异，但是单差法可能会得到有误差、不准确的结论，对于不同区域的创新型产业集群而言，在其数量从 71 家增加到 109 家之前除了创新型产业集群数量增加的影响，不同区域城市资源、设施分布存在差异，产业结构、地方政策等其他因素也会影响创新型产业集群极化效应，单差法没有将这些因素进行综合分析，可能会高估创新型产业集群数量增加对创新型产业集群极化的影响，因此选择采用双重差分法，检验创新型产业集群数量增加是否增强了创新型产业集群极化效应。

通过选用双重差分法（DID）对创新型产业集群发挥的极化作用进行测度，进一步讨论创新型产业集群数量增加是否提高了创新型产业集群极化效应。根据《中国火炬统计年鉴》公布的创新型产业集群名单，2021年已经有 109 个创新型产业集群，为使用双重差分法提供了"准自然实验"，即 2017 年创新型产业集群没有增加的省域为控制组，2017 年创新型产业集群增加的省域为实验组，对实验组的赋值为 1，对控制组的赋值为 0。再考虑到设立时间存在先后差异，因此将设立当年及以后赋值为 1，设立之前赋值为 0，构建双向固定效应模型，模型设定如下：

$$Revenue_{it} = \beta_0 + \beta_1 did_{it} + \alpha X_{it} + u_t + \nu_t + \xi_{it} \qquad (3-1)$$

模型（3-1）中，i 表示创新型产业集群，t 表示年份；被解释变量 $Revenue_{it}$ 表示创新型产业集群的极化效应；did_{it} 表示创新型产业集群 i 在第 t 年设立的虚拟变量，如果创新型产业集群 i 在 t 年后设立，那么创新型产业集群 i 在 t 年之后的年份，did_{it} 均取值为 1，反之为 0；X_{it} 为控制变量；u_t 表示时间固定效应；ν_i 是各个创新型产业集群的个体固定效应；ξ_{it} 是误差项。系数 β_1 是关注的重点，它衡量的是创新型产业集群数量增加对创新型产业集群极化效应的净影响，如果系数为正，则表明创新型产业集群数量增加，对推动创新型产业集群极化效应起促进作用。

研究重点是创新型产业集群数量增加是否增强了创新型产业集群极化效应，考虑到其他政策因素也会影响创新型产业集群极化效应的强弱，还引入了其他控制变量。

被解释变量为极化效应。极化效应体现创新型产业集群对各类有利要素的积累，使产业进一步集中。考虑到数据的可操作性和科学性，选用经济效应来衡量极化效应，采用各省创新型产业集群营业收入的对数进行估计。

核心解释变量为虚拟变量 did，根据 2014～2020 年《中国火炬统计年鉴》中创新型产业集群名单，结合创新型产业集群设立时间先后统一赋值，创新型产业集群设立当年及以后赋值为1，未设立赋值为0，最终得到核心解释变量 *did*。

通过筛选，控制变量选取了高新技术企业科技经费支出强度（*Expenditure*）、创新型产业集群税收贡献度（*Tax*）、孵化基金平均企业额（*Funding*）、风险投资额平均企业额（*Investment*）、每千人国家或行业标准（*Standard*）和高技术产业营业收入比重（*Industry*）作为控制变量。各项变量的描述性统计如表3-8所示。

表3-8　　　　　　　　　　　　主要变量及其描述

变量类别	变量名称	变量描述
被解释变量	*Revenue*	创新型产业集群营业收入的对数
核心解释变量	*did*	创新型产业集群数量扩大的虚拟变量
控制变量	*Expenditure*	企业科技经费支出强度的对数
	Tax	税收贡献度的对数
	Funding	孵化基金平均企业额的对数
	Investment	风险投资额平均企业额的对数
	Standard	每千人国家或行业标准的对数
	Industry	高技术产业营业收入比重的对数

3.4.3　极化效应平行趋势

双重差分法使用的前提是实验组和控制组在创新型产业集群数量增加前，极化效应趋势基本平行。为量化极化效应，借鉴区域极化模型，构建 *TW* 指数，*TW* 指数是崔启源和王有强（2000）结合 Wolfson 指数，运用增加的两极化和增加的两部分排序公式推导出的极化测度指数，见式（3-2）。

$$TW = \frac{\theta}{N} \sum_{i=1}^{n} \pi_i \left| \frac{y_i - m}{m} \right|^r \qquad (3-2)$$

式（3-2）中，*n* 为实验组或控制组的省域数量，*N* 为分组内所有省域的创新型产业集群年末从业人员总和，π_i 为分组内第 i 个省域创新型产业集群的年末从业人员，m 为分组内所有省域创新型产业集群每千人营业收入的中间值，y_i 为分组内第 i 个省域创新型产业集群每千人营业收入，θ 和 r 均为大于 0 的常数系数，选取 $\theta = 1$，$r = 0.5$。

通过对 2014～2020 年《中国火炬统计年鉴》的数据进行综合处理分析，测算出了实验组和控制组的 TW 指数，并绘制创新型产业集群 TW 指数的时间平行趋势，可直观地反映创新型产业集群数量增加对创新型产业集群极化效应的影响程度，如图 3－5 所示。创新型产业集群在 2017 年数量从 71 个增加到 109 个，在 2017 年之前，实验组和控制组极化指数时间趋势基本一致；在 2017 年创新型产业集群数量增加后，实验组极化指数得到提升并相对稳定，与控制组极化指数差距变大。具体而言，实验组与控制组极化指数差距在 2017～2020 年逐步上升，依次为 0.28、0.30、0.34、0.33。创新型产业集群数量增加后的 2017～2020 年，三年间实验组和控制组极化指数差距均值达到 0.31，创新型产业集群数量增加对创新型产业集群极化效应变化产生了一定程度的影响。

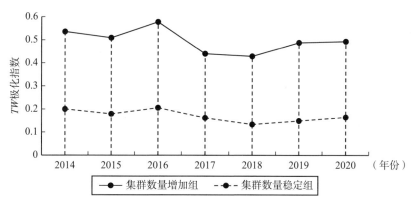

图 3－5　实验组和控制组创新型产业集群 TW 指数平行趋势

为验证 H1，选用双重差分法对创新型产业集群数量增加对创新型产业集群极化效应的净影响进行测量，结果如表 3－9 所示。第（1）、第（2）

列为固定效应模型估计法测算结果，控制时间效应和地区效应测算创新型产业集群数量增加对创新型产业集群双重差分。第（3）列为随机效应模型估计法测算结果，第（3）列的随机效应回归结果略高于固定效应，表明遗漏时间效应和地区效应会高估政策影响，带来估计误差。表3-9中第（1）列显示，没有加入任何控制变量，虚拟变量 *did* 在10%水平下显著为正，第（2）列引入控制变量后，*did* 仍然显著为正，同时在1%水平下显著为正，这表明创新型产业集群数量增加在创新型产业集群数量增加后增强了创新型产业集群极化效应，基本证明了H1。

表3-9　　　　创新型产业集群数量增加对创新型产业集群极化效应的作用

变量	（1）	（2）	（3）
did	0.253 * （0.142）	0.375 *** （0.102）	0.929 *** （0.158）
Expenditure		0.121 *** （0.0340）	0.0603 （0.0668）
Tax		0.209 *** （0.0519）	0.246 *** （0.0659）
Funding		0.0643 ** （0.0320）	-0.208 *** （0.0654）
Investment		0.0652 ** （0.0323）	0.407 *** （0.0907）
Standard		-0.0287 （0.0328）	-0.0602 （0.0790）
Industry		0.356 *** （0.0552）	-0.0210 （0.0549）
常数项	18.28 *** （0.0659）	18.46 *** （0.442）	17.51 *** （0.856）
时间效应	是	是	否
地区效应	是	是	否
N	196	150	150
R^2	0.888	0.969	0.345

注：括号内为 *t* 值；*、**、*** 分别表示在10%、5%、1%的显著性水平下显著。

3.4.4　极化效应地区差异

对于创新型产业集群极化发展而言，不同区域资源要素禀赋之间的差异，会导致同一政策施行在不同区域产生效果不同。高梯度发达地区经济实力雄厚、创新资源丰富，集群极化效应和创新实力强。低梯度欠发达地区经济实力较弱、创新资源较为匮乏，集群积累资源能力弱。对于创新能力较强的区域，创新型产业集群数量增加提高创新型产业集群极化程度。为验证 H2，引入地区 region 变量，分为东部、中部、西部和东北四个区域作为虚拟变量，与创新型产业集群虚拟变量进行交叉，考察创新型产业集群数量增加对创新型产业集群极化效应是否在不同区域有显著差异，回归模型如式（3－3）所示：

$$Revenue_{it} = \beta_0 + \beta_1 did_{it} \times region + \alpha X_{it} + u_t + \nu_t + \xi_{it} \qquad (3-3)$$

其中，考察东部地区创新型产业集群数量增加对创新型产业集群极化效应影响时，东部地区的创新型产业集群赋值为 1，其他地区创新型产业集群赋值为 0；反之，考察中部地区创新型产业集群数量增加对创新型产业集群极化效应影响时，中部地区创新型产业集群赋值为 1，其他地区赋值为 0；西部地区和东北地区取值方法相同，进行 4 次检验后，具体结果见表 3－10。

表 3－10　　　　不同地区创新型产业集群数量增加对
创新型产业集群极化效应的作用

变量	东部	中部	西部	东北
$did \times east$	0.0297 （0.0823）			
$did \times med$		0.353 *** （0.0904）		

续表

变量	东部	中部	西部	东北
did × west			0.0858 (0.101)	
did × northeast				−0.530 *** (0.161)
Expenditure	0.101 *** (0.0356)	0.109 *** (0.0334)	0.0984 *** (0.0356)	0.0698 * (0.0353)
Tax	0.168 *** (0.0547)	0.171 *** (0.0501)	0.160 *** (0.0533)	0.169 *** (0.0510)
Funding	0.0669 * (0.0340)	0.0724 ** (0.0318)	0.0692 ** (0.0338)	0.0746 ** (0.0324)
Investment	0.0713 ** (0.0342)	0.0712 ** (0.0320)	0.0721 ** (0.0340)	0.0682 ** (0.0326)
Standard	−0.0253 (0.0350)	−0.0388 (0.0327)	−0.0234 (0.0349)	0.0106 (0.0351)
Industry	0.424 *** (0.0562)	0.415 *** (0.0512)	0.433 *** (0.0545)	0.446 *** (0.0522)
常数项	18.38 *** (0.473)	18.31 *** (0.438)	18.33 *** (0.467)	18.46 *** (0.447)
时间效应	是	是	是	是
地区效应	是	是	是	是
N	150	150	150	150
R^2	0.965	0.969	0.965	0.968

注：括号内为 t 值；*、**、*** 分别表示在 10%、5%、1% 的显著性水平下显著。

结果表明，东部、中部和西部地区，创新型产业集群数量增加对创新型产业集群极化效应的影响都是正向的，但是这一政策在不同地区的实施效果存在差异性。中部地区创新型产业集群数量增加对创新型产业集群极化效应影响效果最为显著，东部和西部地区创新型产业集群数量增加对创新型产业集群极化效应影响是正向的，但效果并不明显；东北地区创新型产业集群数量增加对创新型产业集群极化效应影响是反向的。基本验证了 H2。

东部地区是高梯度发达地区，各省的经济相对发达、基础设施较为完善、创新资源丰富，创新型产业集群数量增加在东部地区创新型产业集群数量增加后对创新型产业集群极化效应的影响是正向的，但是并不显著，表明东部地区创新型产业集群正从极化效应向扩展效应进行转变。中部地区在起着"承东启西"的作用，近年来中部崛起、综合实力增强，中部地区创新型产业集群数量增加后，进一步集聚了资金、人才及高新技术等有利因素，对创新型产业集群极化效应影响效果显著。西部地区初始条件较为薄弱，创新型产业集群数量的增加对创新型产业集群极化效应带来了正向影响，但尚不显著。东北地区经济发展较慢、基础设施相对落后、创新资源较为短缺，创新型产业集群数量增加并未提高东北地区创新型产业集群极化效应。

3.4.5 稳健性检验

为避免其他因素对创新型产业集群极化效应存在的影响，通过改变创新型产业集群增加数量的政策时间对结果进行稳健性检验。在保持实验组和控制组所有情况不变的情况下，将政策时间分别提前一年和两年，观察创新型产业集群虚拟变量是否显著。如果虚拟变量系数显著，表明存在其他因素会增强创新型产业集群极化效应，如果系数不显著，则表明创新型产业集群数量增加增强创新型产业集群极化效应来源于创新型产业集群数量变化。如表 3 - 11 所示，创新型产业集群数量增加的时间提前一年，虚拟变量的系数显著，但显著程度较低；将时间提前两年时，创新型产业集群极化效应未产生显著变化。检验结果表明，创新型产业集群数量增加其增强创新型产业集群极化效应的关键因素，排除了其他随机因素的干扰，检验结果具有一定的可信度。

表 3 – 11　　　　　　　创新型产业集群数量增加增强创新型
产业集群极化效应：反事实检验

变量	提前一年	提前两年
did2016	0.187 * (0.111)	
did2015		0.0468 (0.139)
Expenditure	0.106 *** (0.0353)	0.102 *** (0.0358)
Tax	0.185 *** (0.0543)	0.167 *** (0.0545)
Funding	0.0620 * (0.0337)	0.0671 * (0.0339)
Investment	0.0659 * (0.0339)	0.0704 ** (0.0345)
Standard	− 0.0266 (0.0343)	− 0.0249 (0.0353)
Industry	0.400 *** (0.0566)	0.425 *** (0.0557)
常数项	0.400 *** (0.0566)	0.425 *** (0.0557)
时间效应	是	是
地区效应	是	是
N	150	150
R^2	0.966	0.965

注：括号内为 t 值；*、**、*** 分别表示在 10%、5%、1% 的显著性水平下显著。

高新技术企业是提高自主创新能力、促进创新型国家建设的助推器，经过二十多年的发展，高新技术企业具有知识密集、技术密集、高投入高收益性、高创新性等特点；创新型产业集群的建设是带动区域经济、提升国际竞争力的重要举措，高新技术企业作为创新型产业集群主体之一，其在集群内企业总数占比一直是创新型产业集群试点认定指标之一，在提升集群创新能力、优化集群产业结构、增强集群竞争实力等方面发挥着重要作用。因而确切认知创新型产业集群数量增加对创新型产业集群极化效应的影响具有重要意义。

对创新型产业集群数量增加差异化特征，将创新型产业集群所在省域为单位，以2014～2020年拥有集群的28个省域为研究样本，运用双向固定的双重差分法对创新型产业集群数量增加是否增强了创新型产业集群极化效应这一问题进行检验。研究发现：创新型产业集群数量增加可以集聚更多有利于集群发展的要素，并同时显著提高了创新型产业集群极化效应，推动创新型产业集群构建区域现代化经济体系和实现高新技术产业高质量发展；进一步检验发现创新型产业集群数量增加对创新型产业集群极化效应影响存在区域差异，对中部地区创新型产业集群极化效应的提升效果最为显著，对西部地区具有正向的影响，对东部和东北地区是负向影响，表明东部地区创新型产业集群正从极化效应向扩展效应转变，而创新型产业集群数量增加没有提高东北地区创新型产业集群的极化效应。通过确认讨论的准确性，还采用了改变政策实施时间的反事实检验对模型结果进行稳健性检验，结果均表明创新型产业集群数量增加后，创新型产业集群数量增加能够显著推动创新型产业集群发挥更好极化效应。

为了更好地发挥创新型产业集群数量增加对创新型产业集群极化效应的增强作用，加快向扩散效应转化，提出以下政策建议。

第一，增强创新型产业集群内高新技术企业的主体地位，实现创新型产业集群的高质量发展。创新是创新型产业集群实现高质量发展最重要的推动力，可以适度提高创新型产业集群内高新技术企业数量，可以有效解决创新型产业集群高质量发展过程中会面临的资金、人才、技术等创新资源短缺的问题，提升创新型产业集群产业基础能力、创新能力和产业链现代化程度，促进创新型产业集群实现高质量发展。

第二，提出梯次培育路径，促进创新型产业集群内大中小企业协同创新、融通发展。对于科技型中小企业，应以科技企业孵化器为载体，通过为企业提供孵化场地、创业指导、投融资金额、孵化基金等普惠性政策，提高企业持续性生命力；对于创新型产业集群内企业，应引导企业集中于某一类产品或业务开展经营活动，为企业提供良好的分工合作甚至竞争环境，有利于形成企业核心竞争力，促进创新型产业集群"一区一主导"布局建设；对于集群内高新技术企业，其大部分已经是集群领军企业，应提供对外交流合作机会、技术创新人才引进、知识产权保护等创新支持新政策，促进其成为国际领先企业。

第三，加快发展西部地区和东北地区创新型产业集群，实现高新技术产业区域协同发展。创新型产业集群和高新技术企业主要集中在东部和中部经济发达地区，应加快西部和东北地区创新型产业集群和高新技术企业的培育发展。要依托国家战略性新兴产业产业、创新驱动战略，集中西部和东北地区创新资源，攻克产业链关键核心技术，促进创新型产业集群和高新技术企业提升自主创新能力，进而增强国际国内竞争实力，实现高新技术企业区域协同发展。

第4章
湖北创新型产业集群评价体系

4.1 基于创新型城市的创新型产业集群评价

创新型城市是在建设创新型国家与实施自主创新战略背景下兴起的城市战略发展模式。创新型城市是创新型国家建设的重要支柱。提高自主创新能力，建设创新型国家，是国家发展战略的核心和提高综合国力的关键。建设创新型城市是推进国家创新体系建设的关键环节。自从2008年6月深圳被评为首个全国创新型城市以来，全国共有103个城市被列为创新型城市，湖北省五个创新型城市分别是：武汉、襄阳、宜昌、荆门、黄石。创新型产业集群和创新型城市都以创新政策为导向相互互动，创新型城市建设成效促进创新型产业集群发展。

比较31个省域（不包含港澳台地区）GDP、创新型产业集群数量及营业收入、高新区数量及营业收入等数据，见表4-1。可以发现，湖北省GDP在全国排名第7位，集群数量在全国排名第4位，创新型产业集群营业收入排名第17位，国家高新区营业收入排名第3位。通过数据对比可见湖北省各项指标在全国范围内区位优势，湖北省经济体量较大，高新区产出效益较高，但创新型产业集群总体量较小，且各项数据指标在前五省域总量中所占比重不高。

表4-1　省域创新型城市、创新型产业集群、国家高新区分布

省域	省域GDP（亿元）	创新型城市			创新型产业集群					国家高新区			
		数量（个）	GDP占省域GDP比重（%）	城市GDP均值（亿元）	2022年数量（个）	2020年数量（个）	营收总量（亿元）	营收占省域GDP（%）	集群营收均值（亿元）	数量（个）	营收总量（亿元）	营收占省域GDP（%）	高新区营收均值（亿元）
辽宁	27 584.1	3	59.74	5 492.93	6	5	1 978.16	7.17	395.63	8	6 485.02	23.51	8 106.28
吉林	13 235.52	2	65.38	432.56	3	2	656.89	4.96	328.44	5	6 997.16	52.87	13 994.31
黑龙江	14 879.2	1	36.19	5 351.7	3	3	696.26	4.68	232.09	3	2 381.82	16.01	7 939.39
北京	40 269.6	1	23.60	9 501.7	3	3	5 314.30	13.20	1 771.43	1	12 460.96	30.94	124 609.63
天津	15 695.05	1	6.01	8 760.15	4	4	2 052.17	13.08	513.04	1	4 764.40	30.36	47 644.00
河北	40 391.3	5	60.42	4 880.892	5	4	2 333.65	5.78	583.41	5	3 219.19	7.97	6 438.37
上海	43 214.85	1	4.52	1 951.32	6	5	2 172.85	5.03	434.57	2	13 870.25	32.10	69 351.25
江苏	116 364.2	13	100.00	9 009.86	15	12	7 357.26	6.32	613.11	18	44 199.85	37.98	24 555.47
浙江	73 516	8	92.80	8 528.21	3	2	2 527.85	3.44	1 263.93	8	21 735.66	29.57	27 169.57
福建	48 810.36	4	67.08	8 186.08	5	4	1 433.18	2.94	358.29	7	8 612.18	17.64	12 303.11
山东	83 095.9	11	81.04	6 122.013	15	11	3 947.26	4.75	358.84	13	2 602.01	3.13	2 001.54
广东	124 369.67	5	68.19	16 961.32	18	14	14 448.98	11.62	1 032.07	14	57 140.21	45.94	40 814.44
海南	6 475.2	1	31.86	2 057.06	—	—	—	—	—	1	948.33	14.65	9 483.34
山西	22 590.16	2	13.44	3 716.35	4	2	836.46	3.70	418.23	2	3 835.02	16.98	19 175.09
安徽	42 959.2	6	57.43	4 111.91	4	3	1 730.41	4.03	576.80	6	12 283.47	28.59	20 472.45

续表

省域	省域GDP（亿元）	创新型城市			2022年数量（个）	2020年数量（个）	创新型产业集群			国家高新区			
		数量（个）	GDP占省域GDP比重（%）	城市GDP均值（亿元）			营收总量（亿元）	营收占省域GDP（%）	集群营收均值（亿元）	数量（个）	营收总量（亿元）	营收占省域GDP（%）	高新区营收均值（亿元）
江西	29 619.67	4	33.81	2 503.94	6	4	818.71	2.76	204.68	9	9 815.84	33.14	10 906.49
河南	58 887.41	4	43.66	3 716.36	5	3	405.60	0.69	135.20	7	8 758.91	14.87	12 512.73
湖北	50 012.94	5	64.14	6 415.95	10	6	1 334.81	2.67	222.47	12	25 867.80	51.72	21 556.50
湖南	46 063.1	4	50.10	5 769.9	7	3	2 145.72	4.66	715.24	8	12 423.61	26.97	15 529.51
内蒙古	20 514.2	2	20.39	2 091.27	1	1	751.48	3.66	751.48	3	3 762.98	18.34	12 543.25
广西	24 740.86	2	33.06	4 089.09	2	2	1 578.69	6.38	789.35	4	7 688.89	31.08	19 222.22
重庆	27 894.02	1	3.79	1 058.3	3	2	1 488.33	5.34	744.16	4	6 562.36	23.53	16 405.89
四川	53 850.8	3	48.14	8 641.28	6	4	2 709.05	5.03	677.26	8	14 381.32	26.71	17 976.66
贵州	19 586.42	2	45.34	4 440.47	2	1	38.74	0.20	38.74	2	2 941.97	15.02	14 709.85
云南	27 146.76	2	35.27	4 787.4	3	1	485.47	1.79	485.47	3	3 664.31	13.50	12 214.36
西藏	2 080.17	1	—	—	—	—	—	—	—	—	—	—	—
陕西	29 800.98	3	50.35	5 001.9	6	3	2 652.35	8.90	884.12	7	13 806.66	46.33	19 723.81
甘肃	10 243.3	1	31.55	3 231.29	1	1	163.56	1.60	163.56	2	3 008.22	29.37	15 041.11
青海	3 346.63	1	46.28	1 548.79	3	3	49.67	1.48	16.56	1	65.78	1.97	657.84
宁夏	4 522.31	1	50.04	2 262.95	—	—	—	—	—	2	295.24	6.53	1 476.19
新疆	15 983.65	3	38.53	2 052.73	2	1	120.43	0.75	120.43	3	4 422.66	27.67	14 742.19

续表

省域	省域GDP（亿元）	创新型城市			创新型产业集群					国家高新区			
		数量（个）	GDP占省域GDP比重（%）	城市GDP均值（亿元）	2022年数量（个）	2020年数量（个）	营收总量（亿元）	营收占省域GDP（%）	集群营收均值（亿元）	数量（个）	营收总量（亿元）	营收占省域GDP（%）	高新区营收均值（亿元）
全国	4.40	4.85	4.71	4.20	6.58	5.50	2.15	1.95	1.50	7.10	8.11	6.85	3.37
前三	15.44	13.33	23.42	18.22	20.83	16.22	4.92	7.92	5.47	27.27	36.92	34.27	24.80
前五	10.96	12.50	15.68	12.13	15.38	12.50	3.95	5.83	3.93	20.00	24.36	22.02	8.65
湖北各项指标数据占全国、前三、前五比重（%）													
前三	28.46	31.07	—	—	31.58	33.94	43.58	—	—	26.63	39.88	—	—
前五	40.10	41.75	—	—	42.76	39.95	54.28	—	—	39.05	51.20	—	—
前十	61.37	64.08	—	—	62.50	63.30	73.29	—	—	57.99	71.53	—	—
前三、前五、前十总和和占省域总量集中度（%）													

注：GDP来源于省域《2021年国民经济和社会发展公报》，集群和高新区营收来源于《2021中国火炬统计年鉴》。

4.1.1 创新型城市经济总量占湖北 GDP 比重 64%

依据表 4-1 中各个省域 GDP 排名前十位的城市 GDP、创新型城市数量、创新型城市占省域 GDP 比重、创新型城市 GDP 均值等各项指标进行分析，如表 4-2 所示。

表 4-2   GDP 前十位省域分布（2021 年）

序号	省域	GDP（亿元）	创新型城市数量（个）	创新型城市 GDP 总和占全省 GDP 比重（%）	创新型城市 GDP 均值（亿元）
1	广东	124 369.67	5	68.19	16 961.32
2	江苏	116 364.2	13	100.00	9 009.86
3	山东	83 095.9	11	81.04	6 122.013
4	浙江	73 516	8	92.80	8 528.21
5	河南	58 887.41	4	43.66	3 716.36
6	四川	53 850.8	3	48.14	8 641.28
7	湖北	50 012.94	5	64.14	6 415.95
8	福建	48 810.36	4	67.08	8 186.08
9	湖南	46 063.1	4	50.10	5 769.9
10	上海	43 214.85	上海杨浦区	4.52	1 951.32

2021 年 GDP 总量河南、四川、湖北分列第 5、第 6、第 7 位，三省 GDP 均超过 5 万亿元，湖北与第 4 位浙江省相差 2.3 万亿元，与第 3 位山东省相差 3 万亿元，前两位广东、江苏两省 GDP 是湖北省的两倍，见表 4-2。根据前十位 GDP 差异，可以将 10 省分为 4 组，福建、湖南、上海三省 GDP 较为接近且低于 5 万亿元，作为第一组；河南、四川、湖北三省第二组；山东和浙江 GDP 在 7 万亿~8 万亿元，为第三组；广东和江苏两省 GDP 均过 10 万亿元，为第四组。

湖北省域经济体量排名第 7 位，创新型城市 GDP 占湖北比重为 64%。

创新型城市 GDP 占省域 GDP 比重，江苏省 13 个城市均为创新型城市占比高达 100%，山东省拥有 11 个创新型城市占 GDP 总量 80% 以上。GDP 排名首位的广东省拥有 5 个创新型城市，创新型城市所占省域比重接近 70%。浙江省拥有 8 个创新型城市其 GDP 占比高达 92%。江苏、山东、广东、浙江均处在东部地区，湖南 4 个创新型城市 GDP 总量占湖南比重 50%。GDP 排名前 9 位省域中，创新型城市占省域 GDP 比重超过 50%，如图 4－1 所示。

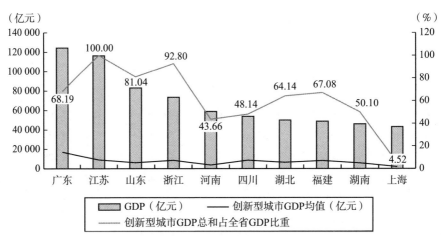

图 4－1　省域创新型城市 GDP 占省域 GDP 比重（2021 年）

4.1.2　湖北创新型产业集群数量全国占比 6.6%，营收占比 2.2%

依据表 4－1 中 31 个创新型产业集群营业收入排名前十位的创新型产业集群数量及营业收入、创新型产业集群营业收入占省域 GDP 比重、创新型产业集群营业收入均值各项指标，分析 2020 年创新型产业集群营收总额前十位省域分布，如表 4－3 所示。

湖北省创新型产业集群 2020 年营业收入排名第 17 位，集群数量始终保持在全国前五，但是创新型产业集群营业收入占省域 GDP 比重较小，低于前十位均值，如图 4－2 所示。

表4-3   创新型产业集群营收总额前十位省域分布（2020年）

排名	省域	2022年数量	2020年数量	营业收入（千亿元）	集群营收占省域GDP比重（%）	集群营收均值（千亿元）
1	广东	18	14	14.45	11.62	1.03
2	江苏	15	12	7.36	6.32	0.61
3	北京	3	3	5.31	13.20	1.77
4	山东	15	11	3.95	4.75	0.36
5	四川	6	4	2.71	5.03	0.68
6	陕西	6	3	2.65	8.90	0.88
7	浙江	3	2	2.53	3.44	1.26
8	河北	5	4	2.33	5.78	0.58
9	上海	6	5	2.17	5.03	0.43
10	湖南	7	3	2.15	4.66	0.72
17	湖北	10	6	1.33	2.67	0.22

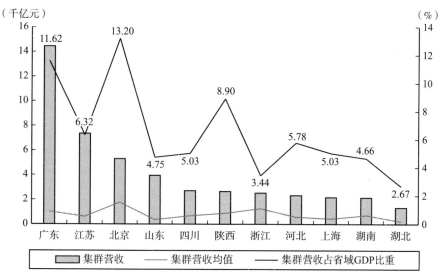

图4-2   创新型产业集群营收总额前十位省域分布（2020年）

　　各个省域集群营收差异较小但极差较大，且集群营收占省域 GDP 比重差异显著。创新型产业集群营业收入占所在城市 GDP 比重可以反映创新型产业集群对所在城市引领带动作用。以创新型产业集群营业收入进行排名，前两位广东省与江苏省创新型产业集群数量仅相差两个，但是广东省集群营收是江苏省的 1.96 倍。两省 GDP 较为接近，但是创新型产业集群营收占省域 GDP 比重，广东省是江苏省的 1.8 倍。与湖北省同处于中部地区的湖南省，湖南省所拥有集群总量仅为湖北省总量一半，湖南省集群营收与集群占省域 GDP 比重，是湖北省的 1.6 倍。可见创新型产业集群数量分布和集群营收总量分布未呈现同比例正向关联。

4.1.3　湖北创新型产业集群营收占高新区营收比重仅为 5.2%

　　依据表 4-1 中各省域国家高新区营业收入排名前十位的高新区数量、高新区营业收入、创新型产业集群营业收入占省域 GDP 比重、高新区营业收入均值各项指标，分析 2020 年国家高新区营收总额前十位省域分布，见表 4-4。

表 4-4　　国家高新区营收总额前十位省域分布（2020 年）

排名	省域	数量	营业收入（亿元）	高新区营收占省份 GDP 比重（%）	集群营收占高新区营收比重（%）	高新区营收均值（亿元）
1	广东	14	57 140.21	45.94	25.29	4 081.44
2	江苏	18	44 199.85	37.98	16.65	2 455.55
3	湖北	12	25 867.80	51.72	5.16	2 155.65
4	浙江	8	21 735.66	29.57	11.63	2 716.96
5	四川	8	14 381.32	26.71	18.84	1 797.67
6	上海	2	13 870.25	32.10	15.67	6 935.12
7	陕西	7	13 806.66	46.33	19.21	1 972.38
8	北京	1	12 460.96	30.94	42.65	12 460.96

续表

排名	省域	数量	营业收入（亿元）	高新区营收占省份GDP比重（%）	集群营收占高新区营收比重（%）	高新区营收均值（亿元）
9	湖南	8	12 423.61	26.97	17.27	1 552.95
10	安徽	6	12 283.47	28.59	14.09	2 047.25

国家高新区营业收入前十位，湖北省排在第 3 位，且高新区数量也排在第 3 位。湖北国家高新区营收占省域 GDP 比重最高，超过 50%，而创新型产业集群营业收入占高新区营业收入比重在前十位中排名最后，如图 4-3 所示。

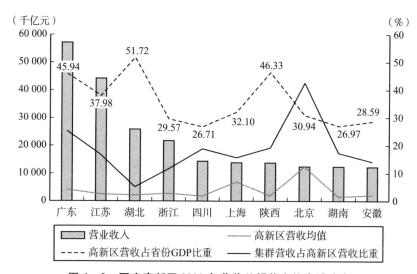

图 4-3 国家高新区 2020 年营收总额前十位省域分布

国家高新区营收总体极化效应显著，各省域高新区营收占省域 GDP 比重差异明显。国家高新区营业收入占所在城市 GDP 比重可以反映出高新区对所在城市的引领带动作用。省域国家高新区 2020 年营收前十位中，排名前两位的广东、江苏两省之间存在较大差异，且与第 3、第 4 位的湖北、浙江两省之间发生断层，广东、江苏国家高新区营收总和是湖北、浙江总和 2.1 倍。从第 5 位开始，各省域之间高新区营收差距较小。排名前十位省域中，湖北省高新区营收占省域 GDP 比重超过 50%，其他省域均处在 30% ~ 40%。高新区作为创新型产业集群载体，经济实力不断增强，国家高新区创新型产业集群对省域经济发展推动作用显著。

4.1.4 湖北创新型产业集群营收全国贡献仅为 GDP 全国贡献 49%

依据表 4 - 1 中湖北省 GDP、创新型产业集群营收、高新区营收三项指标与全国、排名前三、前五、前十位总体量测算集中度，见表 4 - 5。

表 4 - 5 　　　湖北省三项指标占全国、占前三、前五、前十省域比重 　　　单位：%

指标	GDP	集群营收	高新区营收
占全国比重	4.40	2.15	8.11
占前三总量比重	15.44	4.92	20.34
占前五总量比重	10.96	3.95	15.84
占前十总量比重	7.16	2.93	11.34
前三总量占全国比重	28.46	43.58	39.88
前五总量占全国比重	40.10	54.28	51.20
前十总量占全国比重	61.37	73.29	71.53

湖北省 2020 年 GDP 仅占全国 4%，创新型产业集群营收仅占全国 2.2%，高新区营收排全国第 4 位，但营收总额仅占全国 8%，同时表 4 - 5 中三项指标在全国、占前三、前五、前十省域占比均未超过 20%。国家高新区营收所占比重较低，创新型产业集群营收在不同集中度表现均较低。从图 4 - 4 可见，GDP 总量排名第 7 的湖北省，高新区及创新型产业集群营收在全国占比分别为 8%、2%，湖北省经济体量优势有待进一步转化为创新型产业集群优势。

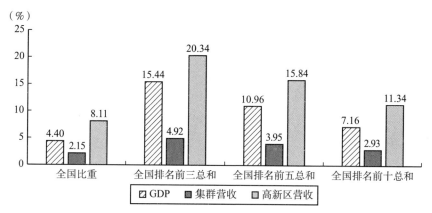

图 4-4　湖北省 GDP、创新型产业集群及国家高新区营收比重

　　湖北省创新型产业集群营收在全国前三、前五、前十的集中度分别为5%、4%、3%，可见创新型产业集群经济效益规模与排名靠前的省域存在差距。湖北省高新区营收全国排名第3位，广东、江苏、湖北占前三位总量比重依次为45%、35%、20%，湖北省高新区差距也体现在创新型产业集群上，广东、江苏两省创新型产业集群营收排名前两位，但湖北排名仅在全国第17位，排名相差15位，湖北集群营收比广东、江苏分别低1.3万亿元和0.6万亿元。湖北省创新型产业集群发展与排名靠前省域存在较大差距。

4.1.5　创新型产业集群61%在创新型城市，创新型城市71%设立创新型产业集群

　　创新型城市建设推动创新型产业集群发展。2013年11月，科技部首批认定了10个创新型产业集群试点，同年认定29个创新型产业集群试点（培育）；2014年12月，第二批认定了22个创新型产业集群试点；2017年11月，第三批认定了29个创新型产业集群试点，同年认定21个创新型产业集群试点（培育）；期间，确认了48个创新型产业集群试点（培育）；2021年8月，认定新增43个创新型产业集群试点（培育）。四批试

点确认形成创新型产业集群梯次培育机制。创新型城市和创新型产业集群设立时间及分布，如表4-6所示。

全国创新型城市截至2014年共计58个，创新型产业集群数量共计71个，其中50个集群所在城市〔其中31个试点，19个试点（培育）〕在2014年以前成为国家级创新型城市，占比高达70%。全国截至2022年共152个创新型产业集群〔包括61个试点和91个试点（培育）〕和103个创新型城市，其中有91个集群分布在73个创新型城市中，所以创新型城市拥有创新型产业集群占集群总数量的61%，拥有创新型产业集群的创新型城市占创新型城市总数的71%。可见创新型产业集群与创新型城两者间存在和紧密的发展关系。将表4-6范围缩小至湖北省，湖北创新型城市与创新型产业集群设立时间及分布见表4-7。

创新型城市与创新型产业集群间互动关系在湖北省内表现明显。武汉和襄阳分别在2010年和2013年成为创新型城市之后，国家级创新型产业集群试点便随之审批。荆门和黄石两市所拥有创新型产业集群在2021年通过国家级创新型产业集群试点（培育）审批，在2022年便获批国家创新型城市。创新型城市能够有效推动创新型产业集群发展，创新型产业集群也能增强创新型城市建设能力。将湖北省集群数量、创新型城市、集群试点、试点（培育）以及战略新兴产业数量与广东、江苏、山东三省对比，见图4-5。湖北各项指标与GDP前三位的广东、江苏、山东差距明显。湖北省拥有10个创新型产业集群，与广东、江苏、山东差距较大，创新型城市数量与广东一样，但与江苏、山东相差较大。江苏是全国首个创新型城市全域覆盖省域。东部作为创新型产业集群集聚地，创新型产业集群区域密度更高。

表 4－6　全国创新型城市地区与创新型产业集群设立时间及分布（2008～2022 年）

项目	2008年	2010年	2011年	2012年	2013年	2018年	2022年
创新型城市地区	1	41	5	1	10	20	25
	深圳	北京海淀、天津滨海、唐山、包头、哈尔滨、宁波、嘉兴、上海杨浦、重庆沙坪坝、洛阳、武汉、太原、南宁、昆明、福州、银川、贵阳、大连、西安、青岛、厦门、沈阳、南京、宝鸡、广州、成都、杭州、长沙、济南、合肥、郑州、烟台、兰州、苏州、无锡、海口、昌吉、石河子、石家庄	镇江、连云港、西宁、秦皇岛、呼和浩特	乌鲁木齐	盐城、扬州、济宁、南阳、宜昌、襄阳、湖州、萍乡、南通、遵义	泰州、长春、吉林、佛山、徐州、东莞、泉州、芜湖、株洲、绍兴、玉溪、金华、潍坊、龙岩、衡阳、汉中、景德镇、营口、拉萨、马鞍山	温州、邯郸、威海、长治、德阳、蚌埠、新余、台州、铜陵、临沂、保定、绵阳、柳州、湘潭、黄石、宿迁、日照、淄博、德州、新乡、汕头、荆门、营口、淮安、滁州

续表

创新型产业集群	2013年6月首批认定10个试点 29个试点（培育）	2014年12月第二批认定试点 22个16个试点（培育）	2017年12月第三批认定试点 29个21个试点（培育）	2021年认定试点 43个
创新型产业集群	试点：本溪、北京、保定、无锡、武汉、株洲、潍坊、温州、惠州、深圳 试点（培育）：北京（轨道）、天津（装备）、石家庄（药用）、太原（不锈钢）、晋中、辽宁（激光）、通化、齐齐哈尔、上海（化工）、江阴、昆山、杭州、合肥、蚌埠、宁德、景德镇、济南、郑州、南配电、十堰、长沙、广州、珠海、绵阳（配电网）、南宁、西宁（生物）	试点：鞍山、长春通化（↑）、邯郸、石家庄、南京、常州（光伏）、江阴、昆山、苏州（纳米传感）、泉州、济南（输配电）、烟台、济宁、合肥、芜湖、景德镇、南阳、十堰（↑）、襄阳长沙（↑）、湘潭（矿山）、柳州、重庆（电子）、成都（移动）↑、西安、西宁（生物）、海西 试点（培育）：大连（信息）、大庆、北京（数字电视）、大连、天津（新能源）、厦门、上海（海洋）、南昌、杨凌、兰州、宝鸡、昆明、包头、乌鲁木齐	试点：扬州、泰州、大连（工业）、长沙、临沂、常州、机器人、光伏、襄阳、韶关、德州、佛山（口腔）、江门、清远、东莞、珠海（配电）、苏州、纳米、柳州、咸宁、西宁、余、抚州、荆门、西安、（制药）、德阳、临沂、南阳、州、重庆（新能源电子） 试点（培育）：七台河、天津（材料）、上海（互联网服务）、贵阳、邯郸、厦门（软件）、常州（轨道）、宜兴、潍坊（动力装备济南（生物）、滨州、珠海（船舶生物）、中山（半导体精密）、天门、青岛（机宁、西宁（锂电）、遂器人）	试点（培育）：营口、吉林、天津（细胞产业）、三河、上海（数字经济）、济、常州、徐州、宁波、福州、济南（智能制造）、盐城、威海、汕庄、淄博、佛山（智能头、肇居、河源、临阳、太原、长治、许昌、黄石、岳吉安、鹰潭、仙桃（风能）、乡、随州、湘潭、常德、娄底、重庆（孝感、湘阳（汽车）、绵阳（医药健康）、绵阳（新型显示）、安顺、玉溪、楚雄、康、渭南、石河子、榆安顺、遂宁、玉门、林、渭南、安康
总量	全国总共152个集群分布于120个城市［其中61个试点，91个试点（培育）］		全国总共103个创新型城市	

注：①大连、邯郸、苏州、厦门、潍坊、太原、湘潭、佛山、成都、绵阳、西宁市分布有5个创新型产业集群；北京、常州、济南、海、中山、重庆6个城市分布有3个创新型产业集群；天津市分布有5个创新型产业集群；上海市分布有6个创新型产业集群。
②（↑）表示该城市所拥有对应的创新型产业集群（培育）升级成为试点。

表4-7　湖北省创新型城市地区与创新型产业集群设立时间及分布（2008～2022年）

类型	2008年	2010年	2011年	2012年	2013年	2014年	2017年	2018年	2021年	2022年
数量	—	1	—	—	2	—	—	—	—	2
城市名称	—	武汉	—	—	襄阳、宜昌	—	—	—	—	荆门、黄石
数量		2013年认定创新型产业集群试点2个，试点（培育）1个		2014年认定创新型产业集群试点2个		2017年认定创新型产业集群试点2个，1个试点（培育）		2021年认定创新型产业集群试点（培育）名单（培育）4个		
集群名称		2013年集群试点名单：武汉东湖高新区国家地球空间及应用服务创新型产业集群		2014年集群试点名单：十堰商用车及部件创新型产业集群；襄阳新能源汽车创新型产业集群		2017年集群试点名单：荆门城市矿产资源循环利用创新型产业集群；咸宁智能机电创新型产业集群　2017年集群试点（培育）名单：天门生物医药创新型产业集群		2021年集群试点名单：随州移动应急装备创新型产业集群；仙桃高新区非织造装备创新型产业集群；黄石先进电子元器件创新型产业集群；孝感高新区高端装备制造创新型产业集群		
总量	总共10个集群分布于10个城市 [其中5个试点、5个试点（培育）]									共5个创新型城市

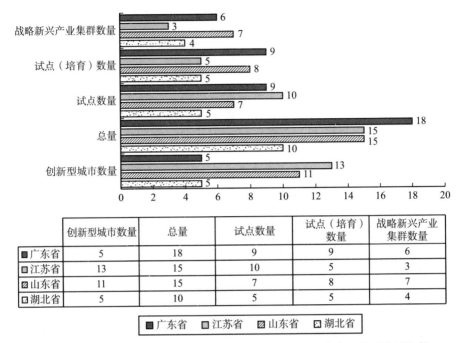

图 4-5　集群（试点、培育）、创新型城市及战略性新兴产业集群省域比较

	创新型城市数量	总量	试点数量	试点（培育）数量	战略新兴产业集群数量
■广东省	5	18	9	9	6
□江苏省	13	15	10	5	3
▨山东省	11	15	7	8	7
□湖北省	5	10	5	5	4

■广东省　□江苏省　▨山东省　□湖北省

4.2　基于国家高新区的创新型产业集群评价

4.2.1　湖北 10 家创新型产业集群贡献低于 12 家国家高新区贡献

　　152 家创新型产业集群和 173 家国家高新区中，90% 创新型产业集群培育依托于高新区。湖北省共 10 家国家创新型产业集群和 12 家国家级高新区，其中有 7 家集群位于国家高新区，2 家位于省级高新区，创新型产业集群总数量居全国第 4 位，仅次于东部地区广东、江苏、山东三省，为中部地区拥有创新型产业集群最多的省域，如表 4-8 所示。

表4-8　　　　　　全国创新型产业集群与国家高新区地区分布　　　　　单位：家

省域	集群数量	高新区数量	省域	集群数量	高新区数量
广东	18	14	山西	4	2
江苏	15	18	安徽	4	7
山东	15	13	北京	3	1
湖北	10	12	吉林	3	5
湖南	7	8	黑龙江	3	3
辽宁	6	8	浙江	3	8
上海	6	2	重庆	3	4
江西	6	9	云南	3	3
四川	6	8	青海	3	1
陕西	6	7	广西	2	4
天津	5	1	贵州	2	3
河北	5	5	新疆	2	4
福建	5	7	内蒙古	1	3
河南	5	8	甘肃	1	2

　　湖北省6家创新型产业集群总营业收入2020年占全国创新型产业集群总营收的2.1%，与占比第一的广东省存在较大差距，湖北省国家高新区占全国高新区总营收比值大于创新产业集群占全国创新型产业集群总营收，表明湖北省创新型产业集群具有成长空间大。湖北省创新型产业集群营收与湖北省国家高新区营收的比值为5.2%，表明在一定程度上湖北省创新型产业集群较国家高新区而言，集群经济规模存在较大差距，如表4-9所示。

表4-9　　　创新型产业集群2020年营收占国家高新区营收比较　　　单位：%

省域	集群营收占比	高新区营收占比	集群营收占高新区营收	省域	集群营收占比	高新区营收占比	集群营收占高新区营收
广东	23.1	13.4	25.3	山西	1.3	0.9	21.8

续表

省域	集群营收占比	高新区营收占比	集群营收占高新区营收	省域	集群营收占比	高新区营收占比	集群营收占高新区营收
江苏	11.7	10.3	16.6	安徽	2.8	2.9	14.1
山东	6.3	6.1	15.0	北京	8.5	16.9	7.4
湖北	2.1	6.0	5.2	吉林	1.0	1.6	9.4
湖南	3.4	2.9	17.3	黑龙江	1.1	0.9	18.3
辽宁	3.2	1.5	30.5	浙江	4.0	5.1	11.6
上海	3.5	8.4	6.1	重庆	2.4	1.5	22.7
江西	1.3	2.3	8.3	云南	0.8	0.9	13.2
四川	4.3	3.4	18.8	青海	0.7	0.01	668.4
陕西	4.2	3.2	19.2	广西	2.5	1.8	20.5
天津	3.3	1.1	43.1	贵州	0.1	0.7	1.3
河北	3.7	1.2	44.3	新疆	0.2	1.0	2.7
福建	2.3	2.0	16.6	内蒙古	1.2	0.9	20.0
河南	0.6	2.0	4.6	甘肃	0.3	0.7	5.4

注：集群营收占比＝省域集群营收/全国集群总营收，高新区营收占比＝省域高新区营收/全国高新区总营收，集群营收占高新区营收＝省域集群营收/省域高新区营收。

湖北省创新型产业集群营业收入企业均值 2020 年低于国家高新区营业收入企业均值。四大板块中，东部地区较多省域的创新型产业集群营收企业均值大于国家高新区营企业收均值，中部地区则相反，较多省域国家高新区营收企业均值大于创新型产业集群营收企业均值，各地区创新型产业集群营收企业均值波动幅度高于全国集群营收企业均值波动，侧面表明各地创新型产业集群发展存在一定程度差距，如图 4 - 6 所示。

各省域创新型产业集群与国家高新区高新技术企业数量差距较大，2020 年湖北省创新型产业集群高新技术企业 811 家，湖北国家高新区高新技术企业总量 5 658 家。大多数省域国家高新区高企率大于创新型产业集群高企率，湖北省国家高新区高企率为 63.5%，创新型产业集群高企率为 61.9%，如图 4 - 7 所示。

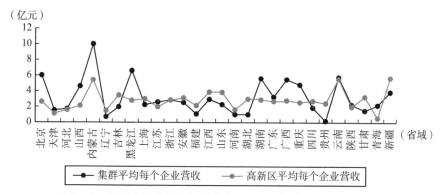

图4-6 创新产业集群与国家高新区2020年营收企业均值对比

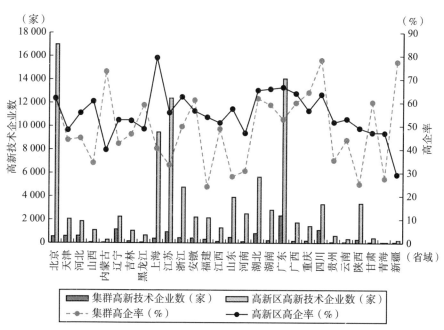

图4-7 创新型产业集群与国家高新区2020年高新技术企业数量与高企率

注：高企率=园区高新技术企业数/园区企业总数。

4.2.2 湖北创新型产业集群与国家高新区总量上升，而规模效益波动下降

湖北省创新型产业集群数量 2016～2020 年由 3 家增加到 6 家，净利润增速由 2016 年的 124.4% 下降到 2020 年的 -27.5%，企业总数量增速基本维持在 25% 以下。2017 年第三批创新型产业集群培育及试点公布，湖北省集群数量翻倍增加，年末从业人员在 2017 年大幅度上升，但净利润较 2016 年大幅度下降，如图 4-8 所示。

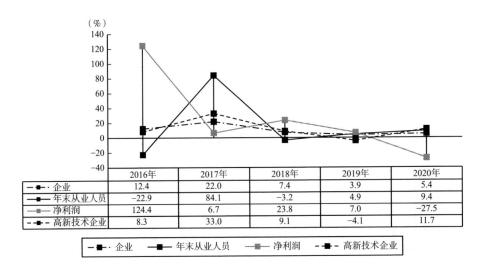

	2016年	2017年	2018年	2019年	2020年
企业	12.4	22.0	7.4	3.9	5.4
年末从业人员	-22.9	84.1	-3.2	4.9	9.4
净利润	124.4	6.7	23.8	7.0	-27.5
高新技术企业	8.3	33.0	9.1	-4.1	11.7

图 4-8 创新型产业集群主要经济指标 2016～2020 年增速

湖北省国家高新区数量自 2015 年 6 家增加到 2020 年 12 家，2015～2018 年，从业人员、企业数量、净利润基本保持正增速，2018～2020 年增速呈下降趋势，2020 年湖北省国家高新区净利润增长率为 -34.6%。工业总产值增长率 2015～2017 年持续下降，2018 年上升后又下降，呈现倒 "N" 型趋势，如图 4-9 所示。

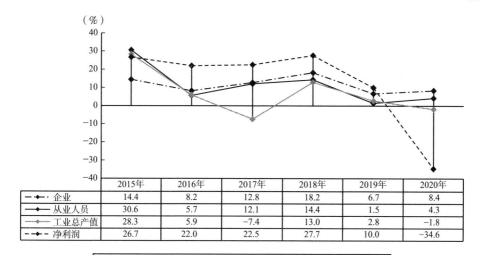

	2015年	2016年	2017年	2018年	2019年	2020年
企业	14.4	8.2	12.8	18.2	6.7	8.4
从业人员	30.6	5.7	12.1	14.4	1.5	4.3
工业总产值	28.3	5.9	−7.4	13.0	2.8	−1.8
净利润	26.7	22.0	22.5	27.7	10.0	−34.6

图 4-9　国家高新区主要经济指标 2015~2020 年增速

　　国家高新区整体总量多于创新型产业集群，但多数东部、中部省域创新型产业集群盈利能力强于国家高新区的盈利能力。湖北创新型产业集群营业净利率为 7.8%，国家高新区净利率为 5.3%，湖北省高新区与创新型产业集群盈利能力提升空间较大，如图 4-10 所示。

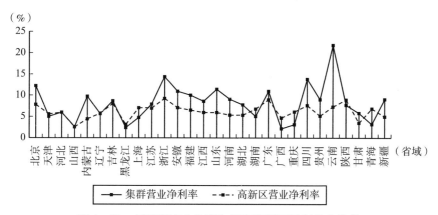

图 4-10　创新型产业集群与国家高新区盈利能力比较

4.2.3 创新服务机构数量较少，创新产出成果未明显提升

全国创新型产业集群国家科技企业孵化器 2020 年共 299 个，数量最多省域为广东省，湖北省拥有 7 个，占广东省创新型产业集群国家科技企业孵化器的 13%，占全国总量不到 3%。全国创新型产业集群国家科技企业孵化企主要集中在广东、江苏、山东三个东部省域，湖北省创新型产业集群科技国家科技企业孵化器数与前三省还存在较大差距，如图 4 – 11 所示。

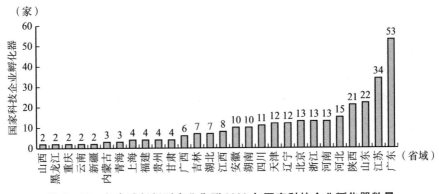

图 4 – 11 各省域创新型产业集群 2020 年国家科技企业孵化器数量

全国创新型产业集群研发机构 2020 年共 6 074 个，数量排名前十省域中，广西壮族自治区最少，仅 165 个，湖北省创新型产业集群研发机构数共 237 个，排第 7 位。全国创新型产业集群 23.8% 的研发机构主要集中在广东，湖北省创新型产业集群研发机构数占全国集群研发机构数的 3.9%，仍需加大创新型产业研发机构投入，如图 4 – 12 所示。

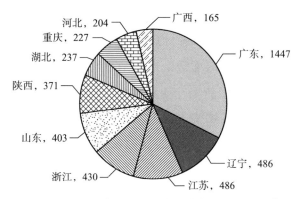

图 4-12　创新型产业集群研发机构数量排名前十省域

从各个省域来看，2020 年全国创新型产业集群产业组织联盟数量排在前十位省域分别是辽宁、江苏、山东、陕西、广东、湖北、河北、上海、北京和山西，其中辽宁 107 个、江苏 31 个、山东 31 个、陕西 28 个、广东 20 个、湖北 15 个，分别占全国创新型产业集群产业组织联盟总数的 28.8%、8.2%、8.2%、7.4% 和 5.3%，如表 4-10 所示。

表 4-10　创新型产业集群 2020 年产业组织联盟数量的省域分布及占全国集群比例

省域	数量	占比 （%）	省域	数量	占比 （%）	省域	数量	占比 （%）
辽宁	107	28.2	山西	13	3.4	内蒙古	4	1.1
江苏	31	8.2	天津	12	3.2	江西	4	1.1
山东	31	8.2	广西	12	3.2	贵州	4	1.1
陕西	28	7.4	浙江	9	2.4	云南	4	1.1
广东	20	5.3	四川	9	2.4	黑龙江	3	0.8
湖北	15	4.0	安徽	8	2.1	湖南	3	0.8
河北	14	3.7	福建	6	1.6	河南	2	0.5
上海	14	3.7	重庆	6	1.6	吉林	1	0.3
北京	13	3.4	青海	5	1.3	新疆	1	0.3

湖北省创新型产业集群 2020 年授权发明专利 498 件，2019 年授权发明专利数量为 537 件，同比下降 7.3%，2019~2020 年，湖北省创新产业集群当年形成国家或行业标准数量增加 16 项，较上年同比增长 48.5%。2018~2020 年，湖北省创新型产业集群当年授权发明专利数量占全国创新型产业集群当年授权发明专利总数量的比例呈下降趋势，2019~2020 年，湖北省创新型产业集群当年形成国家或行业标准占全国创新型产业集群当年形成国家或行业标准总数量的比例上升，如图 4–13 所示。

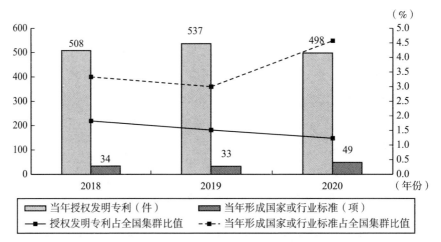

图 4–13　湖北省创新型产业集群 2018~2020 年授权发明专利与行业标准变化趋势

4.2.4　中部六省湖北高新区优势显著，创新型产业集群优势未凸显

湖北省创新型产业集群对应国家高新区有武汉东湖、黄石大冶湖等 8 家，武汉东湖高新区各指标值均明显高于其余国家高新区。依托武汉东湖高新区，武汉东湖高新区国家地球空间信息及应用服务创新产业集群成长空间潜力持续释放，如表 4–11 所示。

表4-11　湖北省创新型产业集群对应国家高新区2020年发展状况

国家级高新区	企业数（个）	高新技术企业数（个）	从业人员（万人）	大专以上从业人员（万人）	工业总产值（亿元）	净利润（亿元）	营业收入（亿元）	出口总额（亿元）	科技活动人员（万人）	科技活动经费内部支出（亿元）
武汉东湖	3 757	3 309	60.45	46.60	4 406.17	445.53	12 405.23	1 045.92	15.34	539.95
黄石大冶湖	529	232	7.51	2.69	909.21	63.62	1 011.84	30.40	0.89	22.80
襄阳	910	307	19.70	9.28	3 130.12	284.60	3 319.80	64.29	2.88	100.33
荆门	493	281	9.76	4.09	1 439.72	101.14	1 440.20	66.34	1.65	48.28
咸宁	465	270	8.17	3.82	1 180.21	104.24	1 102.99	39.83	0.94	27.21
随州	344	112	5.51	2.04	944.87	44.22	722.16	49.55	0.43	16.89
仙桃	392	103	6.97	1.50	825.94	56.90	806.86	152.19	0.54	16.88
孝感	553	235	10.75	5.11	1 315.26	84.47	1 601.78	32.31	1.21	40.29
均值	930	606	16.10	9.39	1 768.94	148.09	2 801.36	185.10	2.99	101.58

资料来源：《中国火炬统计年鉴2021》。

全国四大板块中，中部地区包括山西、安徽、江西、河南、湖北和湖南6个省域，2020年，湖北省国家高新区在出口总额、净利润与营业收入均居中部地区首位，湖北省国家高新区占中部地区国家高新区总营收的35.4%，净利润与出口总额占比均达32.5%，湖北省国家高新区中部地区带头优势明显，如图4-14所示。

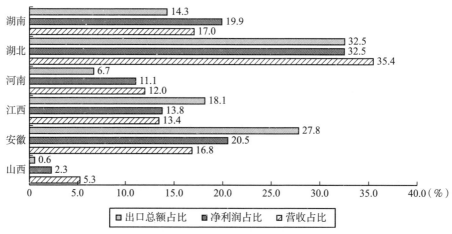

图4-14 中部地区六省域国家高新区2020年相关经济指标占中部国家高新区总值比

2020年，中部地区安徽省创新型产业集群出口总额与净利润占中部地区所有集群出口总额与净利润比值最高，湖南省创新型产业集群营业收入占中部地区所有集群营收比值最高，湖北省创新型产业集群出口总额、净利润与营收占比均低于20%。2020年，安徽省创新型产业集群共3家，湖南省3家，湖北省6家，表明湖北省创新型集群规模优势并未有效转化为经济效益。湖北省国家高新区在中部地区6个省域优势突出，具有较强引导能力，但湖北省创新型产业集群应进一步发挥高新区集聚优势，增强培育效能，如图4-15所示。

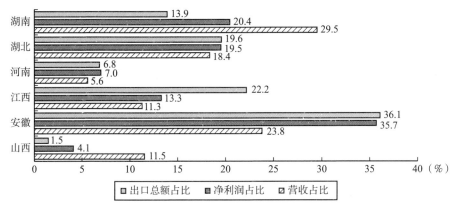

图4－15　中部六省创新型产业集群2020年各经济指标
占中部创新型产业集群总量比重

4.3　基于高新技术企业的创新型产业集群评价

全国高新技术企业数量2021年达到33万家，为形成以企业为主体的技术创新体系，高新技术企业认定办法连续修订5次，修订变化如表4－12所示。湖北省高新技术企业数量2012～2021年由1 577家升至14 560家，增长近9倍；高新技术企业以不到全省企业法人数1%，贡献全省近20%企业营业利润、30%以上专利申请量、40%以上专利授权量，成为支撑湖北高质量发展"领头羊""生力军"。湖北10家国家创新型产业集群在2021年共集聚相关企业3 950家，高新技术企业1 003家，占比25.39%；集群企业总营业收入2 547.94亿元，净利润164.95亿元，实缴税额32.94亿元；就业人数29.94万人，拥有有效发明专利711项。

表4-12 高新技术企业认定办法文件比较（2000～2016年）

文件名称	国家高新技术产业开发区高新技术企业认定条件和办法（2000年版）	高新技术企业认定管理办法（2008年版）	高新技术企业认定管理办法（2016年版）
技术领域	当年规定的高新技术范围	重点支持高新技术	重点支持高新技术
科技人员占职工总数比	>30%	>30%	>10%
研发人员占职工总数比	>10%	>10%	—
研发费用占销售收入比	>5%	>3%（销售收入>2亿元） >4%（0.5亿～2亿元） >6%（<0.5亿元）	>3%（销售收入>2亿元） >4%（0.5亿～2亿元） >5%（<0.5亿元）
发布时间	2000年7月23日	2008年4月14日	2016年1月29日
全国高企入统总量	20 867家	100 012家	218 544家

4.3.1 湖北省高新技术企业数量持续增加，年增速为28.6%

湖北省高新技术企业数量在全国名列前茅，从2014年第8位到2015年上升至第7位，并连续七年维持第7位；2015～2021年，位居中部地区首位。2014～2021年全国高新技术企业数量前十省域排名如表4-13所示。2020年湖北省高新技术企业工业总产值为14 809.69亿元，占全省工业总产值34.63%；出口总额达1 221.38亿元，占全省出口总额45.33%。科技活动人员和科技活动经费内部支出逐年增加，2020年分别为35.57万人和1 047.8亿元，其中R&D人员和R&D经费内部支出分别占60.8%和52.1%；技术收入占营业收入18.3%。

表 4 - 13　　　　　全国高新技术企业数量 2014~2021 年省域变化

排名	2014 年			2015 年			2016 年			2017 年		
	省域	高企数	占全国比重（%）	省域	高企数	占全国比重（%）	省域	高企数	占全国比重（%）	省域	高企数	占全国比重（%）
1	江苏	9 109	14.56	北京	10 881	14.29	广东	19 463	19.46	广东	32 718	25.05
2	广东	8 814	14.09	广东	10 649	13.99	北京	13 476	13.47	北京	16 267	12.45
3	北京	8 237	13.17	江苏	10 587	13.90	江苏	12 946	12.94	江苏	13 661	10.46
4	浙江	5 611	8.97	浙江	6 283	8.25	浙江	7 539	7.54	浙江	9 047	6.93
5	上海	5 320	8.50	上海	5 969	7.84	上海	6 758	6.76	上海	7 494	5.74
6	山东	3 287	5.25	山东	3 809	5.00	山东	4 592	4.59	山东	6 217	4.76
7	安徽	2 589	4.14	湖北	3 242	4.26	湖北	4 209	4.21	湖北	5 261	4.03
8	湖北	2 533	4.05	安徽	3 100	4.07	安徽	3 795	3.79	安徽	4 255	3.26
9	四川	1 990	3.18	四川	2 614	3.43	天津	3 205	3.20	天津	4 009	3.07
10	福建	1 706	2.73	天津	2 204	2.89	四川	3 047	3.05	四川	3 480	2.66
湖北占前十省域高企数	5.15%			5.46%			5.33%			5.14%		
前十省域高企数占全国	78.64%			77.93%			79.02%			78.40%		

排名	2018 年			2019 年			2020 年			2021 年		
	省域	高企数	占全国比重（%）	省域	高企数	占全国比重（%）	省域	高企数	占全国比重（%）	省域	高企数	占全国比重（%）
1	广东	44 686	25.94	广东	49 991	22.87	广东	52 797	19.56	广东	60 000	18.18
2	北京	18 749	10.88	江苏	23 946	10.96	江苏	32 734	12.13	江苏	37 000	11.21
3	江苏	17 968	10.43	北京	23 190	10.61	北京	23 991	8.89	浙江	28 581	8.66
4	浙江	11 811	6.86	浙江	16 152	7.39	浙江	21 943	8.13	北京	27 600	8.36
5	上海	9 023	5.24	上海	12 619	5.77	上海	16 614	6.16	山东	20 412	6.19
6	山东	8 831	5.13	山东	11 358	5.20	山东	14 560	5.39	上海	20 035	6.07
7	湖北	6 437	3.74	湖北	7 686	3.52	湖北	10 266	3.80	湖北	14 560	4.41
8	安徽	5 324	3.09	河北	7 611	3.48	河北	9 230	3.42	安徽	11 368	3.44

续表

排名	2018 年			2019 年			2020 年			2021 年		
	省域	高企数	占全国比重（%）	省域	高企数	占全国比重（%）	省域	高企数	占全国比重（%）	省域	高企数	占全国比重（%）
9	河北	5 020	2.91	安徽	6 547	3.00	湖南	8 525	3.16	河北	11 168	3.38
10	天津	4 889	2.84	湖南	6 209	2.84	安徽	8 444	3.13	湖南	10 800	3.27
湖北占前十省域高企数	4.85%			4.65%			5.16%			6.03%		
前十省域高企数占全国	77.06%			75.64%			73.77%			73.19%		

排名	2014 年			2015 年			2016 年			2017 年		
	省域	高企数	占全国比重（%）	省域	高企数	占全国比重（%）	省域	高企数	占全国比重（%）	省域	高企数	占全国比重（%）
1	安徽	2 589	4.14	湖北	3 242	4.26	湖北	4 209	4.21	湖北	5 261	4.03
2	湖北	2 533	4.05	安徽	3 100	4.07	安徽	3 795	3.79	安徽	4 255	3.26
3	湖南	1 439	2.30	湖南	1 771	2.33	湖南	2 182	2.18	湖南	3 123	2.39
4	河南	1 076	1.72	河南	1 339	1.76	河南	1 646	1.65	河南	2 258	1.73
5	江西	796	1.27	江西	1 082	1.42	江西	1 432	1.43	江西	2 117	1.62
6	山西	516	0.82	山西	715	0.94	山西	926	0.93	山西	1 112	0.85
湖北占中部地区高企数	28.30%			28.82%			29.66%			29.02%		

排名	2018 年			2019 年			2020 年			2021 年		
	省域	高企数	占全国比重（%）	省域	高企数	占全国比重（%）	省域	高企数	占全国比重（%）	省域	高企数	占全国比重（%）
1	湖北	6 437	3.74	湖北	7 686	3.52	湖北	10 266	3.80	湖北	14 560	4.41
2	安徽	5 324	3.09	安徽	6 547	3.00	湖南	8 525	3.16	安徽	11 368	3.44
3	湖南	4 579	2.66	湖南	6 209	2.84	安徽	8 444	3.13	湖南	10 800	3.27
4	江西	3 483	2.02	江西	5 066	2.32	江西	7 043	2.61	河南	8 387	2.54
5	河南	3 283	1.91	河南	4 749	2.17	河南	6 270	2.32	江西	6 299	1.91

续表

排名	2018 年			2019 年			2020 年			2021 年		
	省域	高企数	占全国比重（%）	省域	高企数	占全国比重（%）	省域	高企数	占全国比重（%）	省域	高企数	占全国比重（%）
6	山西	1 621	0.94	山西	2 485	1.14	山西	3 162	1.17	山西	3 188	0.97
湖北占中部地区高企数	26.03%			23.47%			23.49%			26.67%		

4.3.2　湖北省高技术产业企业数量全国第 9，占中部六省比重降低

湖北省高技术产业企业数量 2014 ~ 2020 年从 920 家提升至 1 339 家，在全国排名较为靠前，但发展速度较为缓慢，平均增长速度为 7.86%，比高新技术企业数量平均增速低近 2.6 倍。在中部地区中，湖北省高技术产业企业数量排名居中，2016 ~ 2020 年稳定在第 4 位，但与第 3 位数量差距逐年增加，在中部地区高技术产业企业总数中占比逐年减少，如表 4 – 14 所示。

表 4 – 14　　全国高技术产业企业数量 2014 ~ 2016 年、
2018 ~ 2020 年省域变化

排名	2014 年			2015 年			2016 年		
	省域	数量	占全国比重（%）	省域	数量	占全国比重（%）	省域	数量	占全国比重（%）
1	广东	5 874	21.02	广东	6 194	20.90	广东	6 570	21.33
2	江苏	4 852	17.37	江苏	4 903	16.55	江苏	5 007	16.26
3	浙江	2 437	8.72	浙江	2 603	8.78	浙江	2 595	8.43
4	山东	2 114	7.57	山东	2 268	7.65	山东	2 207	7.17

续表

排名	2014 年			2015 年			2016 年		
	省域	数量	占全国比重（%）	省域	数量	占全国比重（%）	省域	数量	占全国比重（%）
5	河南	1 068	3.82	安徽	1 198	4.04	安徽	1 398	4.54
6	安徽	1 036	3.71	河南	1 176	3.97	河南	1 261	4.09
7	上海	1 003	3.59	湖北	1 037	3.50	四川	1 107	3.59
8	湖北	920	3.29	上海	1 020	3.44	江西	1 064	3.45
9	四川	911	3.26	四川	999	3.37	湖北	1 063	3.45
10	湖南	900	3.22	湖南	953	3.22	湖南	1 027	3.33
湖北占前十省域企业数	3.98%			4.26%			4.20%		
前十省域企业数占全国	82.78%			82.23%			82.20%		

排名	2018 年			2019 年			2020 年		
	省域	数量	占全国比重（%）	省域	数量	占全国比重（%）	省域	数量	占全国比重（%）
1	广东	8 525	25.39	广东	9 542	26.63	广东	10 670	26.55
2	江苏	4 870	14.51	江苏	5 111	14.26	江苏	5 973	14.86
3	浙江	2 785	8.30	浙江	3 150	8.79	浙江	3 622	9.01
4	山东	1 978	5.89	山东	1 564	4.36	江西	1 779	4.43
5	安徽	1 456	4.34	江西	1 500	4.19	山东	1 718	4.27
6	江西	1 305	3.89	安徽	1 466	4.09	安徽	1 702	4.23
7	四川	1 283	3.82	四川	1 422	3.97	湖南	1 651	4.11
8	湖南	1 259	3.75	湖南	1 381	3.85	四川	1 576	3.92
9	湖北	1 136	3.38	湖北	1 230	3.43	湖北	1 339	3.33
10	河南	1 123	3.34	福建	1 184	3.30	福建	1 227	3.05
湖北占前十省域企业数	4.10%			4.16%			4.02%		
前十省域企业数占全国	82.62%			82.52%			82.79%		

排名	2014 年			2015 年			2016 年		
	省域	数量	占全国比重（%）	省域	数量	占全国比重（%）	省域	数量	占全国比重（%）
1	河南	1 068	3.82	安徽	1 198	4.04	安徽	1 398	4.54
2	安徽	1 036	3.71	河南	1 176	3.97	河南	1 261	4.09
3	湖北	920	3.29	湖北	1 037	3.50	江西	1 064	3.45
4	湖南	900	3.22	湖南	953	3.22	湖北	1 063	3.45
5	江西	792	2.83	江西	923	3.11	湖南	1 027	3.33
6	山西	134	0.48	山西	139	0.47	山西	133	0.43
湖北占中部地区企业数	19%			19%			18%		

排名	2018 年			2019 年			2020 年		
	省域	数量	占全国比重（%）	省域	数量	占全国比重（%）	省域	数量	占全国比重（%）
1	安徽	1 456	4.34	江西	1 500	4.19	江西	1 779	4.43
2	江西	1 305	3.89	安徽	1 466	4.09	安徽	1 702	4.23
3	湖南	1 259	3.75	湖南	1 381	3.85	湖南	1 651	4.11
4	湖北	1 136	3.38	湖北	1 230	3.43	湖北	1 339	3.33
5	河南	1 123	3.34	河南	1 106	3.09	河南	1 198	2.98
6	山西	170	0.51	山西	180	0.50	山西	206	0.51
湖北占中部地区企业数	18%			18%			17%		

4.3.3　湖北高企各项效益均值排名呈"M"型波动

　　将 2014～2020 年各省域高新技术企业各项效益指标平均到对应省域高新技术企业数进行排名，湖北高新技术企业各项效益均值全国排名变化呈两高两低的"M"型走向：2014～2017 年是第一个先高后低区间，工业总产值均值排名变化较大，相差 9 位；2017～2020 年是第二个区间，净利润均值排名变化较大，相差 8 位。高新技术企业工业总产值、出口总额和科技活动人员均值排名相对较低，平均排名为第 16～17 位，低于全国省域数 50%；净利润、营业收入和科技活动经费内部支出均值排名相对较高，平均排名为第 12～13 位，高于全国省域数 50%。湖北高新技术企业各项效益均值在全国排名变化如图 4－16 所示。

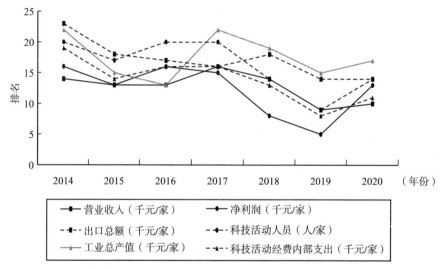

图 4－16　湖北高新技术企业各项效益均值 2014～2020 年变化趋势

2020 年湖北省营业收入和科技活动经费内部支出均值全国排名较为靠前，分别为第 10 和第 11 位，净利润、出口总额和科技活动人员均值全国排名居中位，分别为第 13、第 14、第 14 位，工业总产值均值全国排名靠后，处于第 17 位。营业收入、工业总产值和科技活动人员均值高于全国均值，净利润和出口总额均值低于全国均值，科技活动经费内部支出均值与全国均值相对持平，如图 4－17 所示。

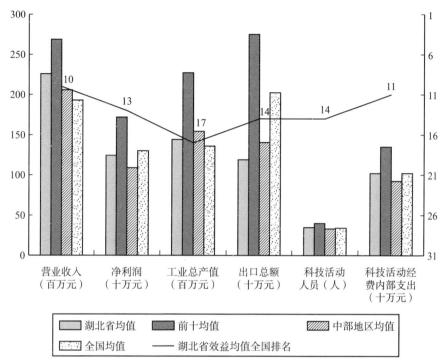

图 4-17　湖北省与前十位、中部地区和全国 2020 年高企效益均值对比

4.3.4　湖北省高技术产业创新类指标增速波动较大，经济类指标增速逐年下降

R&D 经费内部支出增速变化呈"W"型，其中 2016～2018 年增速最大，为 41%。专利申请数增速变化呈"M"型，2018～2019 年增速最大，为 60.39%。有效发明专利数增速变化呈"V"型，2016～2018 年增速最低，为 19%。而营业收入和利润总收入的增速逐年下降，利润总收入 2018～2020 年增速甚至为负，如图 4-18 所示。

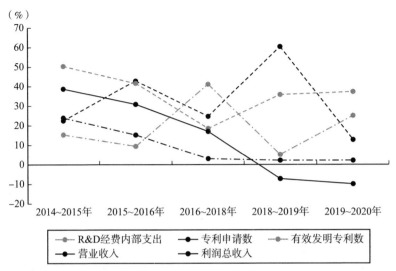

图 4 - 18   湖北高技术产业各类指标 2014 ~ 2020 年增速变化趋势

4.3.5   中部集群所在城市高企数量均值仅为东部均值30%

152 家创新型产业集群涉及 28 个省域，120 个城市，275 433 家高新技术企业。城市平均高企数最高的是东部地区，为 3 870 家，即东部地区平均一个集群所在城市拥有 3 870 家高新技术企业，其次为西部和中部地区，为 1 232 家和 1 207 家，东北地区平均一个集群所在城市拥有 898 家，如表 4 - 15 所示。

表 4 - 15   创新型产业集群所在城市 2021 年高企数四大板块分布

地区	创新型产业集群数量	涉及城市数量（A）	所在城市高企总数（B）	城市平均高企数（B/A）
东部	75	51	197 354	3 870
中部	36	34	39 169	1 152
西部	29	24	29 661	1 236

地区	创新型产业集群数量	涉及城市数量（A）	所在城市高企总数（B）	城市平均高企数（B/A）
东北	12	11	9 878	898
全国	152	120	276 020	2 301

创新型产业集群所在城市高新技术企业数量结构呈金字塔型，如图4-19所示。拥有10 000家以上高新技术企业的集群所在城市由大到小依次为北京、深圳、上海、广州、苏州和杭州，其中北京、深圳和上海高新技术企业数量超过了20 000家，10 000家以上高新技术企业的6个集群所在城市均位于东部地区。

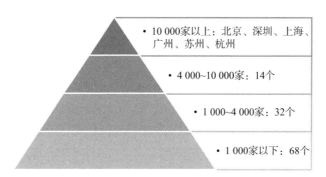

图4-19　创新型产业集群所在城市2021年高企数结构

拥有4 000~10 000家高企的集群所在城市有14个，东部地区城市数量占50%，中部和西部地区分别有4个和3个城市。拥有1 000~4 000家高企的集群所在城市有32个，东部地区城市数量占72%，中部、西部和东北地区均有3个城市。拥有1 000家以下高企的集群所在城市有68个，中部地区城市数量占40%，西部地区占26%，东部占22%，如表4-16所示。

表 4 – 16   创新型产业集群所在城市 2021 年高企数区间城市分布

高新技术企业数量区间	城市	湖北省	中部地区	粤苏鲁浙除外
10 000≤所在城市高企数	北京、深圳、上海、广州、苏州、杭州	—	—	北京、上海
7 000≤高企数<10 000	武汉、西安、成都、南京、天津、东莞、佛山	武汉	武汉	武汉、西安、成都、天津
4 000≤高企数<7 000	青岛、长沙、重庆、无锡、合肥、济南、郑州	—	长沙、合肥、郑州	长沙、重庆、合肥、郑州
1 000≤高企数<4 000	宁波、沈阳、温州、大连、常州、福州、石家庄、中山、厦门、昆山、江门、太原、珠海、惠州、南昌、长春、泉州、扬州、烟台、潍坊、南宁、泰州、芜湖、保定、贵阳、盐城、昆明、临沂、肇庆、威海、淄博、徐州	—	太原、南昌、芜湖	沈阳、大连、福州、石家庄、厦门、太原、南昌、长春、泉州、南宁、芜湖、保定、贵阳、昆明
高企数<1 000	68 个	襄阳、黄石、孝感、荆门、十堰、咸宁、随州、仙桃、天门	27 个	57 个

东部地区集群所在城市高企规模结构优于中部、西部和东北地区。东部地区创新型产业集群涉及 51 个城市，其中高企数在 1 000 ~ 4 000 家的城市占比最多，为 45.1%；中部、西部和东北地区集群分别涉及 34 个、24 个、11 个城市，均为高企数在 1 000 家以下的城市占比最多，依次为 77.1%、75%、72.7%，如图 4 – 20 所示。

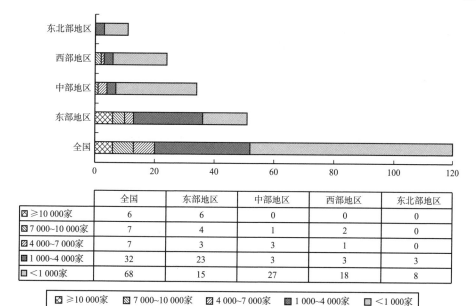

	全国	东部地区	中部地区	西部地区	东北部地区
≥10 000家	6	6	0	0	0
7 000~10 000家	7	4	1	2	0
4 000~7 000家	7	3	3	1	0
1 000~4 000家	32	23	3	3	3
<1 000家	68	15	27	18	8

☒ ≥10 000家　☑ 7 000~10 000家　☑ 4 000~7 000家　■ 1 000~4 000家　□ <1 000家

图4-20　创新型产业集群所在城市2021年高新技术企业数量城市数区间

4.3.6　湖北创新型产业集群高企率整体上升，年增速为3.6%

湖北省创新型产业集群高新技术企业入统数量2014～2020年由287家增长至811家，高企率由51%提升至62%，平均增速为3.6%；全国创新型产业集群从32%上升至46%，平均增速为6.4%。2014～2021年湖北省和全国创新型产业集群高企率变化如表4-17所示。

表4-17　创新型产业集群湖北省和全国2014～2021年高企率

创新型产业集群	2014年	2015年	2016年	2017年	2018年	2019年	2020年	2021年
湖北集群入统高企数	287	482	522	694	757	726	811	1 003
湖北集群入统企业数	561	813	914	1 115	1 197	1 244	1 311	3 950*
湖北集群高企率	51%	59%	57%	62%	63%	58%	62%	25.4%

创新型产业集群	2014 年	2015 年	2016 年	2017 年	2018 年	2019 年	2020 年	2021 年
全国集群高企率	32%	36%	38%	37%	41%	44%	46%	—
湖北集群数	3	3	3	6	6	6	6	10
全国集群数	71	71	71	109	109	109	109	152

注：3 950 家是湖北 10 家集群集聚相关企业，非火炬年鉴入统企业数量。

武汉市高新技术企业规模首位度较高，占 10 家集群所在城市高企总数的 74.3%。2021 年，武汉市高新技术企业总数达 9 151 家，在创新型产业集群所在城市高企数中居全国第 6 位、中部首位，占湖北省 10 家集群所在城市高企总数的 74.3%；襄阳市高新技术企业数量为 874 家，与首位武汉市少 8 277 家，比第 3 位黄石市多 396 家，如表 4 - 18 所示。

表 4 - 18　　　　湖北省 10 家创新型产业集群所在城市 2021 年高企数

排名	创新型产业集群	集群高企数	所在城市	城市高企数	占 10 个城市比重（%）	占湖北比重（%）
1	武汉东湖高新区国家地球空间信息及应用服务		武汉	9 151	74.3	62.9
2	襄阳新能源汽车关键部件		襄阳	874	7.1	6.0
3	黄石先进电子元器件		黄石	478	3.9	3.3
4	孝感高新区高端装备制造	121	孝感	381	3.1	2.6
5	荆门城市矿产资源循环利用		荆门	375	3	2.6
6	十堰商用车及部件	228	十堰	367	2.9	2.5
7	咸宁智能机电		咸宁	347	2.8	2.4
8	随州移动应急装备		随州	143	1.2	1.0
9	仙桃高新区非织造布		仙桃	131	1.1	0.9
10	天门生物医药		天门	69	0.6	0.5
10 个城市高企总量				12 316	100	84.6
湖北高企总量				14 560	—	100

湖北10家创新型产业集群所在城市上市高新技术企业共有34家，武汉数量最多，有24家，占总数71%，襄阳4家占总量12%，黄石、荆门和孝感均有2家，如表4－19所示。

表4－19　　湖北省10家创新型产业集群所在城市上市高新技术企业

城市	上市高新技术企业	数量	占比（％）
武汉	000988 华工科技、002194 武汉凡谷、002414 高德红外、002932 明德生物、300161 华中数控、300205 天喻信息、300516 久之洋、300536 农尚环境、300567 精测电子、300776 帝尔激光、301127 天源环保 600068 葛洲坝、600345 长江通信、600757 长江传媒、600976 健民集团、600998 九州通、601869 长飞光纤、603220 中贝通信、688038 中科通达、688089 嘉必优、688156 路德环境、688526 科前生物	24	71
黄石	600801 华新水泥、300276 三丰智能	2	6
襄阳	300041 回天新材、300966 共同药业、600006 东风汽车、603950 长源东谷	4	12
荆门	301211 亨迪药业、000902 新洋丰	2	6
孝感	300980 祥源新材、000707 双环科技	2	6

中部六省创新型产业集群所在城市高企数量分布结构，如表4－20所示，高企数200家以下城市总共6个，湖北随州、仙桃、天门高新技术企业数量均低于200家。

表4－20　　　中部地区创新型产业集群所在城市高企数量分布

排名	所在城市	高企数	排名	所在城市	高企数
1	武汉	9 151	6	南昌	1 950
2	长沙	5 218	7	芜湖	1 298
3	合肥	4 578	8	株洲	905
4	郑州	4 137	9	洛阳	903
5	太原	2 132	10	岳阳	889

排名	所在城市	高企数	排名	所在城市	高企数
11	襄阳	874	23	娄底	286
12	湘潭	595	24	晋中	275
13	吉安	548	25	南阳	264
14	新乡	539	26	许昌	244
15	蚌埠	517	27	长治	222
16	阜阳	503	28	景德镇	201
17	黄石	478	29	新余	193
18	孝感	381	30	随州	143
19	荆门	375	31	仙桃	131
20	十堰	367	32	天门	69
21	常德	356	33	鹰潭	51
22	咸宁	347	34	抚州	49

4.3.7　湖北省规模以上工业企业数量分布极化

2020年湖北省10家创新型产业集群所在城市规模以上工业企业数量共有10 876家，占全省规模以上工业企业数量69%，武汉企业单位数最多，达2 958家，占10个城市企业总数的27%。武汉规上企业工业总产值、资产总计、利润总额居首位，分别占10个城市总计的39%、54%和35%，处于明显领先地位。其次是襄阳和荆门这两个城市的三个指标较为靠前，仅次于武汉。单位企业资产总计中，10个城市平均水平为2.95，仅武汉高于均值；全省均值为2.81，仅武汉和黄石高于均值。单位企业利润总额中，10个城市均值为0.17，武汉、襄阳、荆门、仙桃高于均值；全省均值为0.28，所有城市均低于均值，如表4-21所示。

表4-21   湖北创新型产业集群所在城市规模

以上工业企业2020年主要经济指标

城市	规上工业企业个数（个）	规上工业总产值（亿元）	资产总计（亿元）	单位企业资产（亿元）	利润总额（亿元）	单位企业利润（亿元）
湖北总量	15 708	42 767.04	44 195.49	2.81	4 439.79	0.28
10市总量	10 876	33 479.36 *	32 035.87	2.95	1 852.62	0.17
武汉	2 958	12 977.3	17 223.44	5.82	656.56	0.22
黄石	704	1 654.66	2 027.9	2.88	106.83	0.15
十堰	950	1 990.35	2 348.17	2.47	95.79	0.10
襄阳	1 697	5 674.62	3 661.49	2.16	323.4	0.19
荆门	982	3 212.84	2 004.18	2.04	172.96	0.18
孝感	1 172	2 582.7	1 598.72	1.36	110.52	0.09
咸宁	945	1 927.72	1 114.6	1.18	144.55	0.15
随州	700	1 421.3	940.7	1.34	80.34	0.11
仙桃	452	1 144.65	665.39	1.47	117.55	0.26
天门	316	893.22	451.28	1.43	44.12	0.14

注：武汉规上总产值依据2019年数据进行指数转换测算。

4.3.8 集群所在城市规上企业中制造业占比均值为91.7%

从数量占比上看，2020年制造业占工业企业个数比重均为90%左右，武汉市制造业企业数量最多，其次是襄阳，仙桃相对较少。从行业分布来看，武汉市非金属矿物制品业、黑色金属冶炼及压延加工业、金属制品业、电气机械及器材制造业、通信设备、计算机及其他电子设备制造业和仪器仪表及文化、办公用机械制造业六个行业的企业数量，在创新型产业集群所在的城市分布中占优势。烟草制造业仅荆门和武汉有规上企业，因天门数据缺失，未纳入比较，如表4-22所示。

表 4 – 22　　　　　湖北创新型产业集群所在城市规模
以上企业行业 2020 年分布　　　　单位：个

行业	武汉	黄石	十堰	襄阳	荆门	孝感	咸宁	随州	仙桃	总计
规模以上工业总计	2 958	704	950	1 697	982	1 172	945	700	452	10 560
制造业	2 870	629	892	1 598	898	1 120	877	653	443	9 980
制造业所占比重	0.97	0.89	0.94	0.94	0.91	0.96	0.93	0.93	0.98	8.45
农副食品加工业	136	29	75	159	197	105	35	96	33	865
食品制造业	73	7	9	32	21	32	21	15	21	231
饮料制造业	27	7	26	38	13	33	36	13	6	199
烟草制造业	3	—	—	—	31	—	—	—	—	34
纺织业	52	6	11	183	24	105	71	32	156	640
纺织服装、鞋、帽制造业	41	29	12	29	8	70	36	18	29	272
皮革、毛皮、羽毛（绒）及其制品业	5	9	3	6	20	79	3	6	1	132
木材加工及木、竹、藤、棕、草制品业	34	3	11	48	11	28	38	3	5	181
家具制造业	21	—	1	8	7	13	22	3	3	78
造纸及纸制品业	43	5	4	11	18	27	13	6	12	139
印刷业和记录媒介的复制	67	13	2	24	20	42	39	12	7	226
文教体育用品制造业	21	8	15	53	8	41	24	8	2	180
石油加工、炼焦及核燃料加工业	18	2	2	2	89	5	1	—	1	121
化学原料及化学制品制造业	112	26	22	114	22	82	75	37	33	523
医药制造业	91	21	23	26	1	24	30	11	14	241
化学纤维制造业	—	—	—	5	47	2	3	—	—	57
橡胶和塑料制品业	134	17	26	34	125	55	37	26	21	475
非金属矿物制品业	294	103	65	155	3	114	164	139	14	1 051
黑色金属冶炼及压延加工业	25	21	6	5	4	8	5	2	1	77

行业	武汉	黄石	十堰	襄阳	荆门	孝感	咸宁	随州	仙桃	总计
有色金属冶炼及压延加工业	19	35	8	12	33	13	17	2	2	141
金属制品业	242	49	39	45	76	59	34	32	16	592
通用设备制造业	163	60	34	77	39	24	35	21	9	462
专用设备制造业	213	85	36	61	197	42	26	14	20	694
交通运输设备制造业	482	29	423	330	31	29	26	113	21	1 484
电气机械及器材制造业	265	25	19	73	28	47	40	21	9	527
通信设备、计算机及其他电子设备制造业	190	30	12	53	17	30	33	18	5	388
仪器仪表及文化、办公用机械制造业	92	10	2	8	4	7	11	4	—	138
工艺品及其他制造业	7	2	2	6	1	4	2	1	2	27

资料来源：各城市2021年城市统计年鉴。

4.3.9　襄十随制造业产值首位均为交通运输设备制造业

在规模以上制造业企业工业总产值中（不包括武汉、天门），襄阳制造业产值为5 674.62亿元，位居首位，其次是荆门，仙桃最低。从行业分布来看，襄阳的交通运输设备制造业工业总产值最高，达1 698.6亿元，占制造业的31.1%；荆门的农副食品加工业产值最高，为772.7亿元，占制造业的26.2%；孝感纺织业工业总产值最高，达397.7亿元，占制造业的16.4%；十堰的交通运输设备制造业工业总产值最高，达1 316.7亿元，占69%；咸宁非金属矿物制品业产值最高，为270.6亿元，占制造业的15.7%；黄石有色金属冶炼及压延加工业最高，达496.18亿元，占制造业的32.6%；随州交通运输设备制造业工业总产值最高，达295.5亿元，占制造业的21.7%；仙桃纺织业产值最高，为530.5亿元，占制造业的46.6%，如表4-23所示。

表 4-23　　　　　　**湖北创新型产业集群所在城市规模以上**

制造业企业 2020 年工业总产值　　　　单位：亿元

行业	黄石	十堰	襄阳	荆门	孝感	咸宁	随州	仙桃	总计
规模以上工业总计	1 654.66	1 990.35	5 674.62	3 212.84	2 582.7	1 927.72	1 421.3	1 144.65	19 608.84
制造业	1 520.0	1 907.4	5 459.9	2 949.4	2 428.6	1 725.9	1 361.8	1 137.9	18 490.9
农副食品加工业	21.9	69	600	772.7	231.5	57.1	238.2	63.6	2 054
食品制造业	2.7	7.6	93.6	56.2	76.9	27.3	55.5	84.1	403.9
饮料制造业	84.6	47.2	93.4	0.0	28.8	105.1	14.6	3.6	377.3
烟草制造业	—	—	—	46.2	—	—	—	0	46.2
纺织业	6.02	18.6	385.4	115.3	397.7	122.4	69.1	530.5	1 645.02
纺织服装、鞋、帽制造业	14.12	8.6	50.4	55.7	117.9	80.3	33.4	44.9	405.32
皮革、毛皮、羽毛（绒）及其制品业	2.85	3.3	9	17.3	106.8	5.2	19.2	1.3	164.95
木材加工及木、竹、藤、棕、草制品业	0.91	4.1	40.1	46.0	51.7	78.5	5.2	6.5	233.01
家具制造业	—	0.2	7.5	14.7	15.7	40.1	1.8	1.3	81.3
造纸及纸制品业	2.39	1.2	27.7	11.0	113.9	26	11.4	26.5	220.09
印刷业和记录媒介的复制	8.75	0.3	89.7	26.3	63.7	50	18.9	15.5	273.15
文教体育用品制造业	2.84	18.1	112.7	52.5	111.5	34.2	9.4	1.8	343.04
石油加工、炼焦及核燃料加工业	52.36	5.7	10.1	233.6	8.1	0.3	—	0.3	310.46
化学原料及化学制品制造业	30.58	22.1	390.8	444.8	300.3	171.4	71.0	74.8	1 505.78
医药制造业	34.28	33	73.2	29.8	44.9	79.6	38.7	44	377.48
化学纤维制造业	—	—	12.5	4.4	10.3	7.3	—	—	34.5
橡胶和塑料制品业	20.69	26.8	56.8	134.9	114.8	52	54.1	36.8	496.89

续表

行业	黄石	十堰	襄阳	荆门	孝感	咸宁	随州	仙桃	总计
非金属矿物制品业	119.84	58.2	395.8	273.1	170.6	270.6	217.0	10.7	1 515.84
黑色金属冶炼及压延加工业	340.13	27.4	75	1.4	22.6	130	39.3	6.5	642.33
有色金属冶炼及压延加工业	496.18	39.3	108.6	65.5	45.7	20.9	5.7	1.7	783.58
金属制品业	56.71	69.3	145	65.2	105.3	71.1	52.6	25.7	590.91
通用设备制造业	64.07	48.1	240	186.8	64.9	44.8	39.4	8.9	696.97
专用设备制造业	42.36	55.4	216.6	87.7	34	48.6	14.3	25.1	524.06
交通运输设备制造业	20.93	1 316.7	1 698.6	65.5	46	46.5	295.5	72.3	3 562.03
电气机械及器材制造业	19.57	21.7	288.7	102.8	82	42.2	20.9	18.4	596.27
通信设备、计算机及其他电子设备制造业	71.48	4.8	187.1	29.3	57.5	77.5	30.5	32.4	490.58
仪器仪表及文化、办公用机械制造业	3.26	—	41.1	7.8	2.5	32.8	5.0	—	92.46
工艺品及其他制造业	0.45	0.7	10.5	2.9	3	4.1	1.1	0.7	23.45

资料来源：各城市2021年城市统计年鉴。

　　湖北创新型产业集群城市制造业各行业产值比重中，交通运输设备制造业、非金属矿物制品业、农副食品加工业、纺织业和化学原料及化学制品制造业五个行业比重较大，属于支柱行业。而烟草制造业、皮革、毛皮、羽毛（绒）及其制品业、家具制造业、化学纤维制造业、仪器仪表及文化、办公用机械制造业和工艺品及其他制造业的比重小于1%，如表4-24所示。

表 4 – 24　　　　　　　　湖北创新型产业集群所在城市制造业

各行业 2020 年产值比重构成　　　　单位：%

行业	比重	行业	比重
农副食品加工业	11.11	医药制造业	2.04
食品制造业	2.18	化学纤维制造业	0.19
饮料制造业	2.04	橡胶和塑料制品业	2.69
烟草制造业	0.25	非金属矿物制品业	8.20
纺织业	8.90	黑色金属冶炼及压延加工业	3.47
纺织服装、鞋、帽制造业	2.19	有色金属冶炼及压延加工业	4.24
皮革、毛皮、羽毛（绒）及其制品业	0.89	金属制品业	3.20
木材加工及木、竹、藤、棕、草制品业	1.26	通用设备制造业	3.77
家具制造业	0.44	专用设备制造业	2.83
造纸及纸制品业	1.19	交通运输设备制造业	19.26
印刷业和记录媒介的复制	1.48	电气机械及器材制造业	3.22
文教体育用品制造业	1.86	通信设备、计算机及其他电子设备制造业	2.65
石油加工、炼焦及核燃料加工业	1.68	仪器仪表及文化、办公用机械制造业	0.50
化学原料及化学制品制造业	8.14	工艺品及其他制造业	0.13

4.3.10　湖北省集群所在城市高企规模能级极化显著

湖北省 10 个创新型产业集群所在城市中，2021 年武汉市高企数为 9 151 家，天门市高企数为 69 家，相差近 131 倍。湖北创新型产业集群所在 10 个城市高企数量分布呈现两极分化，陕西和四川两个省也呈现两极分化特征，将三个省高企数量进行比较，西安和安康高企数相差 8 608 家，成都与遂宁相差 7 691 家，如表 4 – 25 所示。

表4-25   **湖北、陕西、四川集群所在城市高企数量分布比较**

省域	集群数	首位	高企数	末位	高企数	差值
湖北	10	武汉	9 151	天门	69	9 082
陕西	6	西安	8 700	安康	92	8 608
四川	6	成都	7 821	遂宁	130	7 691

从高新技术企业营业收入、净利润、工业总产值、出口总额、科技活动人员和科技活动经费内部支出均值六个指标，对比分析湖北、陕西和四川高新技术企业各项效益均值。湖北省在营业收入、净利润、工业总产值和科技活动经费内部支出均值较有优势，营业收入均值比第2位四川高453.5万元；出口总额和科技活动人员高企均值较低，出口总额为119万元，与四川相差65.5万元，如图4-21所示。

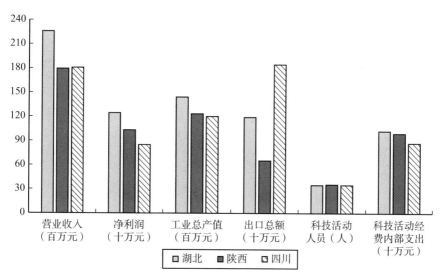

图4-21 湖北、陕西和四川集群所在城市高企数量均值2020年对比

4.4 都市工业园产业路径选择及推进模式

国内外都市工业在几十年的发展过程中呈现出不同的发展格局，按产业集中类型分为综合型和专一型：具有代表性的综合型是意大利式产业区模式，众多中小企业形成近100个企业集群，以及我国多元化发展的香港、上海、重庆等地；专业型体现为服装业为主的纽约，香水业为主的巴黎，软件业为主的班加罗尔，服务外包为主的我国苏州、大连等地。按产业驱动类型分为日本和我国浙江的企业内生推动型，新加坡和我国珠三角的政府或市场外向拉动型。

我国都市工业园最早在上海开始建设，随后我国都市工业园进入快速发展阶段，武汉、重庆、青岛、天津、长春、宁波、北京、广州、郑州、南京、昆明、南昌、成都、大连等地先后建设都市工业园，大部分中小城市也开始规划建设都市工业园。发展都市型工业不仅为城市带来直接经济增长和就业机会，而且推动传统生产方式向都市型工业集约生产方式转变，为城市繁荣增添新活力。

都市工业园是近年来繁荣发展的工业园的一种形式，同时又具有都市型工业的个性特征，是发展和变化中的都市型工业的一种存在方式和新的组织形式，是现代化大都市发展中的一个新的产业组织形式。都市型工业指依托大都市独特的信息流、人才流、现代物流、资金流等社会资源，以产品设计、技术开发和加工制造为主，以都市型工业园为基本载体，能够在市中心区域生存和发展、与城市功能和生态环境相协调的有就业、有税收、有环保、有形象的现代绿色工业。

都市工业园与工业开发区均为聚集从事工业生产活动的区域，两者联系密切、优势互补。但两者在空间布局、占地规模、建设模式、吸纳对象、产业关联等方面也存在着显著的区别，如表4-26所示。因此，都市工业园产业定位的视野和思路不能定格于工业开发区的范畴。

表 4 - 26   都市工业园与开发区比较

比较指标	都市工业园	开发区
空间布局	城市中心区域	城市的郊区
占地规模	占地面积较小，土地并非完全连片	占地面积较大，土地连片，远离居民区
建设模式	利用存量资产，改造与兴建相结合	开拓、新建
吸纳对象	现代绿色工业	支柱产业，优势产业
产业关联	互补共生、共存共荣的产业网络	相对独立的产业体系

4.4.1　都市工业园产业发展原则

一是培育壮大主导产业，拉动园区经济增长。

都市工业园的经济增长，无论是长期的积累发展，还是通过短期资本集聚，都与城市主导产业的发展与带动密切相关。主导产业区位优势显著，与其他产业关联性强，是都市工业园经济的产业支撑。培育壮大主导产业，可以带动产业链上下游产业的增长，从而拉动园区经济增长。以自主创新带动增长方式转变，加大技术创新投入，形成一批具有自主知识产权的产品和技术，成为新的投资热点和经济增长点，改变都市工业园经济增长过分依赖投资和能源、原材料消耗的局面，实现经济持续平稳快速增长。提高园区企业研发投入占销售收入比重，鼓励对园区产业关键技术的攻关，对具有重大市场价值的项目进行超前开发。

二是完善配套服务体系，构建区域创新网络。

都市工业园的主体是中小企业和民营企业，其建设过程是一项系统工程，需要有一系列配套政策支撑，需要政府为其创造良好的发展氛围和环境。都市工业园应积极发展研发、金融、风险投资等支持性服务机构，形成良好的配套服务体系，充分发挥产业集聚的外部经济性，使园内企业更好地应对技术和市场的快速变化，使企业有能力不断地从技术和市场变化中调整产业和产业发展方向，促进产业升级和产业结构的调整，促进企业和产业保持竞争力。都市工业园区可以更好地发挥中小企业的活跃因素，形成对国有企业和集体企业的有效补充，增强城市经济活力和技术创新的动力，推动城市功能的进一步完善与发展。

三是优化产业空间布局，强化特色经济导向。

都市工业园是城市经济的重要有机组成部分，政府应加快发展都市工业园，规划引导产业空间布局，把握好都市工业园产业布局和产业发展重点，协调都市工业和城市主导产业发展、都市工业园和开发区的关系，在制定园区发展规划时避免低水平重复建设，避免形成恶性竞争，力求形成区域特色，努力实现区域经济社会的跨越式、可持续发展。都市工业园区产业发展充分利用现有存量，适度发展增量，对传统产业进行技术改造、升级换代，都市工业园区产业发展过程中，不断投入整治资金进行厂房整治、实施绿化面积，有效改善城市形象。

四是聚集产业形成合力，强化特色经济导向。

通过引导产业发展，形成区域特色优势。按照因地制宜、培育和发展特色经济与优势产业的要求，加强都市工业园区的布局和产业导向。都市工业园区产业能够提供满足城市功能发展需要的产品，对都市高新技术产业和支柱产业起到补充作用，有利于形成更加合理的工业结构体系。重点发展与城市支柱产业、高新技术产业相配套的设计、研发产业和劳动密集型企业。

五是加快发展循环经济，实现园区节能减排。

循环经济从源头预防废弃物排放和减少环境污染，以资源节约和废弃物循环利用，即单位产出资源消耗减量化为手段，实现节能减排，是节能减排的最有效模式。从源头和全过程预防污染产生，实现废弃物排放的最小化和无害化。在努力发展循环经济的基础上，按照新型工业化要求，高起点引进一批科技含量高、环境污染少的重点项目，同时要求新建企业必须是无污染的清洁生产企业和符合环保标准的企业。

4.4.2 都市工业园产业发展总体特征

一是与都市主导产业的强关联性。

都市主导产业是都市经济的强有力支撑，都市工业园区产业是都市主导产业的有益补充，为主导产业提供配套支持，与主导产业有较强的关联性。各都市工业园区结合主导产业，根据自身资源特点和市场需求，发展与主导产业相关联的优势产品和优势产业。

二是对都市产业链条的广延伸性。

围绕主导产业的都市产业链条带动都市大部分产业，都市工业园区产业是都市产业链条的重要环节，拉长都市产业链条的上游或下游环节，形成主导产业与辅助产业配套发展的产业集群，增强都市产业链条的竞争力。

三是和都市经济板块的高互动性。

都市工业园区有效地承接了都市经济板块直接的相互联系，形成都市工业园区与经济板块相得益彰、竞相发展的格局。都市经济板块产业导向直接影响了都市工业园区产业导向，另外，都市工业园区产业发展有力地增强了都市经济板块产业竞争力。

四是对都市区域经济的预超前性。

都市区域产业结构随区域经济发展而不断变化，都市工业园区产业在以先进制造业为主的同时，还应适度超前，引领未来区域经济发展，着力培养创意产业等新兴产业。

五是和区域自然资源的互共生性。

都市工业园区产业应与区域自然资源协调发展，适应大都市环境和形象高标准要求所带来的环境压力，使产业系统和谐地纳入自然生态系统的物质循环和能量流动的大系统中，一个生产过程的"副产品"成为另一生产过程的原材料，使整个工业体系转变成各种资源循环流动的闭环系统，在提高经济效益的前提下保护生态环境。

六是对区域经济资源的高集聚性。

都市工业园区产业一般都处于都市区域中心，地价高、人工成本高，产业发展应能适应都市中心区域房价高位的经营成本压力，产业发展过程中对技术、劳动等经济资源高度集聚才能适应都市发展。工业园区是发展工业经济的主要载体，工业园区有利于推动区内企业基础设施、服务设施、市场网络、公共信息等资源共享，有效吸引同类和相关企业进园设厂，形成生产环节的社会化、专业化分工，企业间的专业协作和相互配套，实现资本、技术、人才等生产要素的优化配置，引导第二、第三产业合理集聚，提高集约化程度，推进产业聚集发展。

七是与区域社会资源的高共享性。

工业园区有利于优化招商引资承载空间，提高招商引资实效，能够吸引国内外大企业和高新技术企业进园设厂，促进形成招大商、引大资、多引资的对外开放格局。工业园区实行一条龙服务、一个窗口收费，以及相应的优惠政策，为招商引资和企业的壮大提供良好的发展环境。

八是对区域特色经济的强支撑性。

工业园区有利于放大产业集群功能。按照工业园区—产业功能区—制造业基地—区域产业集群的发展方向，逐级推进，形成"马太效应"，形成人流、物流、资金流、信息流集聚，带动城市向工业化、城市化和现代化的快速发展。

4.4.3 都市工业园产业发展障碍

一是主导产业不明晰，产业发展重复。

都市工业园区在产业、特色、产品等方面有意识进行选择还相对比较薄弱，许多只是在当地已有一定数量的企业基础上规划成园区，而这些产业能否长期发展、有无竞争优势与区位优势、能否成为区域性主导产业等方面考虑不多，园区产业发展方向不明确。部分工业园区布局分散，重复建设现象较为突出，土地综合利用不尽合理，产业空间布局缺乏规划。

二是企业集聚优势弱，产业缺乏关联。

许多都市工业园区内企业只是模仿生产，处于同一层面的低层次竞争，没有形成分工协作的产业链，无法获取产业集聚所带来的外部规模效应。部分都市工业园区产业集聚规模偏小、产业档次偏低、集聚功能偏弱，缺乏龙头企业带动与牵引其他企业。都市工业园区产业链协作性弱，没能形成很强的前向拉动和后向推动的作用，无法形成产业间相互需求、相互推动、相互渗透的局面。

三是产品特色不明显，产业竞争力弱。

受开发时序、开发条件和开发主体的限制，园区产业的区域性特色不强，产业容易被替代。特色产业的选择要结合当地经济发展的阶段、条件、潜力和促进与制约因素，选择带有明显区域特征的产业，只有带有区域特征的特色产业才能提高产业竞争力。在培育主导产业的过程中，并未充分重视品牌建设，应以质量创品牌，靠品牌拓市场，向品牌要效益，以创造叫得响、有市场的拳头产品，打造有影响力的区域形象。

四是基础设施不到位，服务体系滞后。

我国大多数城市的都市工业园区基础设施建设已取得很大成就，通过园区的配套设施建设，为中小企业的落户及发展创造了条件，但和国外发达城市相比，产业基础设施还需进一步加强。都市工业园区研发、金融、风险投资等支持性服务机构发展相对滞后，不能充分发挥产业集聚的外部经济性。

4.4.4 都市工业园产业布局

未来都市工业园产业布局体现为三环布局模式，如图 4-22 所示，按照区位优势、市场需求、资源状况和产业基础及环境条件，形成各具特色、优势互补、合理分布、协同推进的区域布局。不同环层发展都市工业园的产业重点有所不同：内环层产业应强化集聚功能，中环层产业重点是产业链长、关联性强，外环层产业则要求规模大、带动性强，实现各个不同环层产业专业化和一体化。通过城市不同环层、地区、发展模式之间互补和协调，提高都市工业园产业整体水平。

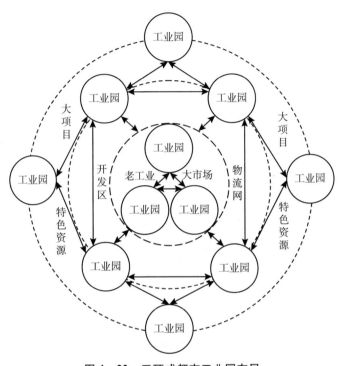

图 4-22　三环式都市工业园布局

　　一是依托老工业、大市场的内环布局。

　　内环都市工业园产业布局以经济密集区为核心，依托城市各老工业基地、各专业市场引导产业按工业基础、市场需求分布，向大工业板块靠拢聚集，形成专业化集聚型的企业集群。内环布局高度浓缩的产业空间内核使内环产业辐射范围广、产品扩散能力强，易于形成密集、高效的市场分销渠道。

　　二是依托开发区、物流网的中环布局。

　　中环都市工业园产业布局以产业链为核心，依托城市各经济开发区、重要交通线、快捷物流网引导产业按产业链网络分布，建设产业带，延伸和扩大原有主体工业板块，以龙头企业实现组群式发展，引导新项目和搬迁项目向产业带集聚，并利用其供应商—制造商—销售商的纵向延伸和与相关产业的横向关联，形成区域性的大集聚。中环布局紧密关联的产业空间衔接要求产业内部和产业间进行分工合作，构成衔接紧密、产业链相互配合的集群化多产业体系，增强新产品开发能力和技术创新能力。

　　三是依托大项目、特色资源的外环布局。

　　外环都市工业园产业布局以大工业为核心，依托城市大项目、特色资源引导产业按现有工业区分布，建设特色产业园，形成新生板块。外环布局有序分布的产业空间结构需要构建以废弃物和原材料之间的技术关联为基础的产业链，以循环利用资源、交换副产品、改善环境，形成"资源—产品—再生资源"和"生产—消费—再循环"的发展模式，使相关产业在一定的空间合理集聚。

　　武汉市经济体系呈现出四大经济板块、七大都市工业园、六大新城组群形成的"476"块状模式，武汉市十大主导产业在"476"块状模式的产业布局如图4－23所示。可以看出，武汉市十大主导产业在东、西、南、北四个方向均衡集聚分布，主要集中在东西湖、青山、沌口、东湖四大经济板块。图4－23中圆结点表示结点纵向所对区域存在横向所对产业，斜线表示所在区域产业分布存在跨区现象，区域现有产业布局与武汉市十大主导产业布局尚未形成互动融合格局。七条斜线中三条属于都市工业园，三条属于六大新城组群，一条属于四大经济板块。

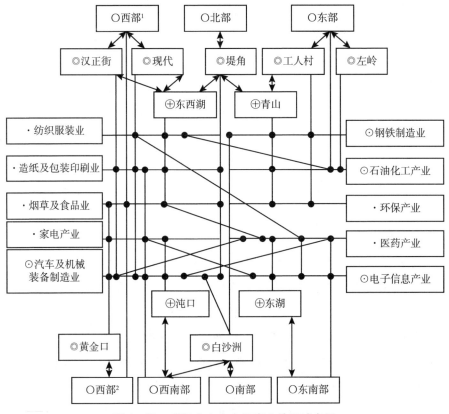

图 4 - 23　武汉市十大主导产业的区域布局

注：⊙表示武汉市支柱产业，●表示武汉市优势产业，⊕表示武汉市四大主城区，◎表示武汉市七大都市工业园，○表示武汉市六大组群（其中西部组群分 1 和 2 两部分，1 表示吴家山新城、蔡甸新城等，2 表示走马岭、黄金口、金银湖等）。

4.4.5　都市工业园产业发展路径选择

都市从历史考察，正是半导体的发现发明才带来了半导体产业，正是半导体产业的规模化发展和产业链的纵横延伸，才成就了硅谷。硅谷是从产品创新到产业创新、从产业创新到区域创新的纵向集成创新的最佳体现。按照"产品—产业—区域"纵向集成创新原理，都市工业园区的产业发展路径可分为以下三种：

一是基于产品创新的正向产业发展。

基于产品创新的正向产业发展按照产品—产业—区域路径发展，园区以实施产品创新的主导企业为主。主导企业在产品创新、市场信息收集、生产制造、渠道建设等各环节中起主导与组织作用，其他企业则围绕主导企业，按照产品生产销售上的各个环节要求和主导企业的经营要求，为主导企业进行配套生产经营，主导企业对配套企业进行生产和技术指导。依靠主导企业不断进行技术创新、产品创新产生的有竞争力的产品形成相关企业集聚，推动产业发展，从而促进园区经济发展。该模式适合产品创新能力很强的园区产业发展。

二是基于分工合作的并行产业发展。

基于分工合作的并行产业发展按照产业—区域和产业—产品两条路径并行发展，园区内企业之间具有高度的分工协作关系。在一个产业内部形成以产业价值链分工合作为主导的关联，企业间竞争合作互动为主导的关联，以及生产要素的共享和互补。依靠产业链上下游的支持、配套相关产业在区域内集聚，形成多产业集群，带动园区经济。同时分工合作使企业之间联系紧密、相互依存、相互学习，形成一种协同机制，提高了企业的资源获取能力和集聚能力。通过横向和纵向的高度分工协作，减少盲目竞争，促进技术创新，提高产品竞争力，提升园区品牌影响力。该模式适合有一定地域产业集聚基础的园区产业发展。

三是基于网络共享的逆向产业发展。

基于网络共享的逆向产业发展按照区域—产业—产品路径发展，园区通过合理规划、完善设施、优惠政策和配套服务等，形成适合企业成长的环境，通过筑巢引凤，吸引外来企业，或通过周边企业的迁移、整合，实现企业、项目、资金、人才、技术等要素的集聚，从而构筑一个在园区内相对集中的企业群体，实现网络共享，逐渐形成产业集聚，打造有竞争力的产品。该模式适合区域资源优越的园区产业发展。

4.4.6 都市工业园产业推进模式

都市工业园产业建设是一项跨区、跨部门、跨行业的开拓性、综合性系统工程，都市工业园产业建设进入全面快速的提升发展阶段，按照都市工业园企业集群发展要求重点推进四种模式，把都市工业园建设成为城市经济发展的重要增长极。

一是市场需求的效益型推进。

市场需求的效益型推进模式是指通过市场大区优势，以贸引工、工贸互动，聚集企业群，拉长产业链，带动产业发展，强调都市工业园产业与市场的互动，如图 4-24 所示。该模式适合有较强市场需求的区域发展相关产业。成熟的企业集群是由生产性企业与流通性企业共同构成的，企业集群的发展为在区域内形成专业市场提供了条件，而专业市场的形成又将推动产业发展。通过建设专业市场，提高区域企业聚集能力。依托市场需求形成的企业集群有较强的市场竞争力，专业市场更发达，易于形成区域性品牌。都市工业园依托汉正街市场优势，引导中小企业集聚发展，积极发展市场带动作用强的产业，产业与市场相互依存，形成小产品大市场、小资本大集聚、小企业大协作、小产业大规模的发展格局。

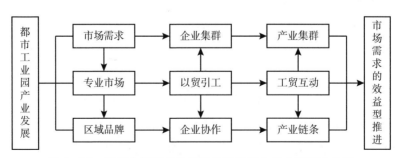

图 4-24 基于市场需求效益型推进的都市工业园产业发展

二是技术创新的突破型推进。

技术创新的突破型推进模式是以实施技术创新、产品创新的主导企业为主，依靠主导企业不断进行技术创新产生的有竞争力的产品形成相关企业集聚，推动产业发展，从而促进都市工业园经济发展。实施技术跨越战略，构筑产业竞争优势，如图4-25所示。该模式适合技术创新能力较强的区域发展产业。主导企业在产品创新、市场信息收集、生产制造、渠道建设等各环节中起主导与组织作用，其他企业则围绕主导企业，按照产品生产销售上的各个环节要求和主导企业的经营要求，为主导企业进行配套生产经营，主导企业对配套企业进行生产和技术指导。以主导企业为龙头，以中小企业为配套，强化产业链条，形成大中小企业之间的协作与配套。产业发展以加工制造环节为基础，沿产业链向上下游发展，加强研发和流通环节，从产业主导阶段向技术创新突破阶段转变。

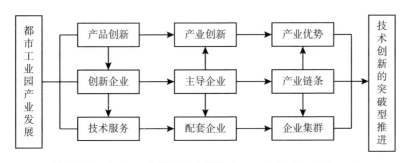

图4-25 基于技术创新突破型推进的都市工业园产业发展

完善区域技术创新服务体系，提高产业创新能力。通过市场机制建立和完善科技评估、技术成果交易、创业投资等区域创新服务机构。积极鼓励多元投资主体创办各种形式的企业孵化器，扶持创新型中小企业成长。积极利用各级各类技术交易市场，为科技成果产业化、新产品开发、中小企业技术创新提供服务。鼓励区域内跨国企业、高等院校和科研院所创办科研实验室、博士后流动站和工作站、技术研发中心，形成以高等院校、研发机构为主体的知识创新和服务体系。

三是产业联盟的规模型推进。

产业联盟的规模型推进模式是以企业为主体，以创造知识产权和重要标准为目标，整合产业生产网络和优势资源，通过产业联盟成员的优势互补和协同创新形成的一种长效、稳定的利益共同体，推进产业规模发展，如图4-26所示。产业联盟能在某一领域形成较大的合力和影响力，不但能为成员企业带来新的客户、市场和信息，也有助于企业专注于自身核心业务的开拓。依托城市主导产业、大型龙头企业，与城市产业布局相协调，突出特色，建立都市工业园产业联盟，确立核心产业和核心企业。依托产业联盟实现企业优势互补、拓展发展空间，提高产业或行业竞争力，实现超常规发展。积极引进跨国公司大项目和国内知名企业，增强工业园的吸引力、承载力，发展跨地区、跨园区、超网络的大区域合作、大产业集群，建设大区域的产业联盟进行产业布局，错位、互补、共享式发展产业，实现大生产、大集聚、大范围经济性。

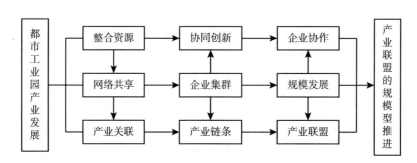

图4-26 基于产业联盟规模型推进的都市工业园产业发展

依托都市工业园产业联盟形成以产业价值链分工合作为主导的产业关联，企业间竞争合作为主导的企业关联，以及生产要素、优势资源的共享和互补。依靠产业链上下游的支持、配套相关产业在区域内集聚，形成多产业集群，带动园区经济发展。同时分工合作使企业之间联系紧密、相互依存、相互学习，形成一种协同机制，提高了企业的资源获取能力和集聚能力。通过横向和纵向的分工协作式产业联盟，减少盲目竞争，促进技术创新，提高产品竞争力，提升园区品牌影响力。该模式适合有一定企业集聚基础、企业间具有高度分工协作关系的区域产业发展。

四是政府引导的成长型推进。

政府引导的成长型推进模式是将发展都市工业园产业和建立孵化基地有机结合，构建完善的社会化服务体系、信息传递体系和市场流通体系，引导中小企业发展。都市工业园通过合理规划、完善设施、优惠政策和配套服务等，形成适合企业成长的环境，通过筑巢引凤，吸引外来企业，或通过周边企业迁移、整合，实现企业、项目、资金、人才、技术等要素的集聚，从而构筑都市工业园内相对集中的企业群体，实现网络共享，逐渐形成产业集聚，打造有竞争力的产品，如图 4 - 27 所示。该模式适合区域资源优越、政府导向为主的区域产业发展，运用产业政策，整合产业资源，引导企业向产业园集中，促进产业集群发展，延伸产业链。

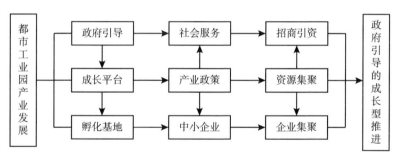

图 4 - 27　基于政府引导成长型推进的都市工业园产业发展

第 5 章
智能制造创新型产业集群成长模式

5.1 智能制造创新型产业集群架构

5.1.1 保定新能源与智能电网装备创新型产业集群

保定高新区 2000 年开始打造新能源与能源设备特色产业集群。2003 年 5 月被科技部认定为国家火炬计划保定新能源设备产业基地，保定新能源及智能电网装备产业规模与质量进一步提升，步入集群化发展阶段。2013 年 7 月，保定高新区新能源与智能电网装备创新型产业集群获批列入国家首批 10 个创新型产业集群试点。保定新能源与智能电网装备创新型产业集群具有鲜明的技术创新特色和产业聚集优势，如图 5 - 1 所示。

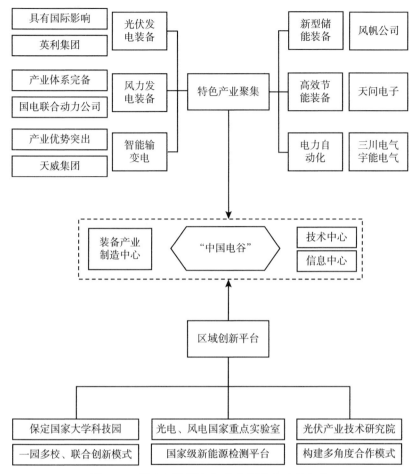

图 5-1　保定新能源与智能电网装备产业架构

5.1.2　贵州区块链与大数据创新型产业集群

贵州区块链与大数据创新型产业集群作为大数据产业发展集聚区如图 5-2 所示。

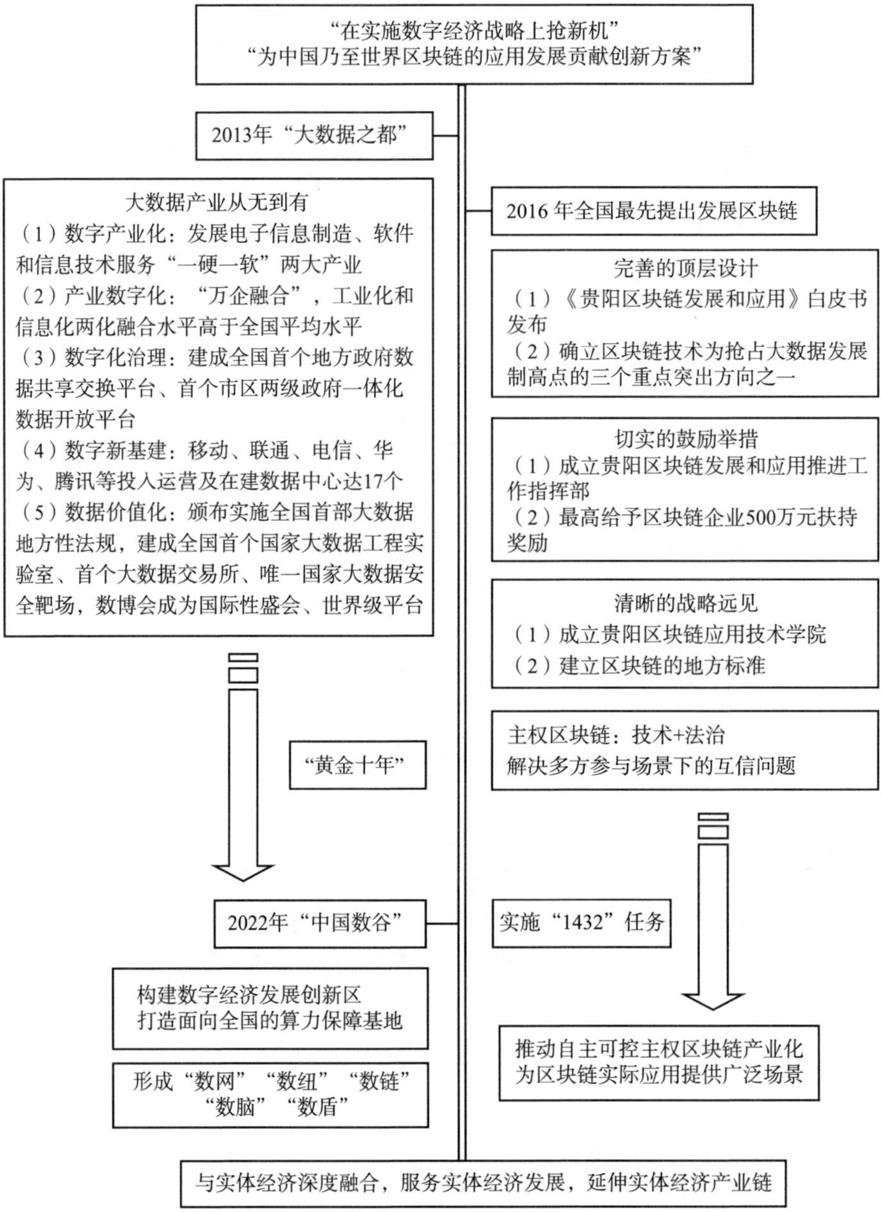

"在实施数字经济战略上抢新机"
"为中国乃至世界区块链的应用发展贡献创新方案"

2013年"大数据之都"

大数据产业从无到有
（1）数字产业化：发展电子信息制造、软件和信息技术服务"一硬一软"两大产业
（2）产业数字化："万企融合"，工业化和信息化两化融合水平高于全国平均水平
（3）数字化治理：建成全国首个地方政府数据共享交换平台、首个市区两级政府一体化数据开放平台
（4）数字新基建：移动、联通、电信、华为、腾讯等投入运营及在建数据中心达17个
（5）数据价值化：颁布实施全国首部大数据地方性法规，建成全国首个国家大数据工程实验室、首个大数据交易所、唯一国家大数据安全靶场，数博会成为国际性盛会、世界级平台

2016年全国最先提出发展区块链

完善的顶层设计
（1）《贵阳区块链发展和应用》白皮书发布
（2）确立区块链技术为抢占大数据发展制高点的三个重点突出方向之一

切实的鼓励举措
（1）成立贵阳区块链发展和应用推进工作指挥部
（2）最高给予区块链企业500万元扶持奖励

清晰的战略远见
（1）成立贵阳区块链应用技术学院
（2）建立区块链的地方标准

主权区块链：技术+法治
解决多方参与场景下的互信问题

"黄金十年"

2022年"中国数谷"

实施"1432"任务

构建数字经济发展创新区
打造面向全国的算力保障基地

形成"数网""数纽""数链"
"数脑""数盾"

推动自主可控主权区块链产业化
为区块链实际应用提供广泛场景

与实体经济深度融合，服务实体经济发展，延伸实体经济产业链

图5-2　贵阳区块链与大数据产业

5.1.3　济南智能输配电创新型产业集群

电力大省山东省发电及输配电设备制造企业主要集中在济南。山东电力工业信息化、自动化、数字化需求增长，推动济南高新区智能电网输配电装备产业成长。济南智能输配电产业集群作为细分领域国家重点支持的产业集群，集群联盟引导推动企业协同创新，如图5-3所示。

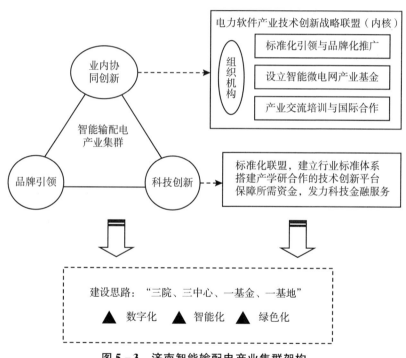

图5-3　济南智能输配电产业集群架构

5.1.4　许昌智能电力装备制造创新型产业集群

电力装备产业作为国家重点产业发展领域、装备制造重要支柱产业，是许昌装备制造拳头产业、明星产业，通过电力装备产业"智造"升级，向智能电力装备产业集群迈进，打造许昌市高质量发展的标志性产业，如图 5-4 所示。

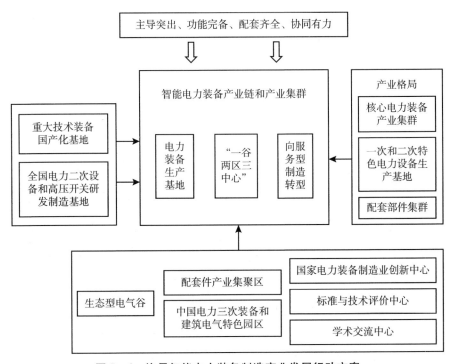

图 5-4 许昌智能电力装备制造产业发展行动方案

5.1.5 长沙电力智能控制与设备创新型产业集群

电力智能控制与设备是实现电力流、信息流、业务流有机融合的关键技术和设备，是构建柔性电力网络系统的核心。长沙高新区电力智能控制与设备创新型产业集群科技创新和科技服务体系完善，产业集群协同效应明显，如图 5-5 所示。

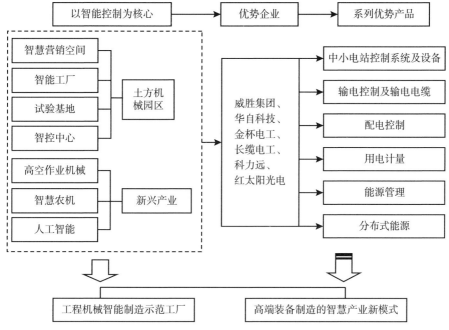

以智能控制为核心 → 优势企业 → 系列优势产品

智慧营销空间
智能工厂
试验基地
智控中心
— 土方机械园区

高空作业机械
智慧农机
人工智能
— 新兴产业

威胜集团、华自科技、金杯电工、长缆电工、科力远、红太阳光电 →
中小电站控制系统及设备
输电控制及输电电缆
配电控制
用电计量
能源管理
分布式能源

工程机械智能制造示范工厂

高端装备制造的智慧产业新模式

图 5 – 5　长沙电力智能控制与设备产业集群架构

5.1.6　珠海智能配电网装备创新型产业集群

珠海高新区智能配电网全产业链条以配电自动化类、变电站自动化类、新能源与微电网类及中高低压电力电气设备质量检测平台为主导，集群入选 2013 年度国家创新型产业集聚试点（培育）单位，如图 5 – 6 所示。

5.1.7　湘潭风能产业创新型产业集群

湘潭高新区打造以哈电风能为龙头，华菱线缆、崇德科技等配套的风能发电装备产业链，依托区域电机电控和成套装备的研发制造基础、电线电缆及电动成套装备产业基础，推动风力发电机产业链式集群发展，如图 5 – 7 所示。

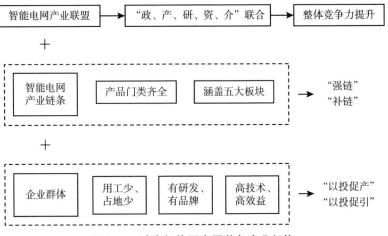

图 5-6 珠海智能配电网装备产业架构

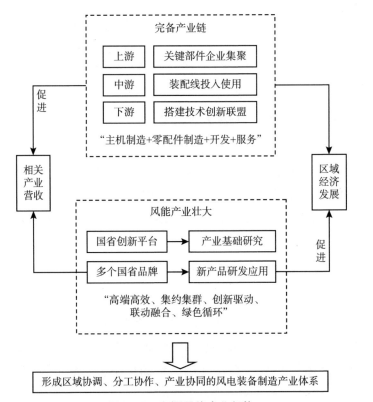

图 5-7 湘潭风能产业架构

5.1.8 江宁智能电网创新型产业集群

江宁智能电网产业链集聚了南瑞集团、国电南自、南瑞继保、四方亿能、南高齿、科远智慧、金智科技等龙头企业为代表的 169 家规上企业和 17 家上市公司,企业总数超过 300 家。江宁智能电网产业集群规上总产值 2021 年突破 1 100 亿元,获评工信部五星级国家新型工业化产业示范基地,如图 5 – 8 所示。

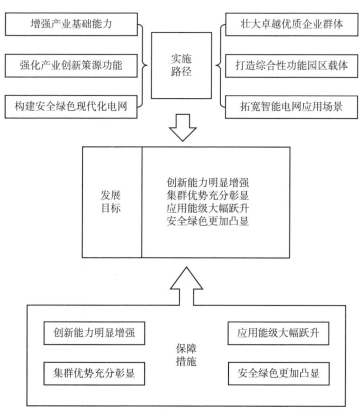

图 5 – 8 江宁智能电网产业集群行动计划

5.2 数字经济赋能产业集群智能制造

5.2.1 数字经济推动集群数字化转型

　　数字经济从产品服务、产业、集群三个方面，协同推动数智融合产业集群构建。《"十四五"数字经济发展规划》提出装备制造行业的工业大数据价值提升行动计划，支持装备制造企业打通研发、采购、制造、管理、售后等全价值链数据流，发展数据驱动的产品研发、仿真优化、智能生产、预测性维护、精准管理、远程运维等新模式新业态。《"十四五"大数据产业发展规划》提出加快数据"大体量"汇聚，强化数据"多样性"处理，促进数据"高价值"转化。构建稳定高效产业链，优化工业价值链，以制造业数字化转型为引领，面向研发设计、生产制造、经营管理、销售服务等全流程，培育专业化、场景化大数据解决方案。数字经济推动集群数字化转型如图5-9所示。

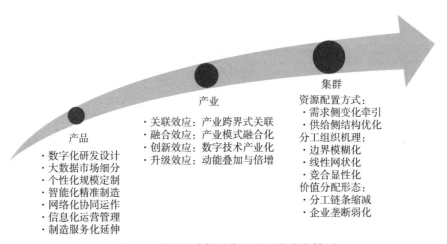

图 5-9　数字经济推动产业集群数字化转型

　　《"十四五"信息化和工业化深度融合发展规划》提出推进装备制造行业领域数字化转型，建设数字化车间和智能工厂，构建面向装备全生命周期的数字孪生系统。强化工业大数据开发、制造资源配置和解决方案汇聚能力，激发企业主体新活力，培育生态聚合型平台企业，打造基于平台的制造业新生态。数字经济政策体系引导如图 5 - 10 所示。

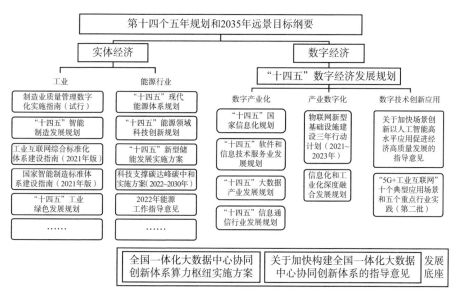

图 5 - 10　"十四五"期间数字经济政策引导

5.2.2　智能制造体系实施架构及应用

　　结合《"十四五"智能制造发展规划》《"十四五"信息化和工业化深度融合发展规划》《国家智能制造标准体系建设指南（2021 版）》等政策文件，智能制造体系实施架构如图 5 - 11 所示。

　　结合《工业互联网综合标准化体系建设指南（2021 版）》等政策文件，工业互联网应用模式围绕七个方面展开，如图 5 - 12 所示。

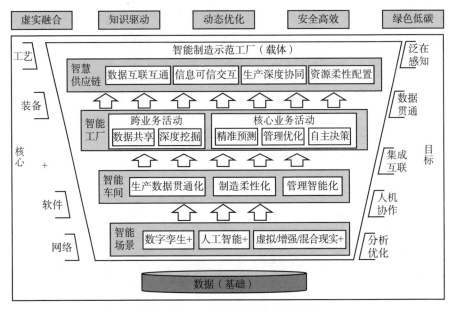

图 5 –11　智能制造体系实施架构

新型智能产品	数字化管理	平台化设计
推动技术融合应用 培育新型智能产品 发展场景化应用 加快应用推广	全业务链数据 实时采集和全面贯通 ↓ 数字化供应链管理体系 数据驱动的高效运营管理模式	工业互联网平台+ 设计新模式 设计和工艺、制造、运维一体化

智能化制造	网络化协同	个性化定制	服务化延伸
动态感知、互联互通、 数据集成、智能管控 全面感知、实时分析、 科学决策、精准执行	协同设计、生产、 服务 推广新型软件工具 优化制造资源配置	客户需求分析 敏捷开发设计 柔性智能生产 精准交付服务	产品 ➡"产品+服务" 交钥匙工程 ➡"工程 建设+运维服务"

图 5 –12　工业互联网应用模式

5.3 多能驱动湖北产业集群智能制造

"十四五"规划提出深入推进国家战略性新兴产业集群发展工程，湖北国家高新区和创新型产业集群数量占全国比重为7%，总量均位列全国第4位，仅次于广东、江苏、山东。湖北10家创新型产业集群集聚相关企业近4 000家，高新技术企业1 003家，高企数量同比增长24%，集群总营业收入超过2 500亿元，就业人数近30万人，拥有有效发明专利711项，专利数量同比增长43%[①]，形成新一代信息技术、智能制造、新能源汽车、节能环保、生物医药等战略性新兴产业主导的创新型产业集群，集群高质量发展加快推动湖北建设全国构建新发展格局先行区。

湖北创新型产业集群自2013年6月武汉东湖高新区创新型产业集群设立以来，经历了试点区域创新阶段（2013~2017年），试点与试点（培育）产业创新阶段（2018~2021年），集群协同阶段（2022年至今），高新技术企业—战略性新兴产业—创新型产业集群梯次推动创新能级跃迁，国家高新区创新型产业集群培育效能增强，集群呈现"八高八低"的现状特征，高新区集群成长呈现弱集聚、缓波动、低密度特点，通过增强动能、提高势能、激发潜能、提升效能、强化机能，驱动创新型产业集群能级跨级、跨层、跨业、跨链、跨域跃迁，提出高企倍增雨林、集群"由"型雁阵、数智双向协同的梯次培育实施路径，提升创新型产业集群整体效能。

---

① 资料来源：《湖北日报》（2021－08－14）。https：//news. hubeidaily. net/pc/235638. html。

5.3.1 湖北创新型产业集群"八高八低"现状特征

1. 集群数量占全国集群总量比重高，集群营收占全国比重低

湖北集群数量占全国比重为 6.6%，集群营收占全国比重仅 2.1%。国家发改委 2019 年发布首批 66 家战略性新兴产业集群，北京、上海、武汉各有 4 家。科技部火炬中心 2013～2021 年分四批次认定 61 个试点、91 个试点（培育），总共 152 家创新型产业集群，广东、江苏、山东、湖北拥有创新型产业集群数量均超过 10 家，四个省创新型产业集群总量 58 家、国家高新区总量 57 家，占全国总量比重分别为 38%、33%。湖北创新型产业集群营业收入占全国创新型产业集群总营收比重，2017～2020 年仅由 2.04% 上升至 2.13%，位列全国第 17 位，低于 2020 年全国集群营收占比均值 3.6%，高于中部六省均值 1.92%，但是低于湖南为 3.4%，安徽为 2.8%。

2. 集群高新技术企业占比高，集群高企数量占全省高企比重低

湖北集群高企率为 62%，集群高企数量占全省高企比重仅 6.9%。分析 2014～2020 年高新技术企业数量占企业总量比重（高企率）变化趋势，全国创新型产业集群高企率从 32% 上升至 46%，湖北创新型产业集群高企率从 51% 上升至 62%，国家高新区高企率从 33% 上升至 60%，湖北国家高新区高企率从 27% 上升至 65%，湖北创新型产业集群高企率占比较高，但仍低于国家高新区高企率。

2014～2021 年湖北创新型产业集群高新技术企业数量由 287 家增加到 1 003 家，湖北高新技术企业数量由 2 694 家增加到 14 560 家，湖北创新型产业集群高新技术企业数量占湖北高新技术企业总量比重从 10.7% 降至 6.9%。2020 年湖北省创新型产业集群高新技术企业 811 家，湖北国家高新区高新技术企业总量 5 658 家，湖北集群高企数量占高新区高企数量比重仅 14.3%。

3. 集群依托国家高新区比重高，集群营收占高新区营收比重低

全国 152 家创新型产业集群和 173 家国家高新区中，90% 创新型产业集群培育依托于国家高新区。湖北 10 家创新型产业集群和 12 家国家级高新区，有 8 家集群位于国家高新区，2 家位于省级高新区，依托国家高新区建设创新型产业集群数量比例达到 80%。

2020 年湖北国家高新区营收占全国高新区总营收比重为 6%，位列全国第 6 位，高于湖北创新产业集群占全国创新型产业集群总营收比重值 2.1%，表明湖北省创新型产业集群依托国家高新区成长空间较大。2020 年湖北创新型产业集群营收与湖北国家高新区营收的比值仅为 5.2%，表明湖北创新型产业集群规模总量区域贡献，低于国家高新区规模贡献，集群规模总量贡献较低。

4. 集群从业人员占全国比重高，科技活动人员占全国比重低

湖北创新型产业集群 2019 ~ 2020 年人员总数由 164 770 人上升至 180 310 人，从业人员总量位居全国第 9 位，中部首位，集群从业人员占全国集群从业人员比重由 3.93% 上升至 4.2%，比重较高。湖北集群科技活动人员总数由 36 452 人下降到 29 450 人，科技人员占湖北集群从业人员比重为 16.33%，科技活动人员总量位居全国第 14 位，分别低于湖南和安徽两省。湖北集群科技活动人员占全国集群科技活动人员比重由 3.28% 下降到 2.5%，比重较低。

5. 集群企业科技经费占营收比重较高，占全国科技经费比重低

2019 ~ 2020 年集群科技经费支出占集群总营收比重，湖北集群从 4.08% 上升至 4.92%，中部集群从 3.93% 上升至 4.24%，全国集群从 4.79% 上升至 5.05%，湖北集群企业科技经费支出占营收比重，高于中部集群均值，但低于江西集群均值 5.43%，低于全国集群。2019 ~ 2020 年湖北创新型产业集群企业科技经费支出分别为 54.4 亿元、65.7 亿元，湖北集群经费占全国集群企业科技经费支出比重从 1.98% 上升至 2.08%，占全国比重较低，中部地区集群从 10.23% 下降到 9.75%，东部地区集群从 70.88% 上升至 71.17%。

6. 集群技术合同成交额较高，成交额占全国成交总额比重较低

2019~2020 年湖北集群技术合同成交金额从 49.23 亿元上升至 52.89 亿元，占中部六省集群比重从 39.5% 上升至 42.4%，但占全国集群技术合同成交金额比重从 5.1% 降至 2.8%，比重较低，占湖北全省技术合同成交金额比重从 3.4% 下降至 3.1%，湖北省技术合同交易额占全国技术合同交易额比重从 6.5% 上升至 8.5%。

2019~2020 年创新型产业集群企业从业人员人均技术合同成交金额，湖北从 2.99 万元降至 2.93 万元，中部六省从 7.1 万元上升至 7.56 万元，全国从 2.31 万元上升至 4.34 万元。

2019~2020 年创新型产业集群平均每家技术合同成交额，全国从 8.9 亿元上升至 17.3 亿元，中部地区从 5.9 亿元下降至 3.5 亿元，湖北从 8.2 亿元上升至 8.8 亿元，为 2020 年全国均值的 50.9%。

7. 集群国家行业标准占全国比重较高，发明专利产出效率较低

2019~2020 年创新型产业集群当年形成国家或行业标准数量，湖北依次为 31 项、49 项，中部依次为 104 项、136 项，湖北集群标准数量占中部集群标准总量比重从 29.8% 上升至 36%，湖北集群标准数量占全国集群标准总量比重从 2.82% 上升至 4.58%，中部集群标准占全国集群标准总量比重从 9.45% 上升至 12.7%。

湖北创新型产业集群 2020 年当年授权发明专利 498 件，累计拥有有效发明专利 3 440 件，占中部六省集群比重分别为 11.5% 和 13.8%，占全国集群比重分别为 1.23% 和 1.43%，低于湖南和安徽两个省。2019~2020 年创新型产业集群每万名从业人员当年授权发明专利数量，湖北从 32.6 件下降到 27.6 件，湖南从 114.6 件上升至 141.2 件，安徽从 77.4 件上升至 75 件，河南从 60 件下降到 43 件，中部六省从 65.3 件下降到 64.4 件，全国从 84.8 件上升至 93.8 件。

2019~2020 年创新型产业集群每亿元企业科技经费投入对应当年授权专利数量，湖北从 9.8 件降到 7.6 件，湖南从 20 件上升至 24 件，河南从 48 件下降到 20 件，中部六省从 13.8 件上升至 14 件，全国从 12.9 件

下降到 12.8 件，湖北低于全国集群每亿元经费投入的 12.8 件。可以看出湖北集群每亿元企业科技经费投入专利产出、每万人授权发明专利数都较低。

8. 集群分布创新型城市比例高，集群城市为创新型城市比例低

创新型城市是实施创新驱动发展战略的关键环节。2008 年 6 月深圳成为首个全国创新型城市，科技部先后七批次支持 103 个城市开展创新型城市建设，湖北五个创新型城市是：武汉（2010）、襄阳（2013）、宜昌（2013）、荆门（2022）、黄石（2022）。湖北集群分布在湖北 80% 创新型城市，10 家集群仅 40% 在创新型城市。

创新型产业集群与创新型城市建设紧密相连，创新政策导向互动。2022 年 152 个创新型产业集群和 103 个创新型城市中，91 个集群分布在 73 个创新型城市，创新型城市拥有创新型产业集群占集群总量的 61%，拥有创新型产业集群的创新型城市占创新型城市总数的 71%。2014 年总共认定 71 个创新型产业集群中，50 个集群所在城市为创新型城市，占集群比重 70%，占 58 个创新型城市比重为 86%。

湖北创新型产业集群与创新型城市互动更显著。武汉和襄阳分别在 2010 年和 2013 年成为创新城市之后，获批创新型产业集群试点。荆门和黄石两个城市所拥有创新型产业集群在 2021 年通过创新型产业集群试点（培育）审批，在 2022 年 1 月即获批国家创新型城市。创新型城市能够有效推动创新型产业集群发展，创新型产业集群也能持续增强创新型城市建设能力。湖北创新型产业集群所在城市中 4 个为创新型城市，占湖北创新型城市总量 80%。中部六省 36 个创新型产业集群所在 34 个城市中，21 个为创新型城市，集群创新型城市比例为 58%。湖北 10 家创新型产业集群所在 10 个城市，仅 4 个为创新型城市，湖北创新型产业集群所在城市为创新型城市比重是 40%，创新型城市融合度低，群城融合牵引弱，低于河南为 80%、山西为 75%、安徽为 75%。

5.3.2 湖北创新型产业集群依托高新区成长现状

1. 国家高新区规模贡献优势显著，创新型产业集群规模弱集聚

湖北 10 家创新型产业集群对应武汉东湖、襄阳等 7 家国家高新区，武汉东湖高新区各指标值均明显高于其余国家高新区。依托武汉东湖高新区，武汉东湖高新区国家地球空间信息及应用服务创新产业集群成长空间潜力持续释放。2020 年湖北省创新型产业集群企业营收均值 1.02 亿元，低于国家高新区企业营收均值 2.99 亿元。四大板块中，东部地区较多省域创新型产业集群企业营收均值高于国家高新区企业营收均值，中部地区则相反，较多省域国家高新区营收企业均值高于创新型产业集群企业营收均值，各省创新型产业集群企业营收均值波动幅度高于全国集群企业营收均值波动，表明创新型产业集群发展省域差距较大。

湖北国家高新区出口总额、净利润与营业收入 2020 年均居中部六省首位，湖北国家高新区占中部六省国家高新区总营收的 35.4%，净利润与出口总额占比均为 32.5%，湖北国家高新区各项规模指标约占中部六省高新区三分之一，规模主导优势显著。

2020 年安徽创新型产业集群出口总额与净利润占中部六省所有集群出口总额与净利润比值最高，分别为 36.1%、35.7%；湖南创新型产业集群营业收入占中部六省所有集群营收比值最高，为 29.5%；湖北创新型产业集群出口总额、净利润与营收占比均低于 20%，位列中部第 3 位。2020 年安徽省创新型产业集群共 3 家，湖南省 3 家，湖北省 6 家，表明湖北省创新型集群规模优势并未有效转化为经济效益。湖北国家高新区在中部六省优势突出，具有较强引导能力，应进一步发挥高新区创新型产业集群集聚优势，增强高新区集群培育效能。

2. 国家高新区规模增速波动较大，创新型产业集群增速缓波动

湖北国家高新区数量从 2015 年的 6 家增加到 2020 年的 12 家，占全国高新区总量的 7.1%。湖北国家高新区 2015～2018 年从业人员、企业数量、净利润基本保持正增速，2018～2020 年增速呈下降趋势，2020 年湖北国家高新区净利润增长率为－34.6%。工业总产值增长率 2015～2017 年持续下降，2018 年上升后又下降，呈现"W"型波动趋势。

2017 年第三批创新型产业集群培育及试点公布，湖北集群数量由 3 家增加到 6 家，占全国集群总量 3.9%。2017 年末从业人员同比增加 84%，但净利润同比增加 6.7%，集群净利润增速由 2016 年的 124.4%下降到 2020 年的－27.5%，企业数量增速下降。

湖北创新型产业集群每个企业平均营业收入从 2014 年的 0.63 亿元增长到 2020 年的 1.02 亿元，2016 年达到最高值的 1.25 亿元。湖北创新型产业集群每个企业平均净利润从 2015 年的 554 万元增长到 2020 年的 790 万元，2016 年、2018 年、2019 年三年均超过 1 100 万元。湖北集群企业平均出口总额最高值为 2016 年的 845.8 万元，2017 年下降至 2016 年的 49.3%，2017～2020 年连续四年均低于 523 万元，2020 年仅为 441.6 万元，受环境变化影响较大。

2020 年东部、中部、西部、东北国家高新区净利率均值，分别为 7.12%、10.5%、7.05%、6.1%，湖北国家高新区净利率为 5.3%，仅高于山西，但低于全国均值 9.8%。

2020 年东部、中部、西部、东北创新型产业集群净利率均值，分别为 9%、8.5%、9.2%、5.6%，湖北创新型产业集群净利率为 7.8%，高于山西和湖南两个省，但低于全国均值 9.1%。

2020 年东部和西部省域创新型产业集群盈利能力高于国家高新区盈利能力，中部和东北省域创新型产业集群盈利能力低于国家高新区盈利能力。相比东部，湖北高新区与创新型产业集群盈利能力提升空间均较大。

3. 国家高新区创新服务机构数量多，产业集群创新成果低密度

2019 年国家高新区省级及以上各类创新服务机构数量超过 5 000 家，湖北 288 家位居省域第 6 位，占国家高新区总量比例为 5.6%，武汉 110 家位居国家高新区第 7 位。国家高新区产学研合作经费总量超过 1 500 亿元，湖北 44.3 亿元占国家高新区总量比例为 2.9%，武汉 36.4 亿元，占

全国比例 2.4%。国家高新区科技企业孵化器及加速器内企业数量超过 12 万家，湖北 9 035 家占国家高新区在孵企业总量比例为 7.4%，仅低于江苏、广东、北京。

全国创新型产业集群国家科技企业孵化器 2020 年共 299 个，广东省 53 家数量最多，湖北省拥有 7 个，占广东省总量 13%，占中部总量 14%，占全国总量 2.3%。全国创新型产业集群国家科技企业孵化企主要集中在广东、江苏、山东三个东部省域，三个省总量 109 家，占全国总量 36.5%，集聚效应较为显著。

全国创新型产业集群研发机构 2020 年共 6 074 个，湖北省创新型产业集群研发机构数共 237 个，占全国比重 3.9%，居全国第 7 位。广东研发机构数 1 447 家占全国比重 23.8%。辽宁、江苏、浙江、山东四个省研发机构数均超过 400 家，四个省总量占全国总量比重为 30%，中部六省研发机构数 873 家，占全国的 14.4%。

全国创新型产业集群产业组织联盟数量排在前十位省域分别是辽宁、江苏、山东、陕西、广东、湖北、河北、上海、北京和山西，其中辽宁 107 个、江苏 31 个、山东 31 个、陕西 28 个、广东 20 个、湖北 15 个，辽宁和湖北分别占全国创新型产业集群产业组织联盟总数的 28.4% 和 4%，湖北联盟数量占中部 33.3%，而湖北集群注册商标数量占全国比重仅为 1.81%。湖北省创新型产业集群当年授权发明专利数量占全国创新型产业集群当年授权发明专利总数量的比例，2014～2020 年依次为 4.87%、4.83%、5.57%、4%、1.82%、1.51%、1.23%，创新型产业集群每个企业当年平均授权发明专利数从 2014 年的 1.5 件降至 2020 年的 0.4 件。

5.3.3　湖北创新型产业集群多能驱动成长方式

1. 增强高新技术企业动能，驱动创新型产业集群能级跨级跃迁

高新技术企业数量是创新型产业集群建设的关键指标之一，是创新策源雨林体系的重要支撑，牵引高新技术产业、国家高新区、区域经济高质

量发展。高新技术企业认定管理办法连续修订 5 次，2016 年修订科研人员比重降为 10%，中小型企业研发经费比例降为 5%。2022 年 8 月科技部财政部《企业技术创新能力提升行动方案（2022～2023 年）》提出创新要素加速向企业集聚，开展未来产业科技园建设试点，加快培育前沿领域科技企业。增强高新技术企业动能，形成高新技术企业创新链对集群产业链需求牵引与资源对接的正向循环链路，可以充分发挥湖北集群依托高新区虹吸效应和高新技术企业溢出效应，构建多点接续多层阶梯链，建立链链协同高新企业梯次培育生态体系，驱动集群能级跃迁。

2. 提高规上工业企业势能，驱动创新型产业集群能级跨层跃迁

2020 年湖北省 10 家创新型产业集群所在城市规模以上工业企业数量共有 10 876 家，占全省规模以上工业企业数量的 69%，集群城市制造业企业数量占规上工业企业数量比重为 94.5%，规上工业企业平均资产 2.95 亿元，平均利润 0.17 亿元。2020 年规上制造业企业工业总产值比重最高的行业分布，襄十随制造业产值中交通运输设备制造业占比均为最高，襄阳 31.1%、十堰 69%、随州 21.7%，推动"汉孝随襄十"万亿级汽车产业走廊跨层跃迁；黄石金属冶炼及压延加工业占比 55%、仙桃纺织业占比 46.6%、孝感纺织业占比 16.4%、咸宁非金属矿物制品业占比 15.7%，规上工业企业制造业主导行业转型升级，推动集群特色产业跨层。

3. 激发战略性新兴产业潜能，驱动创新型产业集群能级跨业态

战略性新兴产业增加值占 GDP 比重 2025 年将超过 17%，以战略性新兴产业为主导的创新型产业集群，充分发挥国家高新区产业集聚作用。通过构建创新型产业集群创新体系四三结构，建立规模基础能力、国际基础能力、技术基础能力 3 项二级指标，12 项三级指标构成的创新型产业集群产业基础能力评价体系。2018～2020 年湖北集群三力中，国际基础能力指数波动较大。2020 年湖北创新型产业集群产业基础能力指数 0.78，高于全国均值 0.732 和中部均值 0.729，位列第 11，湖北规模基础能力优势显著，位列第 6。规模推动型成为驱动湖北集群能级跨业态主要方式。

创新型产业集群创新链知识创新、成果转化、效益贡献三阶段中，各阶段产出弹性最高的投入变量依次为：集群高新技术企业数量、当年授权发明专利数量、企业科技经费支出，是有效提升湖北创新型产业集群创新链各阶段转化效率的关键指标。

4. 提升国家高新区培育效能，驱动创新型产业集群能级跨链条

全国创新型产业集群与国家高新区 2015～2020 年各项效益指标（不含出口创汇）显著相关，相关性均在 0.79 以上，从培育能力，构建产业创新、主体培育、载体建设、园区关联四维度评价指标体系，包括 12 项二级指标、36 项三级指标，采用突变级数和三阶段效率方法，测度国家高新区创新型产业集群培育效能，并划分为四类模式。2020 年湖北国家高新区创新型产业集群培育能力总指数 0.667，低于全国 0.687 和中部 0.678 均值，位列第 21，湖北四维度能力指数依次递减，最高为产业创新指数 0.736，最低为园区关联指数仅 0.502，湖北培育能力四维度呈现非均衡，园区关联能力影响培育能力整体提升。

选择创新投入产出及环境变量等 11 项指标测度培育效率，湖北培育效率 0.876，高于全国 0.806 和中部 0.815 效率均值，提升高新技术企业占比和孵化器数量，可降低技术效率损失，推动湖北创新型产业集群由高效潜能型转为高效强能型。推动创新型产业集群与国家高新区形成协同联动高质量发展体系，促进技术、知识、人才等创新要素流通融通，持续培育创新主体，提升创新型产业集群与国家高新区创新互动和创新能级跨链能力。

5. 强化创新型城市融合机能，驱动创新型产业集群能级跨地域

湖北 10 家创新型产业集群省内创新集聚优势较强，在中部 36 家集群中集聚优势有波动，在全国集群集聚优势亟待提升。2021 年湖北 GDP 突破 5 万亿元，位列全国第 7，国家高新区、创新型产业集群数量均位列第 4，创新型城市数量与广东、河北并列第 5，湖北 5 个创新型城市 GDP 总和占湖北 GDP 比重 64%。创新驱动发展战略加快创新型产业集群与创新型城市发展新动能培育，强化湖北创新型城市与集群融合机能，形成创新

型产业集群—国家高新区—创新型城市区域集聚创新增长极，集聚三体能量优势高效转化为湖北高质量发展能级优势，推动集群能级跨域。

5.3.4　湖北创新型产业集群梯次培育实施路径

1. 实施千家高新技术企业三年倍增的创新雨林生态培育路径

1 003 家高新技术企业是湖北创新型产业集群创新策源能力提升的关键环节，是技术密集型产业集群的关键支撑。实施湖北创新型产业集群千家高新技术企业三年倍增的创新生态培育路径，可以拓宽集群科技型中小企业－高新技术企业－领军企业梯次培育中间轨道，有效衔接集群大中小企业协同创新，提高集群主导产业核心竞争力、市场影响力和国际竞争力。以中国企业 500 强、民营企业 500 强、制造业 500 强、战略性新兴产业 100 强中的武汉、襄阳、黄石、荆门、随州等入围企业为牵引，提高创新主体培育能力，与千家高新技术企业协同优化创新型产业集群生态。

2. 构建服务湖北三高地的创新型产业集群"由"型雁阵路径

以武汉东湖高新区创新型产业集群为龙头，服务湖北打造全国科技创新高地和全国数字经济发展高地，以"汉孝随襄十"协同、新能源汽车主导的智能制造创新型产业集群，服务湖北打造制造强国高地。荆门、黄石创新型产业集群，依托 2022 年 1 月获批科技部支持新一批创新型城市建设的荆门市、黄石市，培育壮大荆门节能环保产业、黄石新一代信息技术产业的新产业新业态新模式。2017 年获批试点的咸宁、试点（培育）天门创新型产业集群，以咸宁智能机电、天门生物医药为产业集群主导产业，2017 年天门创新型产业集群企业平均净利润为 1.1 亿元，是湖北 6 家创新型产业集群均值 0.29 亿元的 3.8 倍，体现生物产业高成长性。仙桃高新区非织造布创新型产业集群 2021 年获批集群试点（培育），为打造世界级非织造布产业集群，2022 年 2 月仙桃市人民政府印发《仙桃市促进非织造布产业高质量发展若干政策》，设立 10 亿元非织造布产业发展投资基金，增强产业发展动力，产业投资基金充分发挥资金杠杆作用，更好地推动集群新兴产业发展。

3. 打造数智融合、双向协同的创新型产业集群智能制造路径

152 家创新型产业集群对应九大战略性新兴产业，产业集中度前三位的集群总量达到 113 家，依次为：29% 集群主导高端装备制造产业，23.4% 集群主导生物产业，22% 集群主导新一代信息技术产业，也包括湖北 10 家创新型产业集群中 6 家集群的主导产业。高端装备制造与新一代信息技术产业融合，集聚形成智能制造创新型产业集群。充分发挥湖北打造全国数字经济发展高地的良好数字生态，与打造制造强国高地的汽车制造万亿级产业政策叠加效应，形成数智融合推动产业数字化、数字产业化双向协同的湖北创新型产业集群智能制造路径，形成湖北"51020"现代产业体系的信息技术和汽车制造万亿级支柱产业、高端装备五千亿级优势产业、20 个千亿级特色产业集群的上下游融合融通链条。

附　录

附表1　创新型产业集群152家在城市的分布及GDP

地区	省域	创新型产业集群名称	获批时间	所在城市	创新城市获批时间	城市GDP（亿元）	试点类型
东北（12个）	辽宁（6个）	本溪制药	2013	本溪		894.20	试点
		大连高端工业软件	2017	大连	2010	7 825.90	试点
		大连信息技术及服务	2014	大连	2010	7 825.90	培育
		辽宁激光	2013	鞍山		1 888.10	培育
		沈阳生物医药和健康医疗	2017	沈阳	2010	7 249.70	试点
		营口高新区生物降解材料及制品	2021	营口	2022	1 403.20	培育
	吉林（3个）	长春汽车电子	2014	长春	2018	7 103.20	试点
		通化医药	2014	通化		567.90	试点
		吉林高新区电子信息	2021	吉林	2018	1 550.00	培育
	黑龙江（3个）	齐齐哈尔重型数控机床	2014	齐齐哈尔		1 224.50	培育
		大庆高新区石油化工新材料	2014	大庆		2 620.00	培育
		七台河石墨烯	2017	七台河		231.40	培育

续表

地区	省域	创新型产业集群名称	获批时间	所在城市	创新城市获批时间	城市GDP（亿元）	试点类型
东部（75个）	北京（3个）	北京中关村移动互联网（海淀区）	2013	北京	2010	40 269.60	试点
		北京数字电视和数字内容产业基地（石景山区）	2014			40 269.60	培育
		国家级轨道交通（丰台区）	2013			40 269.60	培育
	天津（5个）	北辰高端装备制造（北辰区）	2013	天津		15 695.05	培育
		泰达高端医疗器械（滨海新区）	2017		2010	15 695.05	培育
		天津高新区新能源（滨海新区）	2014		2010	15 695.05	培育
		天津基于国产自主可控的信息安全（滨海新区）	2017		2010	15 695.05	培育
		天津市细胞产业（滨海新区）	2021		2010	15 695.05	培育
	河北（5个）	燕郊高新区新型电子元器件及设备制造	2021	三河		595.20	培育
		保定新能源与智能电网装备	2013	保定	2022	3 670.30	试点
		邯郸现代装备制造	2014	邯郸	2022	4 114.80	试点
		邯郸新型功能材料	2017		2022	4 114.80	培育
		石家庄药用辅料	2014	石家庄	2010	6 490.30	试点
	上海（6个）	张江生物医药（镇江）	2014	上海	2011	43 212.85	培育
		松江G60科创走廊数字经济（松江）	2021			43 213.85	培育
		上海新能源汽车及关键零部件（嘉定区）	2014			43 214.85	培育
		上海精细化工（金山区）	2013			43 214.85	培育
		金桥移动互联网视频（浦东新区）	2017			43 214.85	培育
		漕河泾知识型服务业（徐汇区）	2017			43 214.85	培育

续表

地区	省域	创新型产业集群名称	获批时间	所在城市	创新城市获批时间	城市GDP（亿元）	试点类型
东部（75个）	江苏（15个）	江宁智能电网（南京）	2014	南京	2010	15 766.28	试点
		常熟新能源汽车核心零部件	2021	常熟		2 672.04	培育
		常州高新区光伏	2017	常州	2010	8 807.60	试点
		常州轨道交通牵引动力与关键核心部件	2017		2010	8 807.60	培育
		武进机器人及智能装备	2017		2010	8 807.60	试点
		江阴高新区特钢新材料	2014	江阴		4 580.33	试点
		昆山小核酸	2014	昆山	2010	4 748.06	试点
		苏州高新区医疗器械	2014	苏州	2010	22 718.30	试点
		苏州工业园区纳米新材料	2017		2010	22 718.30	试点
		泰州生物医药	2017	泰州	2013	6 025.26	试点
		无锡高新区智能传感	2013	无锡	2010	14 003.24	试点
		徐州高新区安全应急装备	2021	徐州	2018	8 117.44	培育
		盐城高新区新型电子元器件及设备制造	2021	盐城	2013	6 617.40	培育
		扬州数控成形机床	2017	扬州	2013	6 696.43	试点
		宜兴水环境	2017	宜兴		2082.17	培育
	浙江（3个）	杭州数字安防	2014	杭州	2010	18 109.00	试点
		温州激光与光电	2013	温州	2022	7 587.00	试点
		宁波高新区工业互联网	2021	宁波	2010	14 594.90	培育

续表

地区	省域	创新型产业集群名称	获批时间	所在城市	创新城市获批时间	城市GDP（亿元）	试点类型
东部（75个）	福建（5个）	厦门火炬高新区软件和信息服务业	2017	厦门	2010	7 033.89	培育
		厦门海洋生命科学	2014	厦门	2010	7 033.89	培育
		泉州微波通信	2014	泉州	2018	11 304.17	试点
		闽东中小电机	2013	宁德		3 151.08	培育
		福州高新区光电	2021	福州	2010	11 324.48	培育
	山东（15个）	济南智能输配电	2014	济南	2010	11 432.20	试点
		莱芜高新区智能制造装备	2021	济南	2010	11 432.20	培育
		济南高新区生物制品	2017	济南	2010	11 432.20	培育
		青岛机器人	2017	青岛	2010	14 136.46	培育
		烟台海洋生物与医药	2014	烟台	2010	8 711.75	试点
		潍坊半导体发光	2013	潍坊	2018	7 010.60	试点
		潍坊高端动力装备	2017	潍坊	2018	7 010.60	培育
		济宁高效传动与智能铲运机械	2014	济宁	2013	5 070.00	试点
		临沂电子元器件及其功能材料	2017	临沂	2022	5 465.50	试点
		德州生物制造	2017	德州	2022	3 488.72	试点
		滨州高端铝材	2017	滨州		2 872.11	培育
		菏泽生物医药大健康	2017	菏泽		3 976.67	试点
		威海高新区高端医疗器械	2021	威海	2022	3 463.93	培育
		枣庄锂电	2021	枣庄		1 951.57	培育
		淄博高新区生物医药与生物医学工程	2021	淄博	2022	4 200.60	培育

续表

地区	省域	创新型产业集群名称	获批时间	所在城市	创新城市获批时间	城市 GDP（亿元）	试点类型
东部（75 个）	广东（18 个）	广州个体化医疗与生物医药	2013	广州	2010	28 231.97	培育
		韶关机械基础零部件	2017	韶关		1 553.93	试点
		深圳高新区下一代互联网	2013	深圳	2008	30 664.85	试点
		珠海船舶与海洋工程装备制造	2017	珠海		3 881.75	培育
		珠海三灶生物医药	2017	珠海		3 881.75	培育
		珠海智能配电网装备	2017	珠海		3 881.75	试点
		佛山口腔医疗器械城	2017	佛山	2018	12 156.54	试点
		佛山智能家居	2021	佛山	2018	12 156.54	培育
		江门轨道交通修造	2017	江门		3 601.28	试点
		惠州云计算智能终端	2013	惠州		4 977.36	试点
		清远高性能结构材料创新型	2017	清远		2 007.40	试点
		东莞机器人智能装备	2017	东莞	2018	108 555.35	试点
		中山小榄半导体智能照明	2017	中山		3 566.17	培育
		中山健康科技	2014	中山		3 566.17	试点
		中山精密智能装备	2017	中山		3 566.17	培育
		肇庆高新区智能网联新能源汽车	2021	肇庆		2 649.99	培育
		河源市高新区信息终端设备制造	2021	河源		1 273.99	培育
		汕头高新区新兴软件和新型信息技术服务	2021	汕头	2022	2 929.87	培育

续表

地区	省域	创新型产业集群名称	获批时间	所在城市	创新城市获批时间	城市GDP（亿元）	试点类型
中部（36个）	山西（4个）	太原不锈钢	2013	太原	2010	5 121.61	培育
		太原高新区核心电子器件及应用	2021	太原	2010	5 121.61	培育
		榆次液压	2013	晋中		1 843.40	培育
		长治高新区紫外半导体光电	2021	长治	2022	3 211.10	培育
	安徽（4个）	合肥基于信息技术的公共安全	2014	合肥	2010	11 412.80	试点
		芜湖新能源汽车	2014	芜湖	2018	4 302.63	试点
		蚌埠新型高分子材料	2013	蚌埠	2022	1 988.97	培育
		阜阳界首高新区铝基复合材料	2021	阜阳		3 071.50	培育
	江西（6个）	南昌高新技术产业开发区生物医药	2014	南昌	2010	6 650.53	培育
		景德镇直升机制造	2014	景德镇	2018	1 102.31	试点
		新余动力电池	2017	新余	2022	1 154.60	试点
		抚州生物医药	2017	抚州		1 794.55	试点
		吉安数字视听	2021	吉安		2 525.65	培育
		鹰潭高新区移动物联网	2021	鹰潭		1 143.92	培育
	河南（5个）	郑州智能仪器仪表	2013	郑州	2010	12 691.00	培育
		洛阳高新区轴承	2014	洛阳	2010	5 447.10	培育
		南阳防爆装备制造	2017	南阳	2013	4 342.22	培育
		许昌智能电力装备制造	2021	许昌		3 655.40	试点
		新乡高新区生物医药	2021	新乡	2022	3 232.53	培育

续表

地区	省域	创新型产业集群名称	获批时间	所在城市	创新城市获批时间	城市GDP（亿元）	试点类型
中部（36个）	湖北（10个）	武汉东湖高新区国家地球空间信息及应用服务	2013	武汉	2010	15 616.06	试点
		十堰商用车及部件	2014	十堰		2 163.98	试点
		襄阳新能源汽车	2014	襄阳	2013	5 309.43	试点
		荆门城市矿产资源循环利用	2017	荆门	2022	2 120.86	试点
		咸宁智能机电	2017	咸宁		1 571.82	试点
		天门生物医药产业集群	2017	天门		718.89	培育
		随州移动应急装备	2021	随州		1 241.45	培育
		仙桃高新区非织造布	2021	仙桃		929.90	培育
		黄石先进电子元器件	2021	黄石	2022	1 865.68	培育
		孝感高新区高端装备制造	2021	孝感		2 562.01	培育
	湖南（7个）	长沙电力智能控制与设备	2017	长沙	2010	13 270.70	试点
		株洲轨道交通装备制造	2013	株洲	2018	3 420.30	试点
		湘潭先进矿山装备制造	2014	湘潭	2022	2 548.30	试点
		湘潭风能产业	2021	湘潭	2022	2 548.30	培育
		岳阳临港高新区智能制造装备	2021	岳阳		4 402.98	培育
		常德重大成套设备制造	2021	常德		4 054.10	培育
		娄底建筑工程机械制造	2021	娄底		1 825.76	培育

续表

地区	省域	创新型产业集群名称	获批时间	所在城市	创新城市获批时间	城市 GDP（亿元）	试点类型
西部（29个）	内蒙古（1个）	包头稀土高新技术产业开发区稀土新材料	2014	包头	2010	1 061.10	培育
	广西（2个）	南宁亚热带生物资源开发利用	2013	南宁	2010	5 120.94	培育
		柳州高新区汽车整车及零部件	2017	柳州	2022	3 057.24	试点
	重庆（3个）	璧山新能源汽车关键零部件绿色智能制造	2017	重庆市		27 894.02	试点
		重庆高新区电子信息	2017		2017	27 894.02	试点
		永川汽车摩智造	2021		2021	27 894.02	培育
	四川（6个）	成都高新区移动互联网	2014	成都	2010	19 916.98	试点
		成都高新区医药健康	2021		2010	19 916.98	培育
		德阳通用航空	2017	德阳	2022	2 656.56	试点
		绵阳汽车发动机及关键零部件创新产业集群	2013	绵阳	2022	3 350.29	培育
		绵阳新型显示	2021		2022	3 350.29	培育
		遂宁电子电路产业集群	2017	遂宁		1 519.87	培育
	贵州（2个）	贵阳区块链与大数据产业集群	2017	贵阳	2010	4 711.04	培育
		安顺高新区新型建材	2021	安顺		1 078.91	培育
	云南（3个）	昆明市生物医药	2014	昆明	2010	7 222.50	培育
		玉溪高新区生物医药	2021	玉溪	2018	2 352.30	培育
		楚雄高新区现代中药和民族药（彝族药）	2021	楚雄		563.30	培育

续表

地区	省域	创新型产业集群名称	获批时间	所在城市	创新城市获批时间	城市GDP（亿元）	试点类型
西部（29个）	陕西（6个）	西安泛在网络技术	2017	西安	2010	10 688.28	试点
		宝鸡高新区钛	2014	宝鸡	2010	2 548.71	培育
		杨凌示范区生物	2014	杨凌		2 581.32	培育
		榆林高新区煤化工	2021	榆林		5 435.18	培育
		渭南高新区智能制造装备	2021	渭南		2 087.21	培育
		安康高新区富硒	2021	安康		1 209.49	培育
	甘肃（1个）	兰州高新技术产业开发区节能环保	2014	兰州	2010	3 231.29	培育
	青海（3个）	青藏高原特色生物资源与中藏药	2017	西宁	2011	1 548.79	试点
		西宁锂电	2017		2011	1 548.79	培育
		海西盐湖化工特色循环经济	2014	海西州		713.78	试点
	新疆（2个）	乌鲁木齐电子新材料	2014	乌鲁木齐	2012	3 691.57	培育
		石河子新材料	2021	石河子	2010	768.42	培育

· 241 ·

附表 2

创新型产业集群 152 家在国家高新区的分布

省域	创新型产业集群	建设单位	类型	升级年份
北京	北京中关村移动互联网	中关村科技园区海淀园	试点	2014
	北京数字电视和数字内容产业基地	中关村科技园区亦庄园	培育	2014
	丰台轨道交通	中关村科技园区丰台园	培育	2014
天津	北辰高端装备制造	天津北辰科技园区	培育	2014
	天津高新区新能源	天津高新区	培育	2014
	泰达高端医疗器械	天津经济开发区	培育	2017
	天津基于国产自主可控的信息安全	天津滨海高新区	培育	2017
	天津市细胞产业	天津市滨海新区人民政府	培育	2021
河北	保定新能源与智能电网装备	保定高新区	试点	2014
	邯郸现代装备制造	邯郸市科学技术局	试点	2014
	石家庄生物医用辅料	石家庄高新区	试点	2014
	邯郸新型功能材料	邯郸经开区	培育	2017
	燕郊高新区新型电子元器件及设备制造	燕郊高新区	培育	2021
上海	张江生物医药	上海市浦东新区科学技术委员会	培育	2014
	上海新能源汽车及关键零部件	上海市嘉定区科学技术委员会	培育	2014
	上海精细化工	上海市金山第二工业区	培育	2014
	金桥移动互联网视频	金桥开发区	培育	2017
	漕河泾知识型服务业	漕河泾新兴技术开发区	培育	2017
	松江 G60 科创走廊数字经济	松江区科委、张江高新松江园	培育	2021

续表

省域	创新型产业集群	建设单位	类型	升级年份
江苏	江宁智能电网	南京市江宁区科学技术局	试点	2014
	常州高新区光伏	常州高新区	试点	2014
	江阴高新区特钢新材料	江阴高新区	试点	2014
	昆山小核酸	昆山高新区	试点	2014
	苏州高新区医疗器械	苏州高新区	试点	2014
	苏州工业园区纳米新材料	苏州工业园区	试点	2014
	无锡高新区智能传感	无锡高新区	试点	2014
	常州轨道交通牵引动力与关键核心部件	常州经开区	培育	2017
	泰州生物医药	泰州高新区	试点	2017
	武进机器人及智能装备	武进高新区	试点	2017
	扬州数控成形机床	扬州高新区	试点	2017
	宜兴水环境	宜兴环保工业园	培育	2017
	常熟新能源汽车核心零部件	常熟高新区	培育	2021
	徐州高新区安全应急装备	徐州高新区	培育	2021
	盐城高新区新型电子元器件及设备制造	盐城高新区	培育	2021
浙江	杭州数字安防	杭州高新区	试点	2014
	温州激光与光电	温州市科技局	试点	2014
	宁波高新区工业互联网	宁波高新区	培育	2021

续表

省域	创新型产业集群	建设单位	类型	升级年份
福建	厦门海洋与生命科学	厦门高新区	培育	2014
	泉州微波通信	泉州高新区	试点	2014
	闽东中小电机	福建省闽东赛岐经济开发区	培育	2014
	厦门火炬高新区软件和信息服务业	厦门火炬高新区	培育	2017
	福州高新区光电	福州高新区	培育	2021
山东	济南智能输配电	济南高新区	试点	2014
	青岛机器人	青岛高新区	培育	2014
	烟台海洋生物与医药	烟台高新区管理委员会	试点	2014
	潍坊半导体发光	潍坊高新区	试点	2014
	济宁高效动传动与智能铲运机械	济宁高新区	试点	2014
	济南高新区生物制品	济南高新区	培育	2017
	潍坊高端动力装备	潍坊高新区	培育	2017
	临沂电子元器件及其功能材料	临沂高新区	试点	2017
	德州生物制造	德州高新区	试点	2017
	滨州高端铝材	滨州经开区	培育	2017
	菏泽生物医药大健康	菏泽高新区	试点	2017
	威海高新区高端医疗器械	威海高新区	培育	2021
	枣庄锂电	枣庄高新区	培育	2021
	莱芜高新区智能制造装备	莱芜高新区	培育	2021
	淄博高新区生物医药与生物医学工程	淄博高新区	培育	2021

续表

省域	创新型产业集群	建设单位	类型	升级年份
广东	广州个体化医疗与生物医药	广州高新区	培育	2014
	深圳高新区下一代互联网	深圳市科技创新委员会	试点	2014
	珠海智能配电网装备	珠海高新区	试点	2014
	惠州云计算智能终端	惠州仲恺高新区	试点	2014
	中山健康科技	中山高新区	试点	2014
	韶关机械基础零部件	韶关高新区	试点	2017
	珠海船舶与海洋工程装备制造	珠海经开区	培育	2017
	珠海三灶生物医药	珠海高新区三灶科技园	培育	2017
	佛山口腔医疗器械	佛山高新区	试点	2017
	江门物道交通修造	江门高新区	试点	2017
	清远高性能结构材料	清远高新区	试点	2017
	东莞机器人智能装备	东莞高新区	试点	2017
	中山小榄半导体智能照明	中山市小榄镇人民政府	培育	2017
	中山精密智能装备	中山翠亨新区人民政府	培育	2017
	佛山智能家居	佛山高新区	培育	2021
	肇庆高新区智能网联新能源汽车	肇庆高新区	培育	2021
	河源市高新区信息终端设备制造	河源高新区	培育	2021
	汕头高新区新兴软件和新型信息技术服务	汕头高新区	培育	2021

续表

省域	创新型产业集群	建设单位	类型	升级年份
内蒙古	包头稀土高新技术产业开发区稀土新材料	包头高新区	培育	2014
广西	南宁亚热带生物资源开发利用	南宁高新区	培育	2014
广西	柳州高新区汽车整车及零部件	柳州高新区	试点	2014
重庆	重庆高新区电子信息	重庆高新区	试点	2014
重庆	璧山新能源汽车关键零部件绿色智能制造	璧山高新区	试点	2017
重庆	永川汽车摩智造	永川高新区	培育	2021
四川	成都数字新媒体	成都高新区	试点	2014
四川	绵阳汽车发动机及关键零部件	绵阳高新区	培育	2014
四川	德阳通用航空	德阳高新区	试点	2017
四川	遂宁电子电路	遂宁经开区	培育	2017
四川	成都高新区医药健康	成都高新区	培育	2021
四川	绵阳新型显示	绵阳高新区	培育	2021
贵州	贵阳区块链与大数据	贵阳高新区	培育	2014
贵州	安顺高新区新型建材	安顺高新区	培育	2021
云南	昆明市生物医药	昆明高新区	培育	2014
云南	玉溪高新区生物医药	玉溪高新区	培育	2021
云南	楚雄高新区现代中药和民族药（彝族药）	楚雄高新区	培育	2021

续表

省域	创新型产业集群	建设单位	类型	升级年份
陕西	杨凌示范区生物	杨凌农高区	试点	2014
	宝鸡高新区钛	宝鸡高新区	培育	2014
	西安泛在网络技术	西安高新区	培育	2017
	榆林高新区煤化工	榆林高新区	培育	2021
	渭南高新区智能制造装备	渭南高新区	培育	2021
	安康高新区富硒	安康高新区	培育	2021
甘肃	兰州高新技术产业开发区节能环保	兰州高新区	培育	2014
青海	青藏高原特色生物资源与中藏药	青海高新区	试点	2014
	海西盐湖化工特色循环经济	海西蒙古族藏族自治州科技局	试点	2014
	西宁锂电	西宁经开区	培育	2017
新疆	乌鲁木齐电子新材料	乌鲁木齐高新区	培育	2014
	石河子新材料	石河子高新区	培育	2021
山西	太原不锈钢	太原不锈钢产业园区	培育	2014
	榆次液压	山西榆次工业园区	培育	2014
	太原高新区核心电子器件及应用	太原高新区	培育	2021
	长治高新区紫外半导体光电	长治高新区	培育	2021

续表

省域	创新型产业集群	建设单位	类型	升级年份
安徽	合肥基于信息技术的公共安全	合肥高新区	试点	2014
	芜湖新能源汽车	芜湖高新区	试点	2014
	蚌埠新型高分子材料	蚌埠高新区	培育	2014
	阜阳界首高新区铝基复合材料	阜阳界首高新区	培育	2021
江西	南昌高新技术产业开发区生物医药	南昌高新区	培育	2014
	景德镇镇直升机制造	景德镇高新区	试点	2014
	新余动力电池	新余高新区	试点	2017
	抚州生物医药	抚州高新区	试点	2017
	吉安数字视听	吉安高新区	培育	2021
	鹰潭高新区移动物联网	鹰潭高新区	培育	2021
河南	郑州智能仪器仪表	郑州高新区	培育	2014
	洛阳高新区轴承	洛阳高新区	培育	2014
	南阳防爆装备制造	南阳高新区	试点	2014
	许昌智能电力装备制造	许昌高新区	培育	2021
	新乡高新区生物医药	新乡高新区	培育	2021

续表

省域	创新型产业集群	建设单位	类型	升级年份
湖北	武汉东湖高新区国家地球空间信息及应用服务	武汉东湖高新区	试点	2014
	十堰商用车及部件	十堰高新区	试点	2014
	襄阳新能源汽车关键部件	襄阳高新区	试点	2014
	荆门城市矿产资源循环利用	荆门高新区	试点	2017
	咸宁智能机电	咸宁高新区	试点	2017
	天门生物医药	天门经开区	培育	2017
	随州移动应急装备	随州高新区	培育	2021
	仙桃高新区非织造布	仙桃高新区	培育	2021
	黄石先进电子元器件	黄石高新区	培育	2021
	孝感高新区高端装备制造	孝感高新区	培育	2021
湖南	长沙电力智能控制与设备	长沙高新区	试点	2014
	株洲轨道交通装备制造	株洲轨道交通装备制造产业集群运行管理办公室	试点	2014
	湘潭先进矿山装备制造	湘潭高新区	试点	2014
	岳阳临港高新区智能制造装备	岳阳临港高新区	培育	2021
	常德重大成套设备制造	常德高新区	培育	2021
	湘潭风能产业	湘潭高新区	培育	2021
	娄底建筑工程机械制造	娄底高新区	培育	2021

续表

省域	创新型产业集群	建设单位	类型	升级年份
辽宁	本溪制药	本溪高新区	试点	2014
	大连信息技术及服务	大连高新区	培育	2014
	辽宁激光	鞍山高新区	试点	2014
	大连高端工业软件	大连高新区	试点	2017
	沈阳生物医药和健康医疗	沈阳高新区	试点	2017
	营口高新区生物降解材料及制品	营口高新区	培育	2021
吉林	长春汽车电子	长春高新区	试点	2014
	通化医药	通化医药高新区	试点	2014
	吉林高新区电子信息	吉林高新区	培育	2021
黑龙江	齐齐哈尔重型数控机床	齐齐哈尔高新区	培育	2014
	大庆高新区石油化工新材料	大庆高新区	培育	2014
	七台河石墨烯产业集群	七台河市科技局	培育	2017

附表 3　　　　创新型产业集群高新技术企业数量城市分布

省域	创新型产业集群	所在城市	高新技术企业数量	数据年份
北京	北京中关村移动互联网	北京	27 600	2021
	北京数字电视和数字内容产业基地	北京	27 600	2021
	丰台轨道交通	北京	27 600	2021
天津	北辰高端装备制造	天津	7 421	2020
	天津高新区新能源	天津	7 421	2020
	泰达高端医疗器械	天津	7 421	2020
	天津基于国产自主可控的信息安全	天津	7 421	2020
	天津市细胞产业	天津	7 421	2020
河北	保定新能源与智能电网装备	保定	1 222	2021
	邯郸现代装备制造	邯郸	657	2020
	石家庄药用辅料	石家庄	2 499	2020
	邯郸新型功能材料	邯郸	657	2020
	燕郊高新区新型电子元器件及设备制造	三河	171	2022
上海	张江生物医药	上海	20 035	2021
	上海新能源汽车及关键零部件	上海	20 035	2021
	上海精细化工	上海	20 035	2021
	金桥移动互联网视频	上海	20 035	2021
	漕河泾知识型服务业	上海	20 035	2021
	松江 G60 科创走廊数字经济	上海	20 035	2021
江苏	江宁智能电网	南京	7 800	2021
	常州高新区光伏	常州	2 915	2022
	江阴高新区特钢新材料	江阴	711	2021
	昆山小核酸	昆山	2 264	2021
	苏州高新区医疗器械	苏州	11 165	2021
	苏州工业园区纳米新材料	苏州	11 165	2021
	无锡高新区智能传感	无锡	4 608	2021
	常州轨道交通牵引动力与关键核心部件	常州	2 915	2022

省域	创新型产业集群	所在城市	高新技术企业数量	数据年份
江苏	泰州生物医药	泰州	1 309	2022
	武进机器人及智能装备	常州	2 915	2022
	扬州数控成形机床	扬州	1 600	2020
	宜兴水环境	宜兴	690	2021
	常熟新能源汽车核心零部件	常熟	718	2020
	徐州高新区安全应急装备	徐州	1 022	2020
	盐城高新区新型电子元器件及设备制造	盐城	1 185	2020
浙江	杭州数字安防	杭州	10 222	2021
	温州激光与光电	温州	3 085	2021
	宁波高新区工业互联网	宁波	3 919	2021
福建	厦门海洋与生命科学	厦门	2 282	2021
	泉州微波通信	泉州	1 630	2021
	闽东中小电机	宁德	155	2021
	厦门火炬高新区软件和信息服务业	厦门	2 282	2021
	福州高新区光电	福州	2 767	2021
山东	济南智能输配电	济南	4 397	2022
	青岛机器人	青岛	5 554	2021
	烟台海洋生物与医药	烟台	1 543	2022
	潍坊半导体发光	潍坊	1 380	2021
	济宁高效传动与智能铲运机械	济宁	938	2021
	济南高新区生物制品	济南	4 397	2022
	潍坊高端动力装备	潍坊	1 380	2021
	临沂电子元器件及其功能材料	临沂	1 117	2021
	德州生物制造	德州	474	2021
	滨州高端铝材	滨州	392	2021
	菏泽生物医药大健康	菏泽	321	2021
	威海高新区高端医疗器械	威海	1 049	2022

省域	创新型产业集群	所在城市	高新技术企业数量	数据年份
山东	枣庄锂电	枣庄	335	2021
	莱芜高新区智能制造装备	济南	4 397	2022
	淄博高新区生物医药与生物医学工程	淄博	1 027	2021
广东	广州个体化医疗与生物医药	广州	12 000	2021
	深圳高新区下一代互联网	深圳	21 335	2021
	珠海智能配电网装备	珠海	2 101	2021
	惠州云计算智能终端	惠州	2 094	2022
	中山健康科技	中山	2 294	2021
	韶关机械基础零部件	韶关	376	2021
	珠海船舶与海洋工程装备制造	珠海	2101	2021
	珠海三灶生物医药	珠海	2 101	2021
	佛山口腔医疗器械	佛山	7 100	2021
	江门轨道交通修造	江门	2 194	2021
	清远高性能结构材料	清远	370	2020
	东莞机器人智能装备	东莞	7 387	2021
	中山小榄半导体智能照明	中山	2 294	2021
	中山精密智能装备	中山	2 294	2021
	佛山智能家居	佛山	7 100	2021
	肇庆高新区智能网联新能源汽车	肇庆	1 050	2021
	河源市高新区信息终端设备制造	河源	226	2021
	汕头高新区新兴软件和新型信息技术服务	汕头	648	2021
内蒙古	包头稀土高新技术产业开发区稀土新材料	包头	235	2021
广西	南宁亚热带生物资源开发利用	南宁	1 378	2021
	柳州高新区汽车整车及零部件	柳州	600	2020
重庆	重庆高新区电子信息	重庆	5 066	2021
	璧山新能源汽车关键零部件绿色智能制造	重庆	5 066	2021
	永川汽摩智造	重庆	5 066	2021

省域	创新型产业集群	所在城市	高新技术企业数量	数据年份
四川	成都数字新媒体	成都	7 821	2021
	绵阳汽车发动机及关键零部件	绵阳	542	2021
	德阳通用航空	德阳	297	2021
	遂宁电子电路	遂宁	130	2021
	成都高新区医药健康	成都	7 821	2021
	绵阳新型显示	绵阳	542	2021
贵州	贵阳区块链与大数据	贵阳	1 210	2021
	安顺高新区新型建材	安顺	85	2022
云南	昆明市生物医药	昆明	1 166	2020
	玉溪高新区生物医药	玉溪	160	2021
	楚雄高新区现代中药和民族药（彝族药）	楚雄	38	2022
陕西	杨凌示范区生物	咸阳	210	2021
	宝鸡高新区钛	宝鸡	294	2021
	西安泛在网络技术	西安	8 700	2022
	榆林高新区煤化工	榆林	128	2021
	渭南高新区智能制造装备	渭南	151	2021
	安康高新区富硒	安康	92	2021
甘肃	兰州高新技术产业开发区节能环保	兰州	601	2021
青海	青藏高原特色生物资源与中藏药	西宁	167	2021
	海西盐湖化工特色循环经济	海西州	28	2021
	西宁锂电	西宁	167	2021
新疆	乌鲁木齐电子新材料	乌鲁木齐	423	2021
	石河子新材料	石河子	49	2021
山西	太原不锈钢	太原	2 132	2020
	榆次液压	晋中	275	2021
	太原高新区核心电子器件及应用	太原	2 132	2020
	长治高新区紫外半导体光电	长治	222	2022

续表

省域	创新型产业集群	所在城市	高新技术企业数量	数据年份
安徽	合肥基于信息技术的公共安全	合肥	4 578	2022
	芜湖新能源汽车	芜湖	1 298	2022
	蚌埠新型高分子材料	蚌埠	517	2021
	阜阳界首高新区铝基复合材料	阜阳	503	2021
江西	南昌高新技术产业开发区生物医药	南昌	1 950	2021
	景德镇直升机制造	景德镇	201	2021
	新余动力电池	新余	193	2021
	抚州生物医药	抚州	49	2021
	吉安数字视听	吉安	548	2020
	鹰潭高新区移动物联网	鹰潭	51	2020
河南	郑州智能仪器仪表	郑州	4 137	2022
	洛阳高新区轴承	洛阳	903	2021
	南阳防爆装备制造	南阳	264	2022
	许昌智能电力装备制造	许昌	244	2020
	新乡高新区生物医药	新乡	539	2021
湖北	武汉东湖高新区国家地球空间信息及应用服务	武汉	9 151	2021
	十堰商用车及部件	十堰	367	2021
	襄阳新能源汽车关键部件	襄阳	874	2022
	荆门城市矿产资源循环利用	荆门	375	2021
	咸宁智能机电	咸宁	347	2021
	天门生物医药	天门	69	2022
	随州移动应急装备	随州	143	2021
	仙桃高新区非织造布	仙桃	131	2022
	黄石先进电子元器件	黄石	478	2021
	孝感高新区高端装备制造	孝感	381	2021

续表

省域	创新型产业集群	所在城市	高新技术企业数量	数据年份
湖南	长沙电力智能控制与设备	长沙	5 218	2022
	株洲轨道交通装备制造	株洲	905	2021
	湘潭先进矿山装备制造	湘潭	595	2021
	岳阳临港高新区智能制造装备	岳阳	889	2020
	常德重大成套设备制造	常德	356	2020
	湘潭风能产业	湘潭	595	2021
	娄底建筑工程机械制造	娄底	286	2021
辽宁	本溪制药	本溪	76	2020
	大连信息技术及服务	大连	3 028	2021
	辽宁激光	鞍山	419	2022
	大连高端工业软件	大连	3 028	2021
	沈阳生物医药和健康医疗	沈阳	3 400	2021
	营口高新区生物降解材料及制品	营口	341	2021
吉林	长春汽车电子	长春	1 766	2020
	通化医药	通化	65	2022
	吉林高新区电子信息	吉林	216	2020
黑龙江	齐齐哈尔重型数控机床	齐齐哈尔	140	2022
	大庆高新区石油化工新材料	大庆	405	2022
	七台河石墨烯产业集群	七台河	22	2020

附表 4   **创新型产业集群战略性新兴产业行业分布**

省域	创新型产业集群	战略性新兴产业
北京	北京中关村移动互联网	新一代信息技术产业
	北京数字电视和数字内容产业基地	数字创意产业
	丰台轨道交通	高端装备制造产业
天津	北辰高端装备制造	高端装备制造产业
	天津高新区新能源	新能源产业
	泰达高端医疗器械	生物产业
	天津基于国产自主可控的信息安全	新一代信息技术产业
	天津市细胞产业	生物产业
河北	保定新能源与智能电网装备	新能源产业
	邯郸现代装备制造	高端装备制造产业
	石家庄药用辅料	生物产业
	邯郸新型功能材料	新材料产业
	燕郊高新区新型电子元器件及设备制造	新一代信息技术产业
上海	张江生物医药	生物产业
	上海新能源汽车及关键零部件	新能源汽车产业
	上海精细化工	新材料产业
	金桥移动互联网视频	数字创意产业
	漕河泾知识型服务业	相关服务业
	松江 G60 科创走廊数字经济	新一代信息技术产业
江苏	江宁智能电网	新能源产业
	常州高新区光伏	新能源产业
	江阴高新区特钢新材料	新材料产业
	昆山小核酸	生物产业
	苏州高新区医疗器械	生物产业
	苏州工业园区纳米新材料	新材料产业
	无锡高新区智能传感	新一代信息技术产业
	常州轨道交通牵引动力与关键核心部件	高端装备制造产业
	泰州生物医药	生物产业

续表

省域	创新型产业集群	战略性新兴产业
江苏	武进机器人及智能装备	高端装备制造产业
	扬州数控成形机床	高端装备制造产业
	宜兴水环境	节能环保产业
	常熟新能源汽车核心零部件	新能源汽车产业
	徐州高新区安全应急装备	高端装备制造产业
	盐城高新区新型电子元器件及设备制造	高端装备制造产业
浙江	杭州数字安防	新一代信息技术产业
	温州激光与光电	高端装备制造产业
	宁波高新区工业互联网	新一代信息技术产业
福建	厦门海洋与生命科学	生物产业
	泉州微波通信	新一代信息技术产业
	闽东中小电机	高端装备制造产业
	厦门火炬高新区软件和信息服务业	新一代信息技术产业
	福州高新区光电	新一代信息技术产业
山东	济南智能输配电	新能源产业
	青岛机器人	高端装备制造产业
	烟台海洋生物与医药	生物产业
	潍坊半导体发光	高端装备制造产业
	济宁高效传动与智能铲运机械	高端装备制造产业
	济南高新区生物制品	生物产业
	潍坊高端动力装备	高端装备制造产业
	临沂电子元器件及其功能材料	高端装备制造产业
	德州生物制造	生物产业
	滨州高端铝材	新材料产业
	菏泽生物医药大健康	生物产业
	威海高新区高端医疗器械	生物产业
	枣庄锂电	高端装备制造产业
	莱芜高新区智能制造装备	高端装备制造产业
	淄博高新区生物医药与生物医学工程	生物产业

省域	创新型产业集群	战略性新兴产业
广东	广州个体化医疗与生物医药	生物产业
	深圳高新区下一代互联网	新一代信息技术产业
	珠海智能配电网装备	新能源产业
	惠州云计算智能终端	新一代信息技术产业
	中山健康科技	生物产业
	韶关机械基础零部件	高端装备制造产业
	珠海船舶与海洋工程装备制造	高端装备制造产业
	珠海三灶生物医药	生物产业
	佛山口腔医疗器械	生物产业
	江门轨道交通修造	高端装备制造产业
	清远高性能结构材料	新材料产业
	东莞机器人智能装备	高端装备制造产业
	中山小榄半导体智能照明	高端装备制造产业
	中山精密智能装备	高端装备制造产业
	佛山智能家居	高端装备制造产业
	肇庆高新区智能网联新能源汽车	新能源汽车产业
	河源市高新区信息终端设备制造	信息终端设备
	汕头高新区新兴软件和新型信息技术服务	新一代信息技术产业
内蒙古	包头稀土高新技术产业开发区稀土新材料	新材料产业
广西	南宁亚热带生物资源开发利用	生物产业
	柳州高新区汽车整车及零部件	—
重庆	重庆高新区电子信息	新一代信息技术产业
	璧山新能源汽车关键零部件绿色智能制造	新能源汽车产业
	永川汽摩智造	高端装备制造产业

续表

省域	创新型产业集群	战略性新兴产业
四川	成都数字新媒体	数字创意产业
	绵阳汽车发动机及关键零部件	—
	德阳通用航空	高端装备制造产业
	遂宁电子电路	新一代信息技术产业
	成都高新区医药健康	生物产业
	绵阳新型显示	新一代信息技术产业
贵州	贵阳区块链与大数据	新一代信息技术产业
	安顺高新区新型建材	新材料产业
云南	昆明市生物医药	生物产业
	玉溪高新区生物医药	生物产业
	楚雄高新区现代中药和民族药（彝族药）	生物产业
陕西	杨凌示范区生物	生物产业
	宝鸡高新区钛	新材料产业
	西安泛在网络技术	新一代信息技术产业
	榆林高新区煤化工	—
	渭南高新区智能制造装备	高端装备制造产业
	安康高新区富硒	新材料产业
甘肃	兰州高新技术产业开发区节能环保	节能环保产业
青海	青藏高原特色生物资源与中藏药	生物产业
	海西盐湖化工特色循环经济	节能环保产业
	西宁锂电	高端装备制造产业
新疆	乌鲁木齐电子新材料	新材料产业
	石河子新材料	新材料产业
山西	太原不锈钢	—
	榆次液压	高端装备制造产业
	太原高新区核心电子器件及应用	新一代信息技术产业
	长治高新区紫外半导体光电	新一代信息技术产业

省域	创新型产业集群	战略性新兴产业
安徽	合肥基于信息技术的公共安全	新一代信息技术产业
	芜湖新能源汽车	新能源汽车产业
	蚌埠新型高分子材料	新材料产业
	阜阳界首高新区铝基复合材料	新材料产业
江西	南昌高新技术产业开发区生物医药	生物产业
	景德镇直升机制造	高端装备制造产业
	新余动力电池	高端装备制造产业
	抚州生物医药	生物产业
	吉安数字视听	新一代信息技术产业
	鹰潭高新区移动物联网	新一代信息技术产业
河南	郑州智能仪器仪表	高端装备制造产业
	洛阳高新区轴承	高端装备制造产业
	南阳防爆装备制造	—
	许昌智能电力装备制造	高端装备制造产业
	新乡高新区生物医药	生物产业
湖北	武汉东湖高新区国家地球空间信息及应用服务	新一代信息技术产业
	十堰商用车及部件	—
	襄阳新能源汽车关键部件	新能源汽车产业
	荆门城市矿产资源循环利用	节能环保产业
	咸宁智能机电	高端装备制造产业
	天门生物医药	生物产业
	随州移动应急装备	高端装备制造产业
	仙桃高新区非织造布	新材料产业
	黄石先进电子元器件	新一代信息技术产业
	孝感高新区高端装备制造	高端装备制造产业

续表

省域	创新型产业集群	战略性新兴产业
湖南	长沙电力智能控制与设备	高端装备制造产业
	株洲轨道交通装备制造	高端装备制造产业
	湘潭先进矿山装备制造	高端装备制造产业
	岳阳临港高新区智能制造装备	高端装备制造产业
	常德重大成套设备制造	高端装备制造产业
	湘潭风能产业	新能源产业
	娄底建筑工程机械制造	—
辽宁	本溪制药	生物产业
	大连信息技术及服务	新一代信息技术产业
	辽宁激光	高端装备制造产业
	大连高端工业软件	新一代信息技术产业
	沈阳生物医药和健康医疗	生物产业
	营口高新区生物降解材料及制品	生物产业
吉林	长春汽车电子	高端装备制造产业
	通化医药	生物产业
	吉林高新区电子信息	新一代信息技术产业
黑龙江	齐齐哈尔重型数控机床	高端装备制造产业
	大庆高新区石油化工新材料	新材料产业
	七台河石墨烯产业集群	新材料产业

附表5　　　　　　战略性新兴产业集群区域及行业分布

省域	数量	城市	是否为创新型城市	数量	集群名称
山东	7	青岛	是	2	青岛市轨道交通装备产业集群
					青岛市节能环保产业集群
		济南	是	1	济南市信息技术服务产业集群
		淄博	是	1	淄博市新型功能材料产业集群
		烟台	是	2	烟台市先进结构产业集群
					烟台市生物医药产业集群
		临沂	是	1	临沂市生物医药产业集群
广东	6	深圳	是	3	新型显示器产业集群
					人工智能产业集群
					智能制造产业集群
		广州	是	2	智能制造产业集群
					生物医药产业集群
		珠海		1	生物医药产业集群
湖南	4	湘潭	是	1	湘潭市智能制造装备产业集群
		长沙	是	1	智能制造产业集群
		娄底		1	先进结构材料产业集群
		岳阳		1	新型功能材料产业集群
上海	4	上海	是	4	上海浦东集成电路产业集群
					杨浦区信息服务产业集群
					徐汇区人工智能产业集群
					浦东新区生物医药产业集群
河南	4	郑州	是	2	信息服务产业集群
					下一代信息网络产业集群
		平顶山		1	新型功能产业集群
		许昌		1	节能环保产业集群

续表

省域	数量	城市	是否为创新型城市	数量	集群名称
安徽	4	合肥	是	3	合肥市集成电路产业集群
					合肥市新型显示器产业集群
					合肥市人工智能产业集群
		铜陵	是	1	铜陵市先进结构材料产业集群
湖北	4	武汉	是	4	武汉市集成电路产业集群
					武汉市下一代信息网络产业集群
					武汉市生物医药产业集群
					武汉市新型显示器件产业集群
北京	4	北京	是	4	北京经开区集成电路产业集群
					北京海淀区人工智能产业集群
					北京昌平区生物医药产业集群
					北京大兴生物医药产业集群
福建	4	福州	是	1	福州新型功能材料产业集群
		厦门	是	2	厦门新型功能材料产业集群
					厦门生物医药产业集群
		莆田		1	莆田新型功能材料产业集群
浙江	3	杭州	是	2	杭州市信息技术服务产业集群
					杭州市生物医药产业集群
				1	宁波市新型功能材料产业集群
江苏	3	徐州	是	1	徐州市智能制造产业集群
		常州	是	1	常州市智能制造产业集群
		苏州	是	1	苏州市生物医药产业集群
成都	3	成都	是	2	成都市轨道交通产业集群
					成都市生物医药产业集群
		自贡		1	自贡市节能环保产业集群

续表

省域	数量	城市	是否为创新型城市	数量	集群名称
贵州	2	贵阳	是	1	贵阳市信息技术服务产业集群
		铜仁		1	铜仁市新型功能材料产业集群
陕西	2	西安	是	1	西安市集成电路产业集群
		宝鸡	是	1	宝鸡市先进结构材料产业集群
江西	2	鹰潭		1	鹰潭市下一代信息网络产业集群
		赣州		1	赣州市新型功能材料产业集群
天津	2	天津	是	2	天津市网络信息安全和产品服务产业集群
					天津市经开区生物医药产业集群
大连	2	大连	是	2	大连市信息技术服务产业集群
					大连市智能制造产业集群
海南	1	澄迈县		1	海南省信息技术服务产业集群
黑龙江	1	哈尔滨		1	哈尔滨市生物医药产业集群
新疆	1	乌鲁木齐	是	1	乌鲁木齐市先进结构材料产业集群
河北	1	石家庄	是	1	石家庄市生物医药产业集群
重庆	1	重庆	是	1	重庆市巴南区生物医药产业集群
吉林	1	通化		1	通化市生物医药产业集群

附表6

"十四五"产业引导政策

政策名称	发文机关	发布日期	重点内容及解读
"十四五"数字经济发展规划	国务院	2022-01-12	**宏观经济总体政策** 发挥大数据特性优势，促进数据利用，持续优化设计、制造、管理、预测性维护等业态，构建稳定高效产业链，生产制造、经营管理、销售服务等全流程，工业大数据管理、制造、管理、售后等全价值链数据流，生产、预测性维护、精准管理、远程运维等新模式新业态，加快服务化创新升级。强化大数据在制造业各环节应用，推广数字样机，柔性制造、商业智能、推动生产方式变革。以制造业数字化转型为引领，面向研发设计、优化工业价值链：培育专业化、场景大数据企业打通研发、采购、智能化、仿真优化、智能制造的产品（装备制造行业）：支持装备驱动的产品研发、发展数据驱动等新模式新业态、提升产品质量、降低生产成本
信息通信行业绿色低碳发展行动计划（2022~2025年）	工业和信息化部 国家发展改革委 财政部 生态环境部 住房和城乡建设部 国务院国资委 国家能源局	2022-08-22	**信息产业总体政策** 到2025年，信息通信行业绿色低碳发展管理机制基本完善，行业整体资源利用效率明显提升，助力经济社会绿色转型能力显著增强，节能减排取得重点突破，单位信息流量综合能耗比"十三五"期末下降20%，单位电信业务总量综合能耗比"十三五"期末下降15%，遴选推广30个信息通信行业绿色低碳发展的典型应用场景。展望2030年，信息通信行业绿色低碳发展布局更加完善，信息基础设施整体能效全球领先，绿色产业链供应链稳定顺畅，有力支撑经济社会全面绿色转型发展

续表

政策名称	发文机关	发布日期	重点内容及解读
智能光伏产业创新发展行动计划(2021~2025年)	工业和信息化部 住房和城乡建设部 交通运输部 农业农村部 国家能源局	2021-12-31	到2025年，光伏行业智能化水平显著提升，产业技术创新取得突破。新型高效太阳能电池量产化转换效率显著提升，形成完善的硅料、硅片、装备的配套能力。智能制造、绿色制造产业生态体系建设基本完成，与新一代信息技术融合逐步深化。智能光伏产品供应能力大幅增强，智能光伏产品领域拓展。支撑新型电力系统能力不断增强，智能光伏发电领域大规模应用逐步扩大，形成稳定的商业运营模式。在绿色工业、绿色交通、绿色建筑、绿色农业、乡村振兴及其他新型领域应用逐步扩大，有效满足多场景大规模应用需求
"十四五"软件和信息技术服务业发展规划	工业和信息化部	2021-12-01	激发数字化发展新需求，支撑制造业数字化转型：不断拓展软件在制造业各环节应用的广度和深度，打造软件定义、数据驱动、平台支撑、服务增值、智能主导的新型制造业体系。加快综合型、特色型、专业型工业互联网平台建设，开展工业机理模型、微服务、工业软件、工业APP等研发部署，促进平台间的数据互通、能力协同。系统引导制造业企业加快业务上云，设备上云。支持第三方服务商提供平台建设、数据挖掘等解决方案
"十四五"信息化和工业化深度融合发展规划	工业和信息化部	2021-12-01	培育新产品新模式新业态：新型智能产品、数字化管理、平台化设计、智能化制造、网络化协同、个性化定制、服务化延伸推进行业领域数字化转型(装备制造)：提升智能制造供给支撑能力，开展设计、工艺、试验、生产/加工等过程中关键共性技术攻关和集成应用，加速工业软件化。攻克一批重大短板装备和重大技术装备。围绕机械、汽车、航空、航天、船舶、兵器、电子、电力等重点装备领域，建设数字化车间和智能工厂，构建面向装备全生命周期管理的数字化平台，推进基于预测性维护与健康管理业互联网平台的跨平台应用，实现新装备的系统工程(MBSE)规模应用，依托工激发企业主体生命活力，培育生态聚合型平台企业：强化工业大数据开发、制造资源配置和解决方案汇聚能力，加快工业知识的沉淀、传播和复用，打造基于平台的制造新生态。促进工业互联网，通过制定平台数据迁移标准，探索工业机理模型、微服务，实现工业APP的跨平台调用机制，实现工业大数据和部署和调用机制，实现服务共享协同与服务共享

创新型产业集群：梯次培育与成长模式

续表

政策名称	发文机关	发布日期	重点内容及解读
"十四五"大数据产业发展规划	工业和信息化部	2021-11-30	产业保持高速增长。到2025年，大数据产业测算规模突破3万亿元，年均复合增长率保持在25%左右，创新力强，附加值高。数据要素价值评估方案初步形成。价值流动自主有序，资源配置高效，市场价格决定、要素机制基本形成。产业链韧性增强，数据采集、标注、存储、传输、管理、应用、安全等全生命周期产业体系统筹发展，与创新型大数据产品和服务广泛融合，新模式新业态不断涌现，形成一批技术领先、应用深度的数字产业集群，国际交流合作深化。形成具有国际影响力的数字产业集群，国际交流合作全面深化
"5G+工业互联网"十个典型应用场景和五个重点行业实践（第二批）	工业和信息化部办公厅	2021-11-18	深化产业合作，为典型场景复制推广，产业生态完善提供基础支撑，增强发展动能强化工业应用推广，为行业内企业应用"5G+工业互联网"提供具体实施方案，为其他工业企业应用"5G+工业互联网"提供参考路径，切实提升"5G+工业互联网"应用发展水平拓展实践领域，推动各行业、各领域相关单位借鉴已发布的第一批、第二批"5G+工业互联网"二十个典型场景和十个重点行业应用实践，紧扣行业领域特点需求，挖掘更多应用场景，推动"5G+工业互联网"与实体经济深度融合，在数字经济发展中发挥更大作用
"十四五"信息通信行业发展规划	工业和信息化部	2021-11-16	推进数据要素流动和应用创新，拓展数字化发展空间；推进大数据与云计算、人工智能、区块链等技术的深度整合。充分发挥国家大数据平台作用，推动产业监测分析，赋能企业创新发展。支持企业开展大数据在生产各环节和产业链全流程的应用，发展数据驱动的制造新模式新业态，引导企业用好各环节数据
物联网基础安全标准体系建设指南（2021年版）	工业和信息化部办公厅	2021-09-23	到2022年，初步建立物联网基础安全标准体系，研制重点行业标准10项以上，明确物联网终端、网关、平台等关键基础安全标准要求，满足物联网基础安全保障需要；到2025年，推动形成较为完善的物联网安全标准体系，研制行业标准30项以上，提高跨行业及领域标准的覆盖程度，提升物联网应用安全水平，保障消费者安全使用

·268·

续表

政策名称	发文机关	发布日期	重点内容及解读
物联网新型基础设施建设三年行动计划（2021～2023 年）	工业和信息化部 中央网络安全和信息化委员会办公室 科学技术部 生态环境部 住房和城乡建设部 农业农村部 国家卫生健康委员会 国家能源局	2021 - 09 - 10	推动 10 家物联网企业成长为产值过百亿元、能带动中小企业融通发展的龙头企业；支持发展一批专精特新"小巨人"企业；培育若干国家物联网新型工业化产业示范基地，带动物联网产业加速向规模化、集约化、高价值化发展；完善物联网络安全、数据安全、个人信息保护的物联网安全保障体系；建立面向网络安全、数据安全、个人信息保护的物联网安全保障体系；建立试验检测、知识产权服务、科技成果转化、人才培养等公共服务平台

新能源总体政策

政策名称	发文机关	发布日期	重点内容及解读
"十四五"能源领域科技创新规划	国家能源局 科学技术部	2021 - 11 - 29	能源领域现存的主要短板技术装备基本实现突破、前瞻性、颠覆性能源技术快速兴起、新业态、新模式持续涌现，形成一批能源长板技术新优势。能源科技创新体系进一步健全。能源技术创新有力支撑引领能源产业高质量发展
"十四五"工业绿色发展规划	工业和信息化部	2021 - 11 - 15	到2025 年，工业产业结构、生产方式绿色转型取得显著成效。绿色低碳技术装备广泛应用，能源资源利用效率大幅提升，为2030 年工业领域碳达峰奠定坚实基础。单位工业增加值二氧化碳排放降低18%、钢铁、有色金属、建材等重点行业碳排放总量控制取得阶段性成果。能源效率稳步提升。规模以上工业单位增加值能耗降低13.5%，粗钢、水泥、乙烯等重点工业产品单耗达到世界先进水平 资源利用水平明显提高。重点行业资源产出率提升，大宗工业固废综合利用率达到57%，主要再生资源回收利用量达到4.8 亿吨、单位工业增加值用水量降低16% 绿色制造体系日趋完善。重点行业和重点区域绿色制造体系基本建成、完善工业绿色低碳标准体系，推广万种绿色产品、绿色环保产业产值达到11 万亿元。布局建设一批标准、技术公共服务平台

续表

政策名称	发文机关	发布日期	重点内容及解读
智能光伏产业创新发展行动计划（2021~2025 年）	工业和信息化部 住房和城乡建设部 交通运输部 农业农村部 国家能源局	2021 - 12 - 31	到 2025 年，光伏行业智能化水平显著提升，产业技术创新取得突破。新型高效太阳能电池量产化转换效率显著提升，形成完善的硅料、硅片、装备、材料、器件等配套能力。智能制造、智能光伏产业生态体系建设取得明显进展。与新一代信息技术融合水平逐步深化。智能制造、绿色制造能力显著增强，智能光伏产品供应能力增强。支撑新型电力系统能力显著增强，智能光伏应用领域大幅拓展。智能光伏发电系统建设卓有成效，适应电网特性能力不断增强。在绿色工业、绿色建筑、绿色交通、绿色农业、乡村振兴及其他新型应用领域规模逐步扩大，形成稳定的商业运营管理模式，有效满足多场景大规模应用需求
"十四五" 现代能源体系规划	国家发展改革委 国家能源局	2022 - 03 - 23	到 2025 年，国内能源年综合生产能力达到 46 亿吨标准煤以上，原油年产量回升并稳定在 2 亿吨水平，天然气年产量达到 2 300 亿立方米以上，发电装机总容量达到约 30 亿千瓦，能源储备体系更加完善，能源自主供给能力进一步增强。重点城市、核心区域、重要用户电力应急保障能力明显提升。单位 GDP 二氧化碳排放 5 年累计下降 18%。到 2025 年，非化石能源消费比重提高到 20% 左右，非化石能源发电量比重达到 39% 左右，电气化水平持续提升，电能占终端用能比重达到 30% 左右。单位 GDP 能耗 5 年累计下降 13.5%。能源资源配置更加合理，就近高效开发利用水平进一步提升，输配效率明显提升。电力协同运行能力不断加强，到 2025 年，灵活调节电源占比达到 24% 左右，电力需求侧响应能力达到最大用电负荷的 3%~5%。能源数字化智能化初具成效，智慧能源系统建设取得重要进展。"十四五" 期间能源研发经费投入年均增长 7% 以上，新增油气探明储量 50 个左右
关于完善能源绿色低碳转型体制机制和政策措施的意见	国家发展改革委 国家能源局	2022 - 01 - 30	"十四五" 时期，基本建立推进能源绿色低碳发展的制度框架，形成比较完善的政策、标准、市场和监管体系，构建以能耗 "双控" 和非化石能源目标制度为引领的能源绿色低碳转型推进机制。到 2030 年，基本建立完整的能源绿色低碳发展基本制度和政策体系，形成非化石能源既基本满足能源需求增量又规模化替代化石能源存量、能源安全保障能力得到全面增强的能源生产消费格局

续表

政策名称	发文机关	发布日期	重点内容及解读
关于印发"十四五"可再生能源发展规划的通知	国家发展改革委 国家能源局 财政部 自然资源部 生态环境部 住房城乡建设部 农业农村部 中国气象局 国家林业和草原局	2021-10-21	"十四五"主要发展目标是：可再生能源消费总量达到10亿吨标准煤左右。2025年，可再生能源消费总量在一次能源消费增量中占比超过50%。可再生能源发电目标。"十四五"期间，可再生能源发电量增量在全社会用电量增量中的占比超过50%，风电和太阳能发电量实现翻倍。可再生能源消纳责任权重目标。2025年，可再生能源电力消纳责任权重达到33%左右，可再生能源电力非水电消纳责任权重达到18%左右，可再生能源利用率保持在合理水平。可再生能源非电利用目标。2025年，地热能供暖、生物质供热、生物质燃料、太阳能热利用等非电利用规模达到6 000万吨标准煤以上
科技支撑碳达峰碳中和实施方案（2022~2030年）	科技部 国家发展改革委 工业和信息化部 生态环境部 住房城乡建设部 交通运输部 中科院 工程院 国家能源局	2022-06-04	通过实施方案，到2025年实现重点行业和领域低碳关键核心技术的重大突破，支撑单位GDP能源消耗比2020年下降18%，单位国内生产总值（GDP）二氧化碳排放比2020年下降13.5%；到2030年，进一步研究突破一批碳中和前沿和颠覆性技术，形成一批具有显著影响力的低碳技术解决方案和综合示范工程，建立更加完善的绿色低碳科技创新体系，有力支撑单位GDP二氧化碳排放比2005年下降65%以上，单位GDP能源消耗持续大幅下降
"十四五"新型储能发展实施方案	国家发展改革委 国家能源局	2022-01-29	到2025年，新型储能由商业化初期步入规模化发展阶段，具备大规模商业化应用条件。新型储能技术创新能力显著提高，核心技术装备自主可控水平大幅提升，标准体系基本完善，产业体系日趋完善，新型储能全面市场化发展。到2030年，新型储能核心技术装备自主可控，技术创新和产业水平居全球前列，新型储能在电力系统各环节应用场景广泛，商业模式、标准体系成熟健全，与电力系统各环节深度融合发展，基本满足构建新型电力系统需求，全面支撑能源领域碳达峰目标如期实现

续表

政策名称	发文机关	发布日期	重点内容及解读
			科技总体政策
关于加快培育创新以人工智能高水平应用促进经济高质量发展的指导意见	科技部 教育部 工业和信息化部 交通运输部 农业农村部 卫生健康委	2022-07-29	场景创新成为人工智能技术升级、产业增长的新路径，场景创新成果持续涌现，推动新一代人工智能发展上水平。在经济社会发展、科学研究发现、重大活动保障等领域形成一批示范性强、显示度高、带动性广的重大应用场景。通过场景创新促进人工智能关键技术和系统平台化升级，形成技术供给和场景需求互动演进的持续创新力。政府、产业界、科技界协同合作的人工智能场景创新体系，场景创新主体初步形成。政府、产业界、科技界合作更加紧密，创新能力显著提升。场景开放创新成为地方和行业推动人工智能发展的重要抓手，形成一批场景开放机会，场景开放机制和制度成果
国家发展改革委关于加快推进战略性新兴产业集群建设有关工作的通知	国家发展改革委	2019-09-30	通过建设一批战略性新兴产业集群（以下简称"产业集群"），强健产业链、优化价值链、提升创新链，科技创新、现代金融、人力资源协同发展的现代产业体系，形成产业链竞争优势；探索"产业园区+创新器+产业基金+产业联盟"一体化推进模式，推动相关产业集群之间跨区域联动衔接，促进产业集群上下游、产业链之间协同共享

附表 7　"十四五"各省产业集群相关政策

省域	政策名称	发文时间	要点
北京	北京市"十四五"时期国际科技创新中心建设规划	2021-11-24	在重点产业链推行"链长制",畅通产业循环,打造具有国际竞争力的产业生态圈。加快构建"链主"企业—单项冠军企业—专精特新"小巨人"的融通发展格局,推广供应链协同、创新能力共享、数据协同开放和产业生态融通的发展模式
天津	科技创新十四五规划	2021-08-08	强化创新型企业和高新技术企业群体培育,打造"雏鹰—瞪羚—领军"高成长企业接续发展梯队。按照"保存量、促增量、育幼苗、引优苗,建生态"思路,推动高新技术企业培育库与企业登记信息库、知识产权数据库等"多库联动",按照遴选+人库+培育+认定"四个一批"工作机制,引导人才、服务、政策,资本向高新技术企业聚集
河北	河北省国民经济和社会发展第十四个五年规划和二〇三五年远景目标纲要	2021-06-11	大力发展信息智能、生物医药、新能源、新材料等高端高新制造业,打造一批高端新兴产业集群
山西	政府工作报告	2022-01-20	着力补链延链强链,规划打造一批重点产业链,建立健全"链核""链条"企业,引进培育一批配套企业。滚动实施高新技术企业倍增计划,新认定高新技术企业省级以上企业1 000家。新培育省级以上企业"链主"企业,培育一批龙头骨干"链主"企业,打造一批"专精特新"企业。培育认定30家新型研发机构,培育认定高新技术企业省级以上企业20户
内蒙古	科技创新十四五规划	2021-09-09	推进国家资源型产业转型示范城市、特色产业基地、高新技术开发区等建设,聚焦百亿元级、千亿元级优势产业集群重大共性技术需求,布局实施重大关键技术攻关,推进专利导航产业发展,提高知识产权创造能力。培育建设高能级创新载体,鼓励创建新型产业集群构建产业集群级创新载体

续表

省域	政策名称	发文时间	要点
辽宁	辽宁省国民经济和社会发展第十四个五年规划和二〇三五年远景目标纲要	2021-06-28	立足现有产业基础，紧盯经济社会发展重大需求，聚焦培育新发展动能，加快推进战略性新兴产业集群发展工程，提升新兴产业对经济发展的支撑作用，培育世界级先进制造业集群
吉林	政府工作报告	2022-02-07	启动一批产业基础再造工程项目，促进传统产业升级，大力推进智能制造，加快发展先进制造业集群，实施国家战略性新兴产业集群工程。壮大"十大产业集群"。充分发挥"群长制"作用，围绕农产品加工业和食品产业"十大产业集群"
黑龙江	科技创新十四五规划	2021-10-25	按照"一区一主导产业"推进省级高新区特色产业集群建设，形成区域特色鲜明、产业技术体系完备，大中小企业融通发展的创新型产业集群。大力培育科技型中小企业、高新技术企业，创新型领军企业，推动科技型企业上市。到2025年，全省高新技术企业数量突破5 000家，实施创新主体地位进一步强化"通用通兑"实施科技创新券跨区域"通用通兑"
上海	上海市建设具有全球影响力的科技创新中心的"十四五"规划	2021-07-28	重点聚焦集成电路、生物医药、人工智能三大重点领域，着力增强战略性新兴产业实力，培育未来产业，加快构筑具有国际影响力的创新产业集群。到2025年，全市高新技术企业数量突破2.6万家，战略性新兴产业增加值占GDP比重达到20%左右，技术合同成交额占GDP比重达到6%左右
江苏	政府工作报告	2022-01-20	培育壮大先进制造业集群。聚焦16个先进制造业集群，持续实施"产业强链"和"百企引航、千企升级"行动计划抢抓战略性新兴产业发展的新"窗口期"，加快培育生物医药、人工智能、集成电路等国家级战略性新兴产业集群和创建国家战略性新兴产业集群
浙江	政府工作报告	2022-01-24	强化集群式发展，培育"新星"产业群20个左右，积极创建国家战略性新兴产业集群

续表

省域	政策名称	发文时间	要点
安徽	政府工作报告	2022 - 01 - 23	实施二产"提质扩量增效"行动计划： 实施优质企业引育行动，培育省专精特新企业 500 家，专精特新冠军企业 100 家，争创国家级专精特新"小巨人""工业强基"项目 80 家左右。实施重点领域补短板产品和关键共性技术攻关项目 100 个、"转化应用"项目 100 个 推动新一代信息技术、汽车及零部件、装备制造、新材料 4 个优势产业向万亿元级迈进，加快建设智能家电、节能环保、生物医药等 10 个超千亿元产业，建立 10 户超千亿元企业、60 户超百亿元企业，"一企一策"开展选育
福建	科技创新十四五规划	2021 - 11 - 01	按照一流园区、一流服务的定位，引入先进的园区管理运营管理念和模式，打造专业化、规范化、标准化的高新区服务体系，汇集一流的人才，一流的科技型企业，形成一流的创新创业生态和一流的创新型产业集群 "十四五"期间组织实施 22 个省级重大科技专项和一批区域重大项目，着力突破一批关键核心技术，转化应用一批重大科技成果，培育壮大一批创新型产业集群和龙头骨干企业
江西	政府工作报告	2022 - 01 - 17	深入实施产业集群提能升级行动，争创国家级先进制造业产业集群，启动创建制造业高质量发展试验区 打造产业链长制升级版，启动龙头企业保链稳链工程，实施制造业基础再造行动计划，抓好 50 个亿元以上工业技改项目。开展"领航企业"和独角兽、瞪羚企业培育行动，净增规模以上工业企业 1 000 家以上，"专精特新"专业化"小巨人"企业 50 家以上、制造业单项冠军企业 10 家以上，入国家库科技型中小企业达 9 000 家，有效期内高新技术企业达 6 500 家

续表

省域	政策名称	发文时间	要点
山东	政府工作报告	2022-01-28	做强 7 个国家级战略性新兴产业集群，培育 3~4 个国家级先进制造业集群，创建国家级制造业高质量发展示范区。巩固数字经济创新优势，打造先进计算、集成电路、新型智能终端、超高清视频等数字产业集群，培育 30 个以上大数据创新发展实验室、数字经济核心产业增加值占比达到 7% 左右。"一链一策"，提升 42 条关键产业链加快打造领航型企业，梯次培育瞪羚、独角兽、新培育省级以上专精特新企业 400 家以上，单项冠军 150 家以上。实施高新企业梯次培育工程，科技型中小企业达到 3 万家，高新技术企业达到 2.3 万家，培育科技领军企业 200 家，规上高新技术产业产值占比提高 2 个百分点左右
山东	山东省战略性新兴产业集群发展工程实施方案（2020~2021 年）	2020-04-09	形成"产业+配套、平台+生态、技术+赋能"的集群发展新模式
河南	河南省国民经济和社会发展第十四个五年规划和二〇三五年远景目标纲要	2021-04-13	现代化经济体系建设取得重大进展，经济结构构更加优化、制造业比重保持基本稳定，产业基础高级化、产业链现代化水平明显提升，形成 10 个万亿级产业和 10 个千亿级新兴产业集群，新型基础设施建设走在全国前列立足产业基础和比较优势，现代装备制造、绿色食品、电子制造、先进金属材料、新型材料、现代轻纺等产业固链强链，强化细分领域产业链合理布局，分工协作和融合拓展，培育一批具有生态主导力的万亿级的"链主"企业，共建共享安全可控的战略支柱产业链，形成具有竞争力的万亿级"链主"企业，创新组织管理和专业化推进机制，加快完善国家和省级战略性新兴产业集群创建，重点培育 10 个千亿级新兴产业集群开展国家和省公共服务综合体，创新组织管理和专业化推进机制，加快完善国家和省公共服务综合体

续表

省域	政策名称	发文时间	要点
湖北	关于深入推进创新型产业集群发展若干措施	2020-12-04	到2025年，力争在全省创建10个左右全国有影响的创新型产业集群，培育20个左右产业引领作用的创新型产业集群，逐步在全省形成一批以技术产学研协同创新，大中小企业融通发展，在国际国内价值链分工中承担枢纽作用的创新型产业集群，促进我省产业基础高级化、产业链现代化水平提高，加速推动我省产业向价值链中高端迈进
	湖北省创新型产业集群管理办法（试行）	2022-04-20	集群培育工作主要依托国家级和省级经开区或国家级高新区或我省"51020"现代产业领域方向，集群产业符合战略性新兴产业情况，出台扶持政策，营造良好环境，推动集群关键共性技术研发、重大科技成果转化、公共技术服务平台建设，培育壮大与集群产业相关联的科创企业群体
湖南	湖南省"十四五"战略性新兴产业发展规划	2021-09-15	全社会研发经费年均增长12%以上，每万人高价值发明专利拥有量达到6件，数字经济核心产业增加值占地区生产总值比重达到11%，高新技术企业达到13 000家，国家级创新载体数量超过150个发挥重点领域龙头企业在"补链延链强链"方面的主导地位和引领作用，构建政府、企业、高校及科研院所等联合参与的产业集群内产业创新联盟，提升集群整体运营能力
广东	广东省制造业高质量发展"十四五"规划	2021-07-30	推动构建"企业+政府+中介组织+配套服务"通力合作的新型产业集群治理机制，加快形成可复制可推广经验做法并向全省乃至全国推广实施。强化政策引导，推动资源要素向企业和产品集聚。鼓励发展由市场主导市场牵头的新型集群促进组织，促进政产学研资金介利用联动合作，提升产业集群整体运转效率
	关于加快构建广东省战略性产业集群创新体系支撑产业集群高质量发展的通知	2022-06-28	加大产业集群企业培育力度，强化"科技产业"科技型中小企业、高新技术企业、科技领军企业的产业链"链主"企业、龙头企业、单项冠军企业、专精特新企业等优质企业梯度培育推进"众创空间—孵化器—加速器—科技园"全链条孵化成体系建设。到2025年实现国家高新区省级孵化育成体系全覆盖，在粤高水平大学实现省级大学科技园全覆盖，孵化基金规模实现稳步增长，在新一代信息技术、生物医药、高端装备制造等专业领域培育一批百亿级产业孵化集群到2025年主导或参与国际标准达500项，国家标准达2 500项，形成一批具有国际影响力的团体标准，各产业集群标准体系基本完善

续表

省域	政策名称	发文时间	要点
广西	科技创新十四五规划	2021－11－11	强化高新区的示范引领和辐射带动作用，坚持一区一主题，引导高新区发展特色产业集群。构建"科技型中小企业—高新技术企业—瞪羚企业"梯次培育体系，到2025年，高新技术企业达到5 600家，力争高新技术企业工业总产值突破12 500亿元
海南	科技创新十四五规划	2021－06－04	实施高新技术企业扩容增速计划，2025年全省高新技术企业数量达3 000家。推动高新技术企业提质升级。支持领军型、龙头骨干高新技术企业建立创新平台，发展成为全球细分领域领军者
重庆	政府工作报告	2022－01－24	实施支柱产业提质工程、战略性新兴产业集群发展工程和产业链应链现代化水平提升工程。力争国家级"专精特新"小巨人企业达到140家，全社会研发经费支出占比提高到2.3%左右
四川	增强协同创新发展能力行动方案	2022－01－24	推进各类园区集聚高端创新资源，支持创新型产业集群发展，积极打造区域创新发展特色园、专业园。到2025年，全省科技和经济发展深度融合。自主创新能力大幅提升，每万人有效高价值发明专利拥有量达5.67件，规模以上高新技术产业营业收入占规模以上工业比重超过38%，高新技术企业数量超过1.6万家，技术合同成交额计超过6 000亿元
贵州	"十四五"战略性新兴产业集群发展规划	2021－10－08	壮大企业规模，提升产品质量，优化产业布局，完善产业链条，强力推动战略性新兴产业集群发展，推进产业基础高级化、产业链现代化，提高经济效益和核心竞争力。到2025年，打造一批具有国家竞争力、区域特色优势明显的战略性新兴产业集群，力争全省战略性新兴产业集群总产值突破1.3万亿元，增加值占地区生产总值比重达到15%，全省形成5个千亿级、4个五百亿级、2个两百亿级战略性新兴产业集群
云南	创新型产业集群评价指引（试行）	2021－02－09	分发挥国家高新技术产业开发区的产业集群作用，按照"一区一主导产业"加快建设创新型产业集群。集群布局以高新区为区域重点，以战略性新兴产业为产业重点

续表

省域	政策名称	发文时间	要点
陕西	陕西省人民政府关于促进高新技术产业开发区高质量发展的实施意见	2021-06-17	到2035年，培育10个左右具有国际竞争力的产业集群、电子信息、先进制造和新材料等产业进入全球价值链中高端。各高新区要立足资源禀赋和发展基础建立准入清单和负面清单，实施包容审慎的产业准入和行业监管模式。科学制定产业规划，因园施策、围绕细分领域提升产业配套和服务能力，持续开展创新型、特色化产业集群培育
甘肃	科技创新新十四五规划	2021-10-08	聚焦数据信息、生物医药、新能源、新材料等新兴产业，突破产业关键共性技术、瓶颈技术和前沿领域研发，加强重点企业培育和重点产业开发，瞄准优化产业结构，不断优化产业转型升级、战略性新兴产业培育等关键技术，强化优势领域"必保"，关键方向"必争"、前沿布局向高端化、规模化、集群化发展，塑造未来发展新优势以强链头、补链条、聚集群等关键技术培育新兴产业发展到2025年，全省规模以上工业企业研发经费支出与营业收入之比达到1%，高新技术企业数1500家左右，新产品销售收入占企业营业收入比重达15%，高技术产业营业收入占工业营业收入比重达到5%，支持若干企业牵头组建20个左右企业创新联合体
青海	科技创新新十四五规划	2022-01-18	加大高新区科技政策先行先试力度，优化高新区考核指标体系，推动构建产业定位清晰、比较优势明显、产出高效的产业高质量发展集群；发挥高新区搭建创新平台，集聚创新资源的重要作用，发展一批产学研用深度融合的新兴业态，推动产业集群向创新集群跃升
新疆	政府工作报告	2022-01-23	积极发展战略性新兴产业。突出抓好新材料、高端装备制造、生物技术、新能源、新一代信息技术、节能环保等产业，推动战略性新兴产业集群发展，强链、补链、延链、拓链，实施优势产业再造工程，加快推动产业集聚、集群发展

附表 8   广东省战略性支柱产业集群 2020 年相关政策

政策名称	发文时间	发文机构
广东省人民政府关于培育发展战略性支柱产业集群和战略性新兴产业集群的意见	2020 – 05 – 20	广东省人民政府
《广东省人民政府关于培育发展战略性支柱产业集群和战略性新兴产业集群的意见》解读	2020 – 05 – 26	广东省人民政府
广东省发展生物医药与健康战略性支柱产业集群行动计划（2021～2025 年）	2020 – 09 – 25	广东省科学技术厅 广东省发展和改革委员会 广东省工业和信息化厅 广东省卫生健康委员会 广东省市场监督管理局
《广东省发展生物医药与健康战略性支柱产业集群行动计划（2021～2025）》政策解读	2020 – 09 – 29	广东省科学技术厅
广东省培育前沿新材料战略性新兴产业集群行动计划（2021～2025 年）	2020 – 09 – 25	广东省科学技术厅 广东省发展和改革委 广东省工业和信息化厅 广东省商务厅 广东省市场监督管理局
《广东省培育前沿新材料战略性新兴产业集群行动计划（2021～2025）》政策解读	2020 – 09 – 29	广东省科学技术厅
广东省培育精密仪器设备战略性新兴产业集群行动计划（2021～2025 年）	2020 – 09 – 25	广东省科学技术厅 广东省发展和改革委员会 广东省工业和信息化厅 广东省商务厅 广东省市场监督管理局

续表

政策名称	发文时间	发文机构
《广东省培育精密仪器设备战略性新兴产业集群行动计划（2021~2025 年）》政策解读	2020 - 09 - 29	广东省科学技术厅
广东省培育激光与增材制造战略性新兴产业集群行动计划（2021~2025 年）	2020 - 09 - 25	广东省科学技术厅 广东省发展和改革委 广东省工业和信息化厅 广东省商务厅 广东省市场监督管理局
《广东省培育激光与增材制造战略性新兴产业集群行动计划（2021~2025 年）》政策解读	2020 - 09 - 29	广东省科学技术厅
广东省培育区块链与量子信息战略性新兴产业集群行动计划（2021~2025 年）	2020 - 09 - 25	广东省科学技术厅 中共广东省委网络安全和信息化委员会办公室 广东省工业和信息化厅 广东省发展和改革委员会 广东省市场监督管理局 广东省政务服务数据管理局 广东省地方金融监督管理局
《广东省培育区块链与量子信息战略性新兴产业集群行动计划（2021~2025 年）》政策解读	2020 - 09 - 29	广东省科学技术厅
广东省培育智能机器人战略性新兴产业集群行动计划（2021~2025 年）	2020 - 09 - 25	广东省工业和信息化厅 广东省发展和改革委员会 广东省科学技术厅 广东省商务厅 广东省市场监督管理局

续表

政策名称	发文时间	发文机构
《广东省培育智能机器人战略性新兴产业集群行动计划（2021～2025年）》解读	2020-10-09	广东省工业和信息化网站
广东省培育新能源战略性新兴产业集群行动计划（2021～2025年）	2020-09-25	广东省发展和改革委员会 广东省能源局 广东省科学技术厅 广东省工业和信息化厅 广东省自然资源厅 广东省生态环境厅
《广东省培育新能源战略性新兴产业集群行动计划（2021～2025年）》政策解读	2020-10-09	广东省工业和信息化网站
广东省培育半导体及集成电路战略性新兴产业集群行动计划（2021～2025年）	2020-09-25	广东省发展改革委 广东省科技厅 广东省工业和信息化厅
《广东省培育半导体及集成电路战略性新兴产业集群行动计划（2021～2025年）》政策解读	2020-10-09	广东省工业和信息化网站
广东省培育高端装备制造战略性新兴产业集群行动计划（2021～2025年）	2020-09-25	广东省工业和信息化厅 广东省发展改革委 广东省科学技术厅 广东省商务厅 广东省市场监督管理局
《广东省培育高端装备制造战略性新兴产业集群行动计划（2021～2025年）》解读	2020-10-09	广东省工业和信息化厅网站

续表

政策名称	发文时间	发文机构
广东省培育安全应急与环保战略性新兴产业集群行动计划（2021～2025 年）	2020 - 09 - 25	广东省工业和信息化厅 广东省发展和改革委员会 广东省科学技术厅 广东省生态环境厅 广东省应急管理厅 广东省市场监督管理局
《广东省培育安全应急与环保战略性新兴产业集群行动计划（2021～2025 年）》政策解读	2020 - 10 - 09	广东省工业和信息化厅网站
广东省培育数字创意战略性新兴产业集群行动计划（2021～2025 年）	2020 - 09 - 25	广东省工业和信息化厅 中共广东省委宣传部 广东省文化和旅游厅 广东省广播电视局 广东省体育局
《广东省培育数字创意战略性新兴产业集群行动计划（2021～2025 年）》政策解读	2020 - 10 - 09	广东省工业和信息化厅网站

参 考 文 献

［1］白俊红，卞元超．要素市场扭曲与中国创新生产的效率损失 ［J］．中国工业经济，2016（11）：39－55．

［2］白俊红，蒋伏心．协同创新、空间关联与区域创新绩效 ［J］．经济研究，2015，50（7）：174－187．

［3］陈升，王京雷，谭亮．基于三阶段 DEA 的创新型产业集群投入产出效率研究 ［J］．经济问题探索，2019（9）：148－157．

［4］程正中，夏恩君．外商直接投资对高新区企业研发的影响研究——基于31个大中城市国家高新区面板数据的实证分析 ［J］．工业技术经济，2019，38（12）：111－118．

［5］范柏乃．国家高新区技术创新能力的评价研究 ［J］．科学学研究，2003（6）：667－671．

［6］方玉梅．高新区创新能力形成机理研究 ［J］．科技管理研究，2010（12）：1－3．

［7］顾元媛，沈坤荣．简单堆积还是创新园地？——考察高新区的创新绩效 ［J］．科研管理，2015，36（9）：64－71．

［8］郭丕斌，周喜君，王其文．高新区创新系统的层次性特征研究 ［J］．中国软科学，2011，245（5）：94－99．

［9］郭小婷，谭云清．创新型产业集群与政策资源依赖关系研究 ［J］．科技进步与对策，2021，38（21）：53－62．

［10］韩兆洲，操咏慧，方泽润．区域创新水平综合评价及空间相关性研究——以粤港澳大湾区为例 ［J］．统计与决策，2019，35（23）：128－133．

[11] 洪银兴. 科技创新阶段及其创新价值链分析 [J]. 经济学家, 2017 (4)：5－12.

[12] 蒋长流. 高新科技园区发展中的政府规制行为研究——基于高新区发展的阶段性视角 [J]. 中国科技论坛, 2008 (1)：9－12.

[13] 景保峰, 任政坤, 周霞. 创新型产业集群科技资源配置效率研究 [J]. 科技管理研究, 2019, 39 (20)：195－200.

[14] 雷根强, 郭玥. 高新技术企业被认定后企业创新能力提升了吗？——来自中国上市公司的经验证据 [J]. 财政研究, 2018 (9)：32－47.

[15] 李金华. 创新型产业集群的分布及其培育策略 [J]. 改革, 2020, 313 (3)：98－110.

[16] 李金华. 中国高新技术企业的发展现实及政策思考 [J]. 财经问题研究, 2020 (9)：78－85.

[17] 李荣, 张冀新. 创新型产业集群对国家高新区集聚效应影响研究 [J]. 技术经济与管理研究, 2021 (8)：114－118.

[18] 李宇, 张福珍, 郭庆磊. 区域创新型产业集群的网络创新机制与引导策略 [J]. 宏观经济研究, 2015, 202 (9)：98－107, 150.

[19] 李振洋, 白雪洁. 产业政策如何促进制造业绿色全要素生产率提升？——基于鼓励型政策和限制型政策协同的视角 [J]. 产业经济研究, 2020, 6：28－42.

[20] 李政, 杨思莹. 国家高新区能否提升城市创新水平？[J]. 南方经济, 2019 (12)：49－67.

[21] 林剑铬, 夏丽丽, 蔡润林, 等. 中国高新技术产业开发区的知识基础及其创新效应——基于国家级高新区上市企业的研究 [J]. 地理研究, 2021, 40 (2)：387－401.

[22] 林平凡, 刘城, 严若谷. 广东与沿海若干省创新型产业集群的创新能力比较研究——以国家级高新技术开发区为例 [J]. 科技管理研究, 2014, 306 (8)：1－7.

[23] 刘钒，邓明亮. 国家高新区对外贸易、高新技术企业占比影响创新效率的实证研究 [J]. 科技进步与对策，2019，36（24）：37－44.

[24] 刘会武，赵祚翔，马金秋. 国家高新区高质量发展综合性评价测度与趋势收敛检验 [J]. 科学学与科学技术管理，2021，42（6）：66－80.

[25] 刘满凤，李圣宏. 基于三阶段 DEA 模型的高新技术开发区创新效率研究 [J]. 管理评论，2016，28（1）：42－52.

[26] 刘瑞明，赵仁杰. 国家高新区推动了地区经济发展吗？——基于双重差分方法的验证 [J]. 管理世界，2015（8）：30－38.

[27] 陆红娟，何程，黄偲睿. 基于三阶段 DEA 的省域创新型产业集群效率测度 [J]. 科技与经济，2021，34（5）：21－25.

[28] 罗登跃. 三阶段 DEA 模型管理无效率估计注记 [J]. 统计研究，2012（4）：104－107.

[29] 马江娜，李华，王方. 陕西省科技成果转化政策文本分——基于政策工具与创新价值链双重视角 [J]. 中国科技论坛，2017（8）：103－111.

[30] 沙德春，胡鑫慧，赵翠萍. 中国创新型产业集群创新效率研究 [J]. 技术经济，2021，40（2）：18－27.

[31] 沈小平，李传福. 创新型产业集群形成的影响因素与作用机制 [J]. 科技管理研究，2014，34（14）：144－148.

[32] 苏长青. 创新型产业集群与创新型城市互动发展机制研究 [J]. 中州学刊，2011（6）：55－57.

[33] 苏屹，安晓丽，王心焕，等. 人力资本投入对区域创新绩效的影响研究——基于知识产权保护制度门限回归 [J]. 科学学研究，2017，35（5）：771－781.

[34] 孙劭方，孙严冬. 高新区创新网络中大学与科研机构的作用及行为特点研究 [J]. 科技信息，2007（9）：179.

[35] 唐勇. 社会资本对创新型产业集群企业持续创新影响研究 [D].

广州：华南理工大学，2016.

[36] 唐勇，周霞，张骁 . 基于 DEA‐SBM/Malmquist 的广东省创新型产业集群的创新效率研究 [J]. 工业工程，2015，18（2）：100‐107.

[37] 田颖，田增瑞，韩阳，等 . 国家创新型产业集群建立是否促进区域创新？[J]. 科学学研究，2019，37（5）：817‐825，844.

[38] 汪文生，徐天舒 . 国家高新区设立对企业创新绩效影响研究 [J]. 经济经纬，2020，37（6）：76‐87.

[39] 王欢 . 创新型产业集群试点政策促进了城市高技术产业发展水平提升吗 [J]. 现代经济探讨，2022（4）：94‐104.

[40] 王欢，张玲 . 中国创新型产业集群投入产出效率动态演进及区域差异——基于省际面板数据的分析 [J]. 科技进步与对策，2022，39（6）：62‐71.

[41] 王京雷，赵静，陈升 . 国家高新区创新效率及其城市环境因素影响分析 [J]. 企业经济，2022，41（3）：100‐111.

[42] 王丽，樊杰，郭锐，等 . 基于 DEA 方法的国家高新技术产业开发区运行效率评价 [J]. 工业技术经济，2019，38（9）：50‐57.

[43] 王林川，刘丽，吴慈生 . 新经济环境下国家高新区高质量发展评价研究——以 10 个国家高新区为例 [J]. 科技管理研究，2021，41（3）：33‐39.

[44] 王鹏，吴思霖，李彦 . 国家高新区的设立能否推动城市产业结构优化升级？——基于 PSM‐DID 方法的实证分析 [J]. 经济社会体制比较，2019（4）：17‐29.

[45] 王欣 . 国家高新区管理体制、科技创新政策与创新绩效关系研究 [D]. 合肥：中国科学技术大学，2017.

[46] 王学军，张文敏 . 基于 DEA 视窗和 SFA 的中国区域研发创新效率对比研究 [J]. 商业研究，2015（8）：1‐7.

[47] 魏谷，汤鹏翔，杨晓非，等 . 基于三阶段 DEA 的高新技术产业开发区内创新型产业集群创新效率研究 [J]. 科技管理研究，2021，41

（7）：155 – 163.

［48］吴开松，颜慧超，何科方. 科技中介组织在高新区创新网络中的作用［J］. 科技进步与对策，2007（7）：67 – 68

［49］吴伟萍，张超，向晓梅. 创新型产业集群对城市绿色经济发展的影响——基于中国 280 个城市面板数据的实证分析［J］. 企业经济，2021，40（11）：24 – 32.

［50］伍健，田志龙，龙晓枫，等. 战略性新兴产业中政府补贴对企业创新的影响［J］. 科学学研究，2018，36（1）：158 – 166.

［51］谢子远. 国家高新区技术创新效率影响因素研究［J］. 科研管理，2011，32（11）：52 – 58.

［52］徐维祥，陈斌. 创新集群创新绩效影响机制研究［J］. 经济学动态，2013（10）：89 – 95.

［53］徐银良，王慧艳. 中国省域科技创新驱动产业升级绩效评价研究［J］. 宏观经济研究，2018（8）：101 – 114，158.

［54］薛强，赵静. 基于产业生态学的创新型产业集群培育路径分析——以 32 家新升级国家高新区为例［J］. 中国科技论坛，2014（3）：67 – 71，78.

［55］闫国庆，孙琪，陈超，等. 国家高新技术产业开发区创新水平测度指标体系研究［J］. 中国软科学，2008（4）：141 – 148.

［56］严太华，刘焕鹏. 自主研发与知识积累：基于金融发展视角的门限模型研究［J］. 中国管理科学，2015，23（5）：73 – 81.

［57］杨清可，段学军. 基于 DEA – Malmquist 模型的高新技术产业发展效率的时空测度与省际差异研究［J］. 经济地理，2014，34（7）：103 – 110.

［58］姚山季，马琳，来尧静. 长江经济带创新型产业集群效率的时空分异研究［J］. 统计与决策，2021，37（16）：98 – 101.

［59］于明洁，郭鹏，张果. 区域创新网络结构对区域创新效率的影响研究［J］. 科学学与科学技术管理，2013，34（8）：56 – 63.

[60] 余珮，程阳．国家级高新技术园区创新效率的测度与区域比较研究——基于创新价值链视角 [J]．当代财经，2016（12）：3-15.

[61] 袁航，朱承亮．国家高新区推动了中国产业结构转型升级吗 [J]．中国工业经济，2018（8）：60-77.

[62] 曾武佳，李清华，蔡承岗．高新技术产业开发区创新效率及其影响因素研究 [J]．软科学，2020，34（5）：6-11.

[63] 张爱琴，郭丕斌．政策工具视角下创新集群政策文本分析及对策研究——以山西为例 [J]．企业经济，2018，37（9）：162-168.

[64] 张冀新，李燕红．创新型产业集群是否提升了国家高新区创新效率？[J]．技术经济，2019，38（10）：112-117，127.

[65] 张冀新，王怡晖．创新型产业集群中的战略性新兴产业技术效率 [J]．科学学研究，2019，37（8）：1385-1393.

[66] 张建清，白洁，王磊．产城融合对国家高新区创新绩效的影响——来自长江经济带的实证研究 [J]．宏观经济研究，2017（5）：108-117.

[67] 张肃，郭文．基于 TW 指数的创新极化测度及区域比较研究 [J]．工业技术经济，2020，39（3）：40-47.

[68] 张骁，唐勇，周霞．创新型产业集群社会网络关系特征对创新绩效的影响——基于广州的实证启示 [J]．科技管理研究，2016，36（2）：184-188.

[69] 张秀峰，胡贝贝，张莹．自主创新示范区政策试点对国家高新区研发创新绩效的影响研究 [J]．科研管理，2020，41（11）：25-34.

[70] 赵玉林，严娉，谷军健．高新区高质量发展的影响因素分析——来自湖北省高新区的经验证据 [J]．中国科技论坛，2021（9）：104-115.

[71] 赵忠华．创新型产业集群企业网络关系特征与创新绩效关系：知识流动视角的路径研究 [J]．哈尔滨商业大学学报（社会科学版），2013，128（1）：77-86.

［72］赵忠华. 技术创新扩散为中间变量的创新型产业集群网络关系特征提升创新绩效路径研究［J］. 科学管理研究，2012，30（6）：37－40.

［73］Fried H O，Lovell C A K，Schmidt S S et al. Accounting for Environmental Effects and Statistical Noisein Data Envelopment Analysis［J］. Journal of Productivity Analysis，2002，17（1）：151－174.

［74］Lynn M，Fulvia F. Local clusters，innovation systems and sustained compositeness［R］. The United Nations：The United Nations University，1998.

［75］Voyer R. Emerging high-technology industrial clusters in Brazil，India Malaysia and South Africa［R］. Canada：International Development Research Centre，1997.

［76］Voyer R. Knowledge-based In dustrial Clustering：International Comparisons［M］. Routledge，London：The Embedded Firm Ed. G Grabhder，1997.

［77］Wang E C，Huang W. Relative efficiency of R&D activities：Across-country study accounting for environment factors in DEA approach［J］. Research Policy，2007，（36）：260－273.

［78］Xiwei Zhu，Ye Liu，Ming He，Deming Luo，Yiyun Wu. Entrepreneurship and industrial clusters：Evidence from China in dustrial census［J］. Small Business Economics，2019，52（3）：595－616.

［79］You－Qiang Wang，Kai－Yuen Tsui. Polarization Orderings and New Classes of Polarization Indices［J］. Journal of Public Economic Theory，2000，2（3）：349－363.